销售情商

超高销售业绩人士
如何利用销售情商完成复杂交易

Jeb Blount
[美] 杰布 · 布朗特 ◎ 著
杨 雷 ◎ 译

SALES EQ

HOW ULTRA-HIGH PERFORMERS
LEVERAGE SALES-SPECIFIC
EMOTIONAL INTELLIGENCE TO
CLOSE THE COMPLEX DEAL

電子工業出版社
Publishing House of Electronics Industry
北京 · BEIJING

Sales EQ: How Ultra-High Performers Leverage Sales-Specific Emotional Intelligence to Close the Complex Deal by Jeb Blount
ISBN: 9781119312574

版权贸易合同登记号 图字：01-2017-7899

图书在版编目（CIP）数据

销售情商：超高销售业绩人士如何利用销售情商完成复杂交易 /（美）杰布•布朗特（Jeb Blount）著；杨雷译. —北京：电子工业出版社，2019.5

书名原文：Sales EQ: How Ultra-High Performers Leverage Sales-Specific Emotional Intelligence to Close the Complex Deal

ISBN 978-7-121-28013-9

Ⅰ. ①销… Ⅱ. ①杰… ②杨… Ⅲ. ①销售方式 Ⅳ. ①F713.3

中国版本图书馆 CIP 数据核字(2019)第 004223 号

责任编辑：杨振英
印　　刷：三河市鑫金马印装有限公司
装　　订：三河市鑫金马印装有限公司
出版发行：电子工业出版社
　　　　　北京市海淀区万寿路 173 信箱　邮编 100036
开　　本：720×1000　1/16　印张：16.75　字数：274 千字
版　　次：2019 年 5 月第 1 版
印　　次：2022 年 1 月第 2 次印刷
定　　价：78.00 元

凡所购买电子工业出版社图书有缺损问题，请向购买书店调换。若书店售缺，请与本社发行部联系，联系及邮购电话：（010）88254888，88258888。

质量投诉请发邮件至 zlts@phei.com.cn，盗版侵权举报请发邮件至 dbqq@phei. com.cn。

本书咨询联系方式：（010）88254199，sjb@phei.com.cn。

前言

美国空军上校约翰·博伊德被称为美国的孙武（孙子），他一直致力于推广 OODA 决策周期循环学说。该学说中，第一个 O 代表观察（Observe），第二个 O 代表定位（Orient），D 代表决定（Decide），A 代表行动（Act）。他曾对美国国防部过分迷恋技术提出告诫，认为在一些重要事情上要分清楚主次。他坚持认为最重要的是“人”这个元素，其次是“想法”，再次才是“技术”，这才是一个正确的排序。

博伊德坚信“人”是第一位的。在这个前提下，技术应服务于人和思想。技术既不是也不能代替人类、人类的智慧、人类的创造力，以及人类建立和利用人际关系的能力。

在当今时代，科技正在颠覆和瓦解很多行业，并从根本上改变了我们所认知的生活。与此同时，仍有一些人愿意提醒你什么是最重要的，尤其是在销售和商业关系层面。

曾几何时，许多科技公司和权威人士（通常都是别有用心地）宣称：“人”这个因素已经不再是销售游戏输赢的关键，技术才是最重要的。而恰恰在这个关键时刻，杰布·布朗特创作了《销售情商》这一著作。这本关于特定销售的情绪智商和人际关系的独特著作将从根本上改善你的销售业绩，并改变你看待销售的方式。

通过《销售情商》一书，你将更深刻地理解人类心理学和影响力框架。你将在你的大脑中进行一段旅程，去理解某些情感方面的因素，如认知偏差和破坏性情绪，正是这些情感因素让你在人际关系中受阻并且抵消了你获取商业成功的努力。

更重要的是，杰布没有让你止于纸上谈兵。他给你开了一个精确的“处方”，即如何利用特定销售的情绪智商（销售情商）实现超高的销售业绩——这已然是销售行业最高形式的学习层级。

杰布认为，要想获得超高的销售业绩，既要成功控制你的情绪，还要在销售和购买的各个环节中掌控对人们心理的影响力。销售就是变革，首先要改变你自己，然后帮助你的客户超越现状。事实证明，他是对的。

当你深入研究《销售情商》时，你就会明白为什么心理学比技术重要得多。你会深入了解为什么你的潜在客户愿意采取某些行动，或者拒绝采取某些行动，以及如何巧妙地影响他们的行为以增加达成交易的可能性。

这是过去20年里最重要的关于销售的书籍之一，没有谁比杰布更适合写这本书。杰布本人就是一个从业者，尽管在本书中他提供了神经科学和人类心理学最新的研究成果，但是他宣讲的并不是纯粹的理论。

本书中既有顶尖销售人员的成功案例，也有帮助销售人员和销售组织通过提高销售效率来加速完成销售业绩的成功方案。

如果你想知道为什么顶尖销售人员会比他们的同业者有更高更好的业绩，那么所有的答案都在你手中的这本书里。本书讲的不是销售人员在卖什么，而是他们怎么才能卖出去。如果你正在寻找一种真正的竞争优势，可以使你在销售行业中脱颖而出，那么请仔细关注杰布在本书中开出的“处方”吧，你很快就会在顶尖销售人员中占据一席之地的。

安东尼·伊安纳里诺，《直效销售》作者

本书由北京印刷学院杨雷老师翻译。

目录

1 神秘的棕色购物袋 1
终身受益的一课 2
顶尖销售人员大脑中的第一反应 4
2 完美的销售风暴 7
来见识一下顶尖销售人员吧 8
3 非理性买家 11
悬而未决的交易 12
结果出来了 12
理由 13
购买乃人性使然 14
神秘配方 17
以买家可以接受的方式入手 18
4 模式彩绘、认知偏差和启发法 20
模式怪兽 21
模式彩绘 21
心理捷径 23
人们用情绪驱动行为，用逻辑进行判断 23
5 销售情商的四个层次 27
先天智商 28

后天智商 29
对知识的渴求 30
技术智商 31
情商 32
先天智商+后天智商+技术智商+情商：一个强大的组合 32

6 打造胜率 34
诗意 34
顶级销售表现的第一生存法则：胜率 35
疯狂挖掘潜在客户资源 36
替代法则 37
严格的评估 38
圈定利益相关者的范围 39
协调销售的三个过程 40
销售情商和影响力框架 40

7 双重过程 42
销售情商压阵 43
销售情商的四大支柱 44

8 同理心 45
销售情商的基石 47
同理心的范畴 47
有目的的同理心 49
调节同理心 51

9 自我意识 53
自我意识是高销售情商之母 54
心理评估 55
拜师学艺 55
寻求反馈 57

写下自己的目标和计划 57
360° 评估 57
自我反省 59

10 销售驱动力 61
发展销售驱动力 62
保持身体健康 64
培养坚韧不拔的精神 66

11 自我控制 68
管理破坏性情绪 69
破坏性情绪的起源 70
急性应激反应 72
认知偏差 75
培养自制力 78
摆脱情绪控制，决定自己的行为 87

12 打造胜率，从评估开始 89
追逐“危险交易” 90
明确界定出击范围 91
资质认定的方法和捷径 91
九宫矩阵图认定资质 95
筛查潜在客户 98
质疑委员会 100

13 参与程度和微小承诺 103
参与程度测试 104
打情感牌 105
寻求微小承诺 107
利用价值偏差和一致性原则 108
为情绪所困 108

14 停滞的交易和后续步骤 112
销售组织的祸根 113
销售对话的基本规则 114
往下一步推进时遭遇拒绝的应对之策 116
就坡下驴之法 117
扰乱法 118
提出要求 120

15 销售过程 122
破坏性情绪扰乱了销售过程 123
即兴发挥 124
复杂性是执行的敌人 126
销售过程缺失 127
协调销售的三个过程 130

16 购买过程 131
购买过程的制定 131
不能同步的危险 132
普通销售人员之舞 134
打造购买过程 135
先到先得 136
利用影响力 138
普通销售人员成为购买过程中的傀儡 139

17 交易中可能遇到的五种利益相关者 141
危险度越高，涉及的利益相关者越多 142
了解你的观众 143
用脑之前先用心 145
BASIC 组合法 146
顶尖销售人员从来不问的一个问题 147

圈定 BASIC 组合 149

18 决策过程 151

对决策过程的影响 153

协调销售的三个过程 153

销售中最重要的五个问题 154

将决策与社会口碑结合起来 154

19 我喜欢你吗 157

第一印象不可能有两次机会 158

讨人喜欢：通往情感联系的大门 159

情感联系 159

把握节奏 160

十个让自己更讨人喜欢的关键因素 162

建立情感联系是消除情感隔阂和开始调研的大门 163

20 对四种主要的利益相关者的迎合 165

四种主要的利益相关者的角色 166

主导者 166

分析者 167

社交专家 168

共识构建者 169

风格角色转变 171

21 电话销售计划框架 172

问候 173

设定打电话的目标 175

核对你的利益相关者的日程安排 176

构建对话 180

情绪感染：让人们以某种方式回应 181

22 你在认真听我说吗 184
为什么人们不去倾听 185
有效销售对话的四项原则 186
倾听的艺术 187
积极倾听 189
深度倾听 190
激活自我表露循环 190

23 调研：销售就是如何组织问题的语言 193
参观之旅 194
开始和结束 196
询问者乔 197
以简单问题开始 200
开放式问题的力量 202
避免见缝插针式推销 203
流畅的双重调研环节 204
设计一些靠得住的问题 206

24 你让我觉得自己重要了吗 209
人类最贪得无厌的需求 210
如何让他人觉得自己重要 211
互惠法则 212
义务和胜率 215

25 你了解我和我的问题吗 216
当所有东西看起来一样的时候你是无法区分的 217
信息透明的时代 218
你有没有了解我 219
人们基于自己的理由而非你的理由进行购买 220
语言的力量 222

信息为重 223
“那又怎样”嗅诊法 224
桥接的艺术 225
三步法桥接框架 226

26 提出要求：最重要的销售原则 230
完成交易 231
害怕提出要求 232
理直气壮地提出要求 234
适时闭嘴 236

27 扭转反对意见 239
销售人员是如何引发反对意见的 240
现状偏见及买家反对的原因 241
你无法说服利益相关者放弃反对意见 243
扭转反对意见的五步法框架 244

28 我能相信你吗 250
情感包袱 251
你是舞台的焦点 252
信任需要点滴的积累 253

29 少有人走的路 254

1

神秘的棕色购物袋

正是这神秘而朦胧的迷雾，为这个职业增添了迷人的色彩。

——安东尼·里瓦罗尔

在23岁的时候，年纪轻轻的阿特就获得了一次重要的晋升。不过他很谦虚，用他自己的话说：是因为别人离开了公司，幸运之神才眷顾了他。

作为租赁行业的销售代表，他所经手的业务都具有复杂且周期很长的特点，是那些乳臭未干的同龄人所承担不了的。很幸运的是，阿特具有两样利器：一是别人无法企及的渴望成功的动力；二是拥有一位伟大的导师。

乔，他的导师，也是公司的销售经理，绝对是一位传奇人物。公司获得的几乎所有的奖项都与他有关，公司客户中的很多超级大客户都是他拉过来的。乔很欣赏阿特锐意进取的决心，也愿意把他纳入自己的麾下。

“对于我这样资历尚浅的年轻人来说，乔简直就是神一般的存在，”阿特开玩笑说，“他活力四射，善于回答客户各种各样的问题，知道从哪里可以获取行业信息，你知道吗，他太会跟客户聊天了！”

也正是乔，为阿特上了弥足珍贵的一课：你必须学会使用潜在客户的语言，因为他们花钱的初衷是为了自己，而不是为了你。

终身受益的一课

为了能和当地的一家面包店做成生意，阿特周旋了很久。原本一切进展得都很顺利，结果对方一听到阿特的报价就不乐意了。

“面包店的主人是克莱茨先生。克莱茨先生固执地认为我的报价太高，一点都不肯让步。我反复跟他说，我们的报价确实比竞争对手高一些，但是从我们的服务质量所衍生的附加值来看，这是物超所值的。但是他还是不为所动。”

“他在我面前反复念叨别人的报价，这让我确实感到非常为难。如果我降低了价格，基本上一分钱也赚不到。更痛苦的是，降价还必须经过区域经理批准——这绝对不是一个愉快的过程。”

“在跟乔进行渠道评估的时候，我失望地说跟克莱茨先生的生意做不下去了，原因就是我们的报价太高。如果不能跟我们的竞争对手做到持平，我永远别想卖出任何东西！”

阿特说这些的时候，自嘲地笑了一下，说自己那时候可能有点“急火攻心”了。之后，他把乔如何给他上了刻骨铭心的一课的经过说了出来。

乔听后并没有打退堂鼓。他只是站起来对我说：“走吧。”我们一起出去，走向他的车，他示意我上车。

然后乔把车开到了当地的一家杂货店，车停好之后对我说：“在车里等会儿。”10 分钟以后他走了出来，手里拿着一个棕色购物袋。他把购物袋放在后座上，发动汽车继续前行。半小时后我们到了克莱茨烘焙公司，在大厅里等克莱茨先生。那个神秘的购物袋一直静静地放置在乔的腿上。

大约过了 20 分钟，我们被引导至克莱茨先生的办公室。我注意到，乔把那个购物袋紧紧地抓在手中。

一直到那个时候，我都还不知道怎么回事。来的路上乔基本上没有跟我说话，我对他到底要去做什么满腹狐疑。

来到克莱茨先生的办公室后，我们坐到了他的对面。“克莱茨先生，阿特告诉我他最近一直在和您洽谈卡车租赁计划。他说您觉得我们的报价有点高，我专门过来想和您沟通一下。”乔说这些话的时候很放松，甚至有点事不关己的架势。

克莱茨先生大咧咧地仰靠在椅子上，双手交叉在胸前，不紧不慢地说：“我很高兴你能拿出时间，大老远跑过来。但是目前的情况是你们的报价不是‘有一点’高，而是比所有其他家的报价都高，还远远高于别人。我知道你肯定要说你们家的服务水平和产品质量都比别人的好，这些话就不必再说了，我都听过很多次了。对于你们这些卡车租赁公司，我很了解，基本上都大同小异。如果你们的报价不能跟其他家看齐的话，那我们就没什么好谈的了。”

乔听了这些话之后一点都不生气，他把手里的棕色购物袋放到桌子上，慢慢地打开，从里面拿出两块面包来。然后把购物袋放在地板上，把面包直接拿到了克莱茨先生的面前。

乔并没有急于开口，而是沉默了一会儿才说道：“克莱茨先生，我很好奇，这块超市里常见的面包只卖 63 美分，而这块克莱茨品牌的意大利风味面包却卖到了 1.83 美元，区别在哪里？为什么后者的价格是前者的将近三倍？”

乔刚把话说完，克莱茨先生就跳了起来。他把椅子往后一推，双手按住桌子，探着身子花了整整 10 分钟的时间讲克莱茨品牌的面包为什么好，以及他对这个品牌投入的感情等。

在滔滔不绝的讲话中，克莱茨先生专门强调了克莱茨品牌的面包之所以新鲜，就是因为他们选用的食材上乘、制作上严格把关、烘焙程序独一无二，再加上祖上传下来的配方，使得这个历史悠久的面包品牌历久弥新。它尝上去绝对要比那些生产线上批量制作出来的面包“好得不止一星半点儿”。说别的品牌的面包的时候，克莱茨先生的脸上充斥着不屑和厌恶：“那些人工添加剂，能做出来什么好面包？就算做出来，吃起来也跟纸板一个味道！”

一番慷慨陈词之后，克莱茨先生觉得我们已经充分领教了克莱茨品牌的面包的优势，这才坐回去。

乔静静地听克莱茨先生说完以后，他也站起来，探过身子拿起克莱茨品牌的面包，说道：“克莱茨先生，这也正是我们想告诉您的。我们就是卡车租赁行业的‘克莱茨品牌的面包’！”说完以后两个人都坐在那里盯着彼此，谁也没说话。我觉得那一刻非常漫长，紧张得都忘了呼吸。

然后，我看到有一丝笑容慢慢地在克莱茨先生的脸上显现，继而就是一阵开怀大笑。随后他站了起来，握住了乔的手。之后的事情就顺理成章了，虽然我们做了一些让步，但我们走出克莱茨烘焙公司的时候，手握着一份新的合同。可以说，这一仗我们战胜了所有的竞争对手。

现如今，阿特已经是潘世奇卡车租赁公司的首席运营官。他也是我所认识的运营官里面最具天分和活力的人之一，他对销售和销售方面的培训极其重视。在我合作的人当中，阿特是唯一一个高管级别的肯把时间花在所有级别的培训课程上的人，不管是入门级新手的基础培训，还是专业销售人员的高级培训。

就像当年乔教他那样，阿特在给自己的销售团队上课的时候，他的首要目标就是帮助这些人理解：成为顶尖销售人员的关键是学会控制情绪、掌握人际交往技巧以及拓展人脉关系。

顶尖销售人员大脑中的第一反应

在克莱茨先生的心目中，所有的卡车租赁公司都大同小异。为什么他会有这样的想法？我想应该是因为他已经忍受了太多的卡车租赁公司销售人员的推销，而且推销的内容、宣传手册、抵押物品，甚至给出的承诺都基本相同。

在克莱茨先生看来，卡车就是卡车。而一旦有了这样先入为主的看法后，他就会形成所谓的买方脚本模式——你们的报价太高了。从纯粹认知学的角度看，他的反应属于走了“简单粗暴”的心理捷径：不管有多少供应商来推销，他都用这一招来化繁为简，找出他们的不同。

普通销售人员遇到买方脚本模式后也以类似的方式做出反应。他们或者百般解释，或者据理力争，或者干脆放弃。而在这个过程中，普通销售人员逐渐失去了对局势的控制权，降低了交易的胜率。

乔则不然。他没有像普通销售人员那样按照常理出牌。他用一个神秘的棕色购物袋做道具，改变了游戏规则——利用了简单而有力的影响力框架。

- 在应对克莱茨先生的买方脚本模式时，乔做出了非互补反应。
- 这种反应打破了克莱茨先生对销售人员行为举止的预判，成功地把他的吸引力转移到自身上来。
- 克莱茨先生抓住机会捍卫自己产品的声誉，就为什么克莱茨品牌的面包比其他品牌的面包要好这个话题，不惜当场对着乔和阿特说教一番。
- 当克莱茨先生开始滔滔不绝地谈论克莱茨品牌的面包的时候，他大脑里的多巴胺循环开始运行，鼓励他自我流露，鼓励他多说话。他自我感觉也很好，虽然潜意识里并不知道为什么。
- 当乔和阿特听克莱茨先生说话时，他们表现得全神贯注，这让克莱茨先生感觉自己讲的内容非常重要（不管是在销售过程中，还是在人际交往中，这也是你能给予他人的最重要的一份礼物）。这种全身心的倾听也让克莱茨先生产生了一种责任感。
- 在对乔和阿特的说教中，克莱茨先生自己也越发坚定自己的立场：克莱茨品牌的面包就是好于其他品牌的面包。
- 乔借助克莱茨先生的原话，巧妙地激发了双方的情感共鸣：这正是我们想要跟你说的。我们就是卡车租赁行业的“克莱茨品牌的面包”!
- 利用克莱茨先生的原话，让他感觉自己被充分地理解，以此在双方之间建立强大的情感联系和信任。
- 既然自己的坚定立场被对方认可，那么再去否定对方的观点（乔说的——他们的卡车租赁服务比别的公司的卡车租赁服务好——这个观点）将会造成情感上的不一致。而这种不一致将会导致巨大的心理压力。这在心理学上叫内心冲突。
- 现在克莱茨先生唯一能做的就是在乔阐述自己观点的时候保持微笑且表示同意。
- 因为乔和阿特的专注倾听而让克莱茨先生产生了一种责任感，让他觉得自己的话非常重要，继而又产生了一种回报的心理，这种心理又为进一步沟通和磋商打开了大门。最终交易达成，双方都从中获益。

普通销售人员都自欺欺人、一厢情愿地认为买家会根据实证数据和信息进行理性、合理的决策。但这恰恰违背了人类大脑工作的原理。对于人类而言，情绪永远是第一位的，其次才是逻辑判断。

乔深谙此道。他没有像其他销售人员那样做出可怜巴巴的样子，只知道通过降价来促成交易。他首先控制住自己的情绪，并成功地推翻了“你们的报价太高了”这种买方脚本模式。然后又把克莱茨先生引导至他设定好的交流模式，直至最终达成交易。

2

完美的销售风暴

如果你站在树下，冲着天空挥舞拳头，说“什么鬼天气”，那么你被闪电击中的概率就会上升。

——约翰尼·卡森

销售行业正处于一场完美的风暴中：买家比历史上任何时候都拥有更多的自主权、更多的工具、更多的信息和更多的资本。他们在销售过程中也赢得了更多的控制权。

技术正在以前所未有的速度加快着销售领域的变化，这种变化是破坏性和颠覆性的。它给买家造成的恐惧和不安全感与日俱增，以致买家只能依靠所谓的买方脚本模式，以不变应万变。技术的发展还降低了很多行业的准入门槛，对大批“雷同”的竞争对手造成了无情的冲击。和以前相比，现在想要在销售价格、产品物流和售后服务上领先对手的机会越来越少，也越来越难抓住了。

对于买家来说，概莫能外。

大批的销售人员和他们的领导者正面临着这样一个残酷而又难以接受的事实：曾经那些无往不利的竞争优势——对所有销售环节的掌控、对产品知识的熟稔、对先进技术的储备，以及强大的销售理念，都已经不能再为成功保驾护航了。

与此同时，对于那些迎面而来的各种产品特性和优势的宣传资料，以及千篇一律的促销宣传，买家越来越没有耐心。他们希望能从与销售人员的沟通中获取更多，想进行更有价值的商业沟通，而不是拿到一纸产品宣传册就完事了。

为了应对买家期望的这种变化，销售人员在培训中被告知他们必须能够给买家提供真知灼见、教授买家一些知识，向买家提出挑战，并为买家创造价值。然而，不断缩短的聚焦时间使得买家很难坐下来，拿出足够的时间和耐心来获取销售人员提供的这些内容。

如果是在书本上，或者在一个讨论会上，这些所谓的“现代”销售理念听起来会很有意思，也让人觉得很有希望。但是，在现实世界中和真正的买家面对面的时候，这些理念实施起来却寸步难行。因为大多数销售人员没有情景感知能力，也没有一定的情商，无法在保持人际关系的同时，有效地利用这些技巧。

很多销售人员尝试使用这些技巧，最终却让买家感到很恼火。因为很多销售人员压根就不懂得学习和掌握人与人之间沟通的技巧，他们不明白如何在人性的层面吸引买家的注意力。所以不管他们多么卖力地推销，他们都是在强调自己如何重要，却没有摸清真正的门道。

更加严峻的是，新成长起来的一代人逐渐走上了工作岗位。对于这些人而言，手机短信、电子邮件和社交媒体是非面对面沟通交流的首选。可以说，新成长起来的这一代本身就是一个“难解之谜”。他们的社交意识强烈，但是他们把人与人之间的关系看得更加抽象。

在这场完美风暴中，难怪这么多销售人员都在苦苦挣扎。难怪销售部门的领导比以往任何时候都感到沮丧。难怪买家会渴求真正的人际交往。而且不足为奇的是，大多数公司的销售渠道都因交易停滞而发展受阻，即便在下最后通牒的情况下，也有 50% 或更多的销售人员完不成他们的销售任务。

来见识一下顶尖销售人员吧

然而，在这种新形势下，依然有一群顶尖销售人员不断克服重重困难，找出问题的答案。在这个透明的时代，信息无处不在，买家对产品的关注稍纵即逝，这些顶尖销售人员在不断学习中创造性地运用了新的销售心理学，吸引了潜在客户的关注，获得了新的竞争优势，拉大了竞争差距，对购买决策产生了很大的影响。

这些顶尖销售人员非常敏锐地意识到：相对于产品本身、产品价格、产品特点和解决方案来说，买家从他们那里获得的购买体验才是最重要的。他们很清楚，既然出售价值，就要名副其实。他们必须从与买家的人际交往中获取机会，去答疑解惑，帮助买家提高鉴别力，克服可能出现的困难。

在本书中，我将带你踏上一段前所未有的旅程，一起探索那些高回报的顶尖销售人员的行为和心理。我将为你打开一扇窗，让你观察他们的思维模式，向你展示他们的销售技巧、策略框架和一些诀窍。具体内容如下。

- 利用人类行为框架、启发法和认知偏差来影响购买行为。
- 管理和控制可能会阻碍你的破坏性情绪。
- 提高销售情商，培养成为顶尖销售人员所需的四种智力。
- 打造并适时调整三步走的销售战略，把竞争对手排除在外，缩短销售周期。
- 影响并管理你和在交易当中可能会遇到的五类利益相关者的关系。
- 通过翻转买方脚本，获得对销售对话的控制权。
- 利用非互补性行为来消除买家的排斥、抵触等情绪。
- 打破买家对销售人员的成见，引导他们的注意力，逐步让他们产生兴趣。
- 获取买家的微小承诺，做好后续的工作，防止交易停滞。
- “驯服”非理性买家，把他们从他们的安乐窝中拉出来，对他们决策的过程施加影响。
- 回答销售中最重要的五个问题，不给潜在客户说不的机会。
- 提高胜出的可能性，获取绝对的竞争优势。

“销售情商”这个说法源于很多著名销售类书籍和销售培训项目，如《挑战式销售》《战略销售》《洞察力销售》和《销售巨人》等。它解决了现代销售环节中情感方面，即人际关系差距的问题。

在这里，我想把自己写这本书的意图阐述清楚。我耗费了整整一年的时间写完这本书，而你读完这本书后若销售能力才略高于平均水平，那是绝对不可能的。

我在本书中力图揭开销售精英们的神秘面纱，帮你跨入你们公司、行业，乃至于整个领域中顶尖销售人员的行列，为你从一个胜利走向另一个胜利——赚得盆满钵满并最终成为人生大赢家——助一臂之力。

关于利益相关者的一点小常识

在本书中，我把利益相关者一词当作一个通用词汇，指代了很多种人：买家、鼓吹者、搜索者、影响者和指导人员。在我所在的这个行业或别的行业中，这些角色也被定义为潜在客户和决策者。为了方便起见，也为了避免混淆，我统一用了利益相关者一词来概括。

3

非理性买家

世上本无事，庸人自扰之。

我们这个行业中的每个人都非常清楚机遇的重要性。它就像一颗稀有的宝石，每个同业竞争者都殚精竭虑地想要得到它。我们的一位竞争对手，邀请买方的相关人员乘坐豪华舱去参观他的生产工厂，一路上好吃好喝伺候着。另一位竞争对手邀请了买方的相关人员免费观看一些顶级体育赛事。

让我感到痛苦的是，我们因为无法跟竞争对手的某些手段相抗衡，而导致失去了一些宝贵的机会。坦白说，我的公司确实没有这样的资源，可以像竞争对手那样动辄招待一大批利益相关者。

让我感到更加焦虑的是，我们的产品生产设施相对落后，比不上竞争对手现代化的先进设备。

我们和竞争对手之间就像大卫对战歌利亚一样，实力绝不在同一个起跑线上。[大卫是圣经故事里的一个英雄，他年纪轻轻就上战场，对战歌利亚（圣经故事里的一个巨人，他身形巨大，比大卫更健硕、更高大）。可是最后，大卫却把歌利亚杀死了。大卫对战歌利亚的意思是一个看起来虚弱的人对战一个人高马大的人。——译者注] 但这是一个千载难逢的机会，为了能够得到它，我几乎押上了全部的身家。

悬而未决的交易

经过近两年的辛苦工作后，我们拿出了产品演示和解决方案。在得到最终消息的前夜，我几乎彻夜难眠。当时的状态，只能用焦虑大爆发和全面精神崩溃来形容了。

奇怪的是第二天并没有任何消息传来，之后的几天也是如此。电话打过去，没有人接。短信也发了，没有人回。我甚至跑到买家公司的门卫那里打探消息，依然一无所获。

每天我表面上都是一副无所谓和轻松的表情，但是内心却始终处在惊慌失措中。我心里很清楚，没有消息就是最坏的消息。这两年来跟这些利益相关者打了很多交道，彼此都成了朋友。但是我明白他们没有人愿意把工作交给我们做，毕竟我们不是最好的供应商。

在接下来的周末，我最终说服了自己，开始面对这个事实：搞定一个客户的梦想以失败而告终。但是我还得继续，因为我很清楚在这笔交易上消耗那么多资源后，如果不继续努力，很可能连饭碗都没了。

结果出来了

星期一早上，我早早地驱车来到办公室，准备把先前放弃的一条销售渠道重新研究一下。前一段时间因为过于把时间和精力放到了上一笔交易上，而忽略了对其他商业关系的维护。

8:30 刚过，我的电话就响了。前台接待员告诉我是兰迪（利益相关者）打来的。

“很高兴听到你的声音，兰迪。周末过得如何，还好吗？”我尽我最大的努力，不让对方听出来我的绝望。

“很好，杰布！你呢，过得怎么样？”

“也很好！”我撒了谎。

“是这样，我很抱歉没有给你回电话，”兰迪说话很客气，但是声调没有任何感情色彩，“我们的相关人员上周碰了几次，把所有提交给我们的报价都审核了一遍。说实话分出好坏来非常不容易，因为所有的公司做得都很出色。但是我们必须做出选择，我也不想再留着悬念让你等下去。”

听到这里我的心跳开始加速，并做好了最坏的打算。

“我们的意见是一致的……”他的声音听上去很严肃。我隐隐感觉到了坏消息的逼近。

“我们决定跟你们合作！”说完这句话他放声大笑起来，明显听出来很享受刚才对我的一番折磨。

理由

“谢谢！真是太不可思议了！非常感谢！”我有点语无伦次，找不到合适的话表达自己当时的心情，先前阴郁的心情一扫而光。

对于这份意外的惊喜，我们的团队早就制订了下一步的计划，并已经准备好了交给对方法律团队的合同。我急于想挂掉电话，与我的妻子和团队分享这个好消息，但是在我挂断电话之前，我问了一下是什么原因让他们选择了我的公司。

“是这样，我们觉得你们跟我们有很多的相似之处。”他谈到了那次参观我们的生产车间，他们的团队跟我们相处得非常愉快。

那天午餐的时候，我们暂时停了工，大家聚在一起吃烤肉。虽然用的都是一次性的纸盘，但是所有人——他们的相关人员、我们的销售团队，以及工厂的员工，大家不分彼此，其乐融融地边吃边聊。兰迪说他们非常喜欢这种氛围，不拘泥于形式。他们能感觉出来，我们团队的人脚踏实地，这跟他们的风格很像。

签下这份合同前前后后花费了我们两年的时间，其间投入了大量的人力物力。首先我们专门组建了一个团队，没日没夜地工作：制定营销策略、分析利益相关者、组织没完没了的财务分析、调查原料供应链、量身定制一系列产品等，更不要提这其中遭受的精神折磨了。

但是最终促成这笔交易的，不是我们撰写的厚厚的各种规格的产品设计方案，也不是花费我们整整一周时间制订出来的详细的实施计划。产品演示、样品和数据也似乎与交易的达成无关。豪华的机舱、花哨的娱乐和昂贵的赛事更不在考虑之列。

那么我们最终胜出的原因到底是什么？原因就是他们觉得我们比其他竞争对手更像他们。他们跟我们相处得更融洽，也更欣赏我们的公司文化。他们愿意跟我们打交道，觉得我们是一个相对安全的选择。一个如此重要的决定竟然被情绪所左右！

跟兰迪的那笔交易是我有史以来做成的最大的一笔交易。多大呢？这么说吧，单是这笔交易赚的钱就足够我买一套大约 465 平方米的大房子，而且还是现金支付（我也确实这样做了），甚至剩下的钱还成了我储蓄余额的大头。就这样，在 26 岁的那一年，我的人生经历了大起大落，从谷底被推上了顶峰。可以说那笔交易的达成改变了我的生活，助推我的事业驶入了发展的“快车道”。

从那以后，我做成了规模更大、更加复杂的交易，交易额高达几百万美元。然而，任何一笔交易都无法跟兰迪的那笔交易相比，因为只有那笔交易告诉了我什么才是交易中最重要的东西。我们所认为的那些重要的能影响到交易结果的因素往往是错误的。这绝对是一个值得虚心接受的教训。

这次的教训也让我踏上了另一条职业道路：实践者、领导者、作家、顾问、探索者和培训师，而且一做就是 20 年。20 年来，我的首要任务就是找到以下两个简单但又令人沮丧的问题的答案：

（1）人们为什么购买我们的产品？

（2）我们如何影响人们的购买决定？

购买乃人性使然

一般来说，人们都是行动靠情感，判断靠逻辑。从非常复杂的交易到完全冲动式购买，情感这种东西一直左右着其中的购买决定。一个又一个的科学研究表明，在我们做出决定的过程中，情感施加了很大的影响。活生生的例子有很多：

- 一位银行高管做出决定，准备拿出 50 万美元购买企业软件，原因很简单：相对于客户经理杰夫的竞争对手而言，她更喜欢杰夫。喜欢的理由也很简单：她曾对杰夫说很感谢他的生日贺卡，他想得很周到。

- 米歇尔愿意付出更多的钱从格温的手里购买同一种床垫，原因是米歇尔觉得格温比他的竞争对手更加关心她。
- 一家知名电力公司负责安保的副总裁，决定拿出 100 万美元购买安保设备，因为他觉得跟他接触的销售代表值得信任。
- 嘉莉买了一辆车，但不完全是她想要的。之所以这样，是因为她不想让帮助她的销售代表失望。
- 在品酒酒会上，尽管每瓶酒里装的都是完全相同的低价葡萄酒，但是当人们看到价签上的价格越高时，会觉得葡萄酒味道越鲜美。
- 约翰购买某只股票仅仅是因为这家公司的名字更朗朗上口。
- 人们在盲测中选择的都是七喜，而在看到实物的时候，他们又都觉得可乐的味道更好一些。
- 我关闭了我们公司推出的梦想账户，因为有些利益相关者认为我们的与他们的雷同。

丹尼尔·平克说："售卖关乎人性。"同样的道理，购买也关乎人性。作为买家的我们，平时都自负地认为我们的决定都基于理性的逻辑、最佳的利益，或者条理清楚的事实。但是科学研究表明，我们往往并不是那样做的。

在一项研究中，有一家卖酒的商店在星期二播放德国啤酒馆里的流行音乐，而在周三播放法国音乐。与此相对应的是，德国啤酒销量在周二有所上升，而法国葡萄酒销量在周三也有所上升。

在商店外的人行道上，研究人员紧盯着顾客手中的棕色购物袋。他们还采访了顾客，了解他们为什么购买啤酒或葡萄酒。大多数购物者给出了他们购买的原因：在一本杂志上偶然看到的，或者朋友推荐的，或者今晚炖牛排需要，或者就是喜欢这种优质啤酒的味道。这一切都在证明：人们的购买决定是依靠情感做出的，而判断则依靠的是逻辑。

作为普通人，我们都认为自己的决定应该符合我们自己的社会定位，这一点很重要。因此我们才会依靠逻辑来为潜意识购买行为找出理由。

什么是情感？情感就是受过良好教育的公司高管们要在众多的竞争对手

中选出一家，把百万美元的合同交给他。那么选择这家公司的原因是什么呢？也很简单，就是因为这家公司的销售团队更“关心”他们。尽管我们现在有各种各样的工具，信息和数据也都唾手可得，但是在这个互联网连接的世界里，买家的决定却往往是非理性的。

那么，我的言下之意是不是在说产品特性、质量、规格、物流方式和速度、服务、技术、地点、价格和其他你提供的有形的属性就不重要了呢？当然不是！所有的这些都非常重要，甚至缺一不可！它们就是游戏的入场券，任何一个层面的缺失都可能导致你在游戏开始前就被迫出局。

不过，在销售这个行业，包括销售人员、销售培训师、销售部门领导以及销售背后的营销团队等都有一个错觉，那就是买家的决定是理性的，而且买家的决定一定会符合他个人或所在公司的最佳利益，因为买家会理性并客观地权衡决策。

但是这个假想在数不清的事实和数据面前被彻底否定。坦白说，你根本找不到有利于这个假想的证据。

我丝毫不会怀疑你曾经被某些潜在客户折磨得几乎抓狂，因为你在跟他们打交道的过程中，倾注了全部身心。例如，你已经跟他们说得很明白，为什么他们要和你做生意。例如，你对他们的现状已经分析得非常透彻，并且告诉了他们如何才能开源节流，如何节省时间、缓解压力，并且为此你还提供了更好的服务。

事情发展到了这一步，按说就应该水到渠成了，毕竟你的证据无可辩驳，你的数据也无懈可击。甚至可能还会有某个触发事件加速签约的进程。但是，出乎你意料的是，买家却把机会给了你的竞争对手。在你看来，竞争对手压根就没重视买家，提供的服务也很劣质，还漫天要价。然而就是这样的竞争对手，居然获得了第二次机会。我也曾有过这样的经历，完全能体会那种令人发狂的心情。

如果我们去质问买家，为什么他们选择一个不会给他们带来最佳收益的供应商？他们肯定会摆出一大堆理由，而且这些理由在他们看来都是合乎逻辑、认真理性的。所以你再反驳和争辩也无济于事。买家一旦认定了，就会变得一意孤行，很难让他们回头。

关于买家无法解释，或者说不愿意承认的这种情况，还有一些深层次的原因：可能是他们担心自己的决策失误；也可能是你自己的原因，具体地说就是他们可能在潜意识里还没有完全相信你；也有可能是买家不想引发矛盾，中断跟目前供应商的合作会让他们很为难。

就这样，各种各样情感的叠加——不管是有意识的，还是无意识的，最终都导致买家做出了非理性的决定。当然，在他们看来，这些决定肯定是百分之百理性的。

神秘配方

作为一名销售人员，了解如何控制情绪和推动购买决策是至关重要的。你的收入的增加和职业生涯的推进跟这一点都有莫大的关系。

在其他条件都难分伯仲的情况下——在今天的市场条件下，竞争对手间基本上拉不开太大的差距（至少在买家的眼里是这样的），所以在交易的过程中，如果你能够左右利益相关者的情绪，那么你就获得了竞争优势。

如果你肯花一点时间，反思一下你曾经输掉和赢得的交易，以及大多数销售人员是如何接近买家的，那么下面罗列的这些真相你就必须得面对：

- 这个真相对无数销售人员来说都是看不见的。
- 销售培训师和专家们也看不到这个真相，所以当他们基于流程和数据驱动的错误销售理念遇到非理性的情感时，他们的“纸牌屋”就开始土崩瓦解了。
- 这也是一个经常被挑战者们和所谓有洞察力的卖家忽略掉的真相。挑战者们对利益相关者总是一副趾高气扬的派头，动辄就说你们彻头彻尾地错了。而有洞察力的卖家在教育他们可怜而又无知的买家时，也忽略掉了这个真相。

借用我最喜欢的电影《大空头》中的一句台词：“真相就像诗歌，但人们讨厌诗歌！”

情感这东西是看不见摸不着的，有时候很难直接面对。你可以轻易地说出一件产品的特点，但是如果你要很快地把自己的情感跟眼前的利益相关者的情感调整到一致，却很难做到。你全力以赴地推销产品，尽心尽力地提供服务，但还是无济于事，这是因为：

人们基于自己的理由而非你的理由进行购买。

以买家可以接受的方式入手

销售是人性使然，购买也是如此。这两种行为都被编织进人类情感的非完美结构里了。不管你卖什么、销售周期有多长，或者销售过程有多复杂，情感这东西都在你的销售对话、互动和交易的结果中扮演着至关重要的角色。

每次你和每个参与购买决策的利益相关者相遇时，这些情绪就会发生碰撞。

大多数销售人员的销售过程都是从逻辑开始的，而最终还是逐渐回归到情感。相反，买家倾向于在情绪层面开始购买过程，并随着时间的推移转向逻辑层面。

在销售过程开始的时候，买方在心里都会问自己一个关于销售人员的基本问题：我喜欢这个人吗？而在同一时刻，卖方正在不遗余力地鼓吹产品的功能和特点，他们坚信这会引起买方的兴趣。

还没有什么能比夸夸其谈地推销更让人厌恶。而在很多时候它恰恰贯穿了整个购买过程。直到销售环节结束，当买方提出理性的问题，表达出反对意见并想继续商谈下去时，销售人员却把逻辑抛到脑后，表现得非常情绪化，患得患失，特别害怕失去这笔交易。

可以说，在情感层面上，买卖双方永远不同步（见图 3.1）。

当然，我很清楚这个例子有点过于简单粗暴。人与人之间的沟通交流非常复杂，而且往往是非线性的。不过，我还是认为在销售对话的背景下，处理人与人之间的关系不需要过于复杂或太强势。

大多数人的行为是受底线和影响力框架约束的。当你学会掌控这些简单的框架时，你就会成为主宰情感、影响力和说服力的行家里手。

我已经和你分享了销售中最有说服力的真理之一：人们基于自己的理由而非你的理由进行购买。因此，为了保证有效果，你在接近买家的时候，必须从他们的购买思维模式入手，而不是从你的销售方式着手。

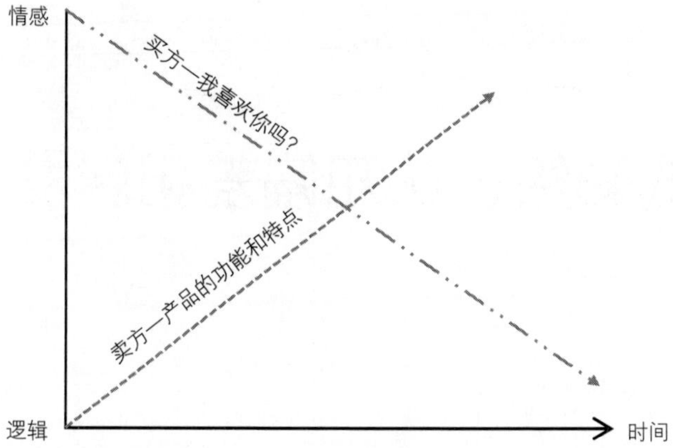

图 3.1 买方和卖方

这种新的销售方法需要具备特定的情商，在销售领域就叫销售情商。作为销售人员，你如果能做到一方面控制自己的破坏性情绪，另一方面还能在销售过程中准确地解读和响应利益相关者的情绪，那么你就具备了销售情商。在下面的章节中，你将学到如何进行情绪控制。学会做到这一点，你就有别于普通销售人员，从而向顶尖销售人员的方向迈了一大步。

4 模式彩绘、认知偏差和启发法

你无法和自己的大脑辩驳，它想要什么就是什么。

——凯瑟琳·拉姆斯兰博士

现在暂时停止阅读，我需要你把注意力集中起来，认真地感受你身边的每个视觉上的、触觉上的、动觉上的和听觉上的刺激。试着把注意力集中在一些非常不起眼的事物上：地毯、墙壁和你坐的椅子的颜色。研究每一个经过你身边或靠近你的人：他们的穿衣打扮是什么样的，他们的面部表情是什么样的，他们谈话的内容又是什么。你听到了什么声音？你又感觉到了什么？

如果让你试着把刚才所有听到的、感觉到的、看到的一并记下来，是不是觉得很崩溃？

现在，想象一下，如果你时时刻刻被迫去体验这种巨大的感官过载会是什么样子。你肯定会被击垮的！

就像电脑一样，我们人类的大脑一次只能处理特定数量的信息。随着认知负荷的增长，它的速度会逐渐减慢并变得效率低下。当大脑无法集中注意力时，所谓的注意力控制也就不存在了。

从纯粹的进化意义上讲，这种不能集中注意力的缺陷会使你处于危险之中。如果附近有一个威胁，假设是一只剑齿虎蹲在草丛里，或者一辆公共汽车正沿着街道滚下，置身在这蜂拥而至的感官信息之中，你可能会变得麻木。那么结果就是在一瞬间，要么你成了老虎的午餐，要么你被公共汽车压成了馅儿饼。

模式怪兽

如果进化缓慢，那么这个DNA就有可能从基因池中被抹去，所以我们的大脑进化的结果就是思考得越来越快。在众多的感官信息一起迎面而来的时候，我们需要一种方法来管理这些杂乱无章的信息，抽丝剥茧，只关注环境中的异常情况，识别这些异常是危险还是机会。

人脑是一种模式怪兽。它是在你周围的环境中攫取数十亿个信息的大师，并且还要解读这些信息的模式，然后在解读的基础上指挥大脑对这些模式做出适当的反应。

如果你的大脑没有好好地利用这些模式进行决策，或者对周围世界没有做出相应的反应，那么你将无法正确思考。在做出决定之前，任何一条相关的信息都需要对其进行分析和推敲。而大脑则利用心理捷径避繁就简，快速做出决定。

对这些心理捷径的工作原理的基本理解对于控制自己的行为和影响他人的行为是至关重要的。让我们从两个关于大脑的事实开始。

（1）它的任务是让你活着，因此，它所关注的是环境中那些意想不到的、可能会构成威胁的事情，而对于那些习以为常的东西，它往往是视而不见的。因为大脑要确保不会顾此失彼，所以不能错失那些危险信息。

（2）它是懒惰的，更喜欢在遇到的阻力或认知负荷最小的时候做决定。这种倾向也有助于让你活着。当大脑接收到某个情景时，如果它认为这种情景类似于其他的情景，它就不会花时间去进一步分析这两种情景是否不同；如果它们是相同的，大脑就会快速做出决策，这就是心理捷径。

模式彩绘

如果附近突然有一声巨响，那么你的注意力就会从你正在做的事情上剥离开来，转向声音发出的地方。然后，你的大脑开始扫描你周围的任何地方，以便找出任何一个可能是威胁的东西，同时让你做好应对的准备。这是你对战斗的回应。根据目前的研究，大脑中有一种叫作杏仁核的组织负责控制你的情绪和行为。

我们可以把大脑想象成一个俄罗斯的嵌套娃娃。外面的大娃娃是大脑皮层，这层灰色物质是你大脑中负责理性的部分；中间的娃娃是边缘系统，是你大脑中负责情感的部分；最小的娃娃是你的小脑或叫自主大脑，它负责管理所有的琐碎细小（但仍然重要）的功能，如呼吸，这样你就可以集中精力去思考了。

大脑的这三个部分各负其责，但都与杏仁核有连接，而杏仁核则被安置在边缘系统中。

杏仁核是处理所有感官输入的中枢系统，连接你大脑的理性、情感和自主部分，是情绪、情绪化行为和动机产生的中心。恐惧和愉悦是杏仁核的语言，它会对你的情绪化行为施加巨大的影响。

为了避免在无关紧要的事情上浪费宝贵的资源，大脑中的杏仁核关注并回应的，仅仅是周边环境中具备破坏性的危险因素。但凡是关系到你的生存的因素，无论是心理方面的还是社交方面的，它都认为很重要。就是这种简单的认知捷径，让大脑忽略了枯燥的、常见的情景，让我们对任何不常见的可能引起破坏的情景保持警惕，从而成就了我们作为一个物种的成功。

有的销售人员能够扭转销售预期，成功地把利益相关者吸引过来。他们会给乏味的销售模式“装点”上鲜亮的颜色。而这种本事正是销售行业的顶尖销售人员用来翻转买方脚本和改变游戏结局的。唯一不同的只是销售人员的性别和所销售的产品而已。研究证明，杏仁核喜欢有光泽的东西。

顶尖销售人员如何给普通的情景模式“上色”，以便打破期望，区分自己和普通销售人员呢？这样的例子将贯穿本书接下来的内容。

当你的销售行为陷入一个预期的模式中时，你不会刻意去区别自己和其他普通销售人员，所以你无法获得客户的关注。你无法给客户带来快乐，你很无趣，所以你会很容易被忽视。

当你在外表上、行为上、感觉上及听觉上和其他销售人员并无二致的时候，当你也像他们那样打电话，发电子邮件，为潜在客户提供产品演示、赠送礼品、推介产品、评估风险的时候，当你忙完这一切从门口走出去的时候，你的潜在客户会觉得你和其他销售人员一样无聊，他们即刻就会进入买方脚本模式。通常买方脚本模式都是固定的，不用死记硬背。因为潜在客户对每一个销售人员用的都是同样的说辞。这样客户就能在情感上和你保持距离，不会主动让你靠近。

心理捷径

启发法是一条心理捷径，我们的大脑可以借此在重重迷雾中快速做出决策。可以说，启发法是一条只需最少的付出和最小的认知成本就能获取结果的捷径。启发法也能帮你更快地解决问题，前提是你能有条不紊地权衡所有的选项。

这也被认为是一种经验法则。举例来说，一个简单的启发式思维是“有烟的地方一定有火”。这些认知捷径是直观的，发生在意识和潜意识层面。你没有做任何事情或决定，不会受到大脑想要使用这些心理捷径使事情变得更容易的欲望的影响。

同样的道理，当利益相关者决定是否喜欢你、评估你的方案、预判进入下一步的风险以及确定你是否值得信赖，并将你与竞争对手进行比较的时候，这种启发法时时刻刻在起作用。

虽然启发法能够帮助利益相关者更快地解决复杂问题，但它也会出现认知偏差从而导致决策时的情绪化。理性、客观的分析被懒惰的大脑所排挤，它会在不自觉中寻找一种简单的方法。不理性的买家由此就诞生了。

潜意识的力量，以及它对我们的情绪、行为、人际关系、好恶、看法和决定的影响，是每个销售人员必须学着去理解和利用的东西。在本书中，我们将详细了解启发法、认知偏差和情绪是如何影响决策的。

人们用情绪驱动行为，用逻辑进行判断

神经科学家安东尼奥·达马西奥是最早开始试图证明情绪能够指导做决

定的人。他的躯体标记假设改变了科学观察人类决策的方式。达马西奥研究了大脑边缘系统的情绪中心受损并且不能正常工作的人。不过，在这些受试者中，他们的大脑皮层或理性大脑都处于正常工作状态。

他发现这些受试者有着特殊的共同之处。对于这些人来说，做出决定几乎是不可能的。他们可以客观地讨论不同选择的逻辑性，但是当被要求做出选择时，他们发现自己难以做出选择，有时甚至不能做出选择。没有情绪来引导，甚至最简单的选择也会让他们痛苦不堪，如选择火腿三明治还是火鸡三明治作为午饭。

达马西奥的实验表明，情绪是人类决策的核心，我们经常在了解事实之后应用逻辑判断，以避免认知失调的痛苦。这并不是说我们没有做出理性的决定，我们当然试图做出符合我们最大利益的决定。

但是达马西奥的研究证明，对于人类来说，决定是以情感开始的。我们先被感觉牵着鼻子走，然后我们才开始思考。

认知失调

当你试图在同一时间内抱有两个或更多相互矛盾的信念时，当你做一些或想一些违反或不符合核心信念或价值观的事情时，当你采取与先前承诺不一致的行为时，当你面对的信息直接违背你认为真实的东西时，由此造成的心理压力和情绪不适，就是认知失调。

人类渴望在思想、信仰、价值观和行动上保持一致性。为了实现这种舒适的平衡，我们不断寻求方法以减少不和谐，就像饥饿一样，促使我们寻求食物来安慰“咆哮”的胃。在很多情况下，认知失调是很痛苦的，人们会否认事实、证据和任何合理化的东西，以期保护所谓的核心信念。

当利益相关者处于必须做出决策的情况下，他们被有意识的理性选择、情绪和潜意识的认知偏差等因素狂轰滥炸。这些有意识的理性选择、情绪和潜意识的认知偏差等因素有可能是相互排斥和矛盾的，从而导致不和谐的状态出现，这时候就要看你的能力了。具体来说，就是能不能巧妙地操纵和引导这个情感雷场，以便在决策中减少其负面影响。

激发认知失调的原因分析

状况：利益相关者正在与提供糟糕服务的供应商合作。你向利益相关者提出质疑，认为当前的供应商正在毁掉他们。

不确定性：利益相关者之所以最初选择某个供应商并完全相信他们，是因为利益相关者认为，像大多数人一样，他做出了良好、理性的决定（自我中心偏见）。你对他的判断提出质疑，并告诉他他做出了一个很差劲的决定。那么这个时候，利益相关者可能被迫接受事实，承认他做错了选择，但他会将错误归咎于外部环境（归因偏差）。他可能会说他一直都知道这个供应商很糟糕，但他没有别的选择（事后聪明式偏差）。利益相关者也可能会捍卫他的决定，把你当作对手。

结果：利益相关者之所以如此固执己见，是因为这关乎他自己的形象和过去所做的承诺，这才是最强大的动机。所以一开始他不太可能同意你的说法，他会不断反驳，陈述该供应商为他带来的种种好处——其实好处少得可怜，而对该供应商所造成的损害（确认偏误）他却只字不提。

他大多数的理由是不理性的。然而，你跟他争论得越多，他就越坚持自己的立场。（你不能试图通过争辩让别人相信他们是错的，这就是直接挑战常常失败的原因。）

你的挑战还会使利益相关者觉得不舒服。因为你是痛苦的起源，所以往往会导致你成为一个不受待见的对手。当你一旦被贴上不被喜欢的标签之后，胜率就会大幅下降。

应对之道

了解和利用认知失调是影响利益相关者决策的关键之一。

即便手里握有实实在在的证据，也不要到利益相关者那里说其他供应商的坏话，这样容易引发直接的对抗，是一种非常错误的做法。如果够聪明，你可以通过提问题的方式来委婉地提醒利益相关者，例如：“约翰，你能告诉我你最喜欢 ABC 供应商什么吗？”

普通销售人员会觉得这是一个无异于“自杀”的问题。“我为什么要让他们告诉我他们对供应商的喜好？这对整个计划有好处吗？”

为了影响利益相关者的行为，你必须管理你的破坏性情绪（在这种情况下是恐惧），对认知失调所带来的痛苦有同理心，并对人类思维的运作方式有深刻的认识。

当你问大多数人他们为什么喜欢某些事物时，你可能会触发他们消极影响或偏见的开关。大多数人会在简单回答了几个正面原因之后，迅速转向负面因素。人们更倾向于否定，而不是肯定。这就是人性。

所以，你需要做的是因势利导，通过向他们询问“最喜欢什么”的这种方式，来引导你的利益相关者的行为。这样做的附加效果就是降低，甚至否定了利益相关者对其他供应商的心理预期，从而拉近他们和你的距离，并使他们对你和你的产品更感兴趣。

在这种情况下，负面情绪很容易被激发出来，如抱怨该供应商的工作不到位，而且还可能会不断说出该供应商在哪方面做得很失败，以及有什么样的缺点。

当约翰把自己的不满表达出来时，也就是他准备致力于改变之时。而且因为他的行为必须与他对供应商的态度保持一致，所以他会改变的可能性就更大。

5

销售情商的四个层次

我们不应该假装只能通过智力来理解世界。智力的判断只是真理的一部分。

——卡尔·荣格

毫无疑问，顶尖销售人员都是聪明的人。他们是敏锐的观察家，有着不可思议的好奇心。他们具有天生的能力和才华，能够把不同的想法、数据和模式关联起来，然后利用这些混搭的信息来提出见解和解决问题。

好消息是你有高于平均水平的智商。我能推断出来是因为从统计学上来看，智商高于平均水平的人更倾向于通过阅读书籍来寻求知识。

坏消息是仅仅拥有高智商还不够。要想获取超高的销售业绩，还需要你能把与生俱来的智商和后天培养的智商、技术智商以及销售层面的情绪智商相结合。以下四种智商是开启超高销售业绩大门的四种智慧：

（1）先天智商（Innate Intelligence，IQ）。

（2）后天智商（Acquired Intelligence，AQ）。

（3）技术智商（Technological Intelligence，TQ）。

（4）情绪智商（Emotional Intelligence，EQ，即情商）。

先天智商

你的先天智商是体现你聪明才智的一项指标。先天智商与生俱来，是被写进你的 DNA 的。而且它还是一种与运动能力不同的天赋，要么你一出生就拥有某种程度的先天智商，要么你就没有。不存在中间地带或后天培养之说。

先天智商是你的“不动产”。换句话说，如果你聪明，以后会永远聪明下去。

商场如战场。现代的商场瞬息万变，极其复杂，绝对是智力角逐的领域。任何时候，在低先天智商人士与高先天智商人士的战斗中，我都会把钱押在高先天智商人士这一边。如果你不聪明，几乎不可能成为销售领域或任何其他领域的顶尖高手。

高先天智商人士往往好奇心都很重，能快速吸收旧知识且不断学习新知识，具有战略眼光，能够站在全局的角度看问题，坚持高标准，严格要求自己，具备高超的推理能力。

他们还会把看似无关的事物、想法或事实关联起来，摸索出它们之间的关系，并在此基础上找到独特和原创的解决方案——对于销售行业来说，这是一种极其重要的能力。它会让你善于发现、挑战现状，以及找到独特的解决方案。

这些能力（越多越好）就是具有高先天智商的销售人员能在行业中大踏步前进的原因。但是凡事有好就有坏。因为拥有高先天智商的人比其他普通人反应更快，更善于把不同的想法关联起来看问题，而且也更加理性，所以他们也有通过以下行为方式导致各种关系受到损害的可能性：

- 冲动。
- 急躁。
- 居高临下。
- 爱说服人。
- 不听和不等人把话说完。
- 不会同情他人。
- 用一些基本问题的解决方案压垮别人。

为了有效地引导各种关系并影响他人的情绪，你必须学习控制好自己的脾气，并用情商来调和和补充先天智商。在销售中，最终的决定因素往往是情绪而不是理性，先天智商只是智商的一部分。

许多非常聪明的人在销售行业却以失败而告终，这是因为他们无法成功地影响别人的行为。相反，有着高情商和先天智商处于一般水平（甚至比一般水平还要低）的人在销售和生活中的方方面面都能如鱼得水，因为他们深谙人性之道。

在我看来，聪明仅仅给你提供了一个竞争优势，它只是成为顶尖高手的一部分原因。先天智商只有和后天智商、技术智商和情商相结合，才能变得更加有用、更加强大，从而也更有意义。

后天智商

有一次，当我在一位销售经理所在的公司做咨询工作时，他让我帮他一个忙。他说有一个销售代表非常有潜力，让我多花一点时间培养一下他。但是事情以失败而告终。

那天我们在休息室会面。一开始那位销售代表就滔滔不绝地说了一长串销售不成功的借口：除了他自己，所有的人和事都有毛病。我建议他读一本书并经常关注两个播客，我相信这会对他有帮助。他回答说："我不喜欢阅读，播客也不适合我。"

还有一件事。大概在发生上次事件的一个星期之后，我为客户举办为期两天的销售情商研讨会。第一天，我注意到有两位参与者一直心不在焉，其余的大约 20 人都精力充沛并且积极参与，但这两个人的态度非常不友好。

午饭时，我问销售主管是否有什么事情发生。他承认说，除了这两个人之外，每个人都对训练感到兴奋。那两个人不高兴，是因为他们觉得没必要参加培训。"他们认为他们什么都知道。但是我心里非常清楚——恰恰是这些人才需要培训，因为他们正在挣扎着完成自己的销售额度。"

普通销售人员认为他们知道这一切——这样的人我每天都会看到。

对知识的渴求

从某种程度上来说，先天智商本身是无用的。它必须通过学习、使用和历练才能得到发展。与先天智商不同，后天智商并不是静态的。

无论你的先天智商如何，你都可以通过教育、培训、阅读和其他学习经验，再加上实践、应对逆境和积累经验来培养你的后天智商。后天智商能让你的先天智商变得有用武之地。

为什么有的人在学习上投入巨资，而有的人则说："学习？简直是浪费时间！"

其中大部分取决于什么？借用神经科学家的话来说，这其实是控制点在作祟。内部控制点发育较好的人，相信他们自己可以掌控自己的生活、行为和处境。而外部控制点发育较好的人，则笃信左右他们命运的是外界的力量、运气和机会。他们认为他们做什么都无济于事。

内部控制点是高情商的关键指标。顶尖销售人员对知识的渴求是无穷无尽的。他们：

- 不放过任何一个学习的机会。
- 可塑性强。
- 欢迎反馈。
- 将应对逆境视为学习机会。

顶尖销售人员认为，他们可以通过学习、训练、投资和改善自己，来改变胜率。他们认为获胜的关键因素之一是要比其竞争对手了解更多的有关销售、整个行业及其产品和服务的知识。

顶尖销售人员会研究他们的竞争对手所做的每一个步骤。他们对竞争对手的了解，超过了竞争对手对自己的了解——这是他们很引以为荣的地方。顶尖销售人员投入大量的时间来研究竞争对手的产品、销售策略、定价策略、市场营销、优势、劣势，甚至销售人员的姓名。顶尖销售人员从不畏惧自己的竞争对手，只有竞争对手害怕他们。

对于那些不为自己的成长投资的销售人员，我的耐心非常有限。当你决定不为自己的成长付出时，那就意味着你有意识地限制了自己的成长和收入。这是你的选择，怨不得他人。

技术智商

技术智商是指与技术交互的能力，它无缝地交织在人们的日常生活中。那些不发展这种能力或抵制发展这种能力的人将被时代所遗弃。

据托马斯·鲍姆加特纳、霍玛耶·哈塔米和玛利亚·瓦蒂维索在《哈佛商业评论》中发表的题为“为什么销售人员需要开发机器智能（Machine Intelligence）”的文章介绍，销售人员必须快速适应机器的使用。“除了他们的社交技巧，销售人员将会根据自己的能力去了解和解读数据，利用人工智能有效地工作，并迅速采取行动。”

随着技术，特别是人工智能逐渐成为人们日常生活中普遍存在的一部分，具备较高技术智商的人将会如鱼得水，大踏步前进。而技术智商较低的人则正好相反。

销售人员再也不要振振有词地声称自己“不懂计算机技术”了。如果你不懂技术，只能把自己置身于低级销售人员的行列，最终落伍并失去工作。

顶尖销售人员在掌握技术的时候运用“3A”法。

- 采用（Adopt）：顶尖销售人员一直致力于成为采用新的尖端技术的早期实践者，并利用这些新技术来获得改变游戏规则的竞争优势。他们不惜自己掏腰包来进行这种投资。
- 适应（Adapt）：顶尖销售人员将新技术应用于其具体的情况。他们利用技术实现低价值任务的自动化，从而获得更多的时间，专注于高价值的人际交往和策略。
- 擅长（Adept）：顶尖销售人员将新技术快速吸收到日常销售中，并且使用得越来越熟练。能做到这一点并不是因为他们具有特殊的能力，而是因为他们有开放的态度，有勇气去尝试和学习，并且是按需寻求学习资源。

在将来会有两种类型的销售人员：第一种类型的销售人员会告诉机器该做什么；第二种类型的销售人员是需要机器告诉他们怎么做。相信我，你肯定想成为第一种类型的销售人员。

情商

能够感知、正确解释、恰当回应和有效管理自己的情绪并影响他人情绪的能力，被称为情商。

20 年来，我一直痴迷于职场上的情商和人类行为研究。对于我来说，这一切都源于丹尼尔·戈尔曼的这本书——《情商：为什么情商比智商更重要》。这本具有开创性的书从学术界的晦涩语言中汲取了情感智慧，并将其引入主流。

现如今，与销售业相关的情商对销售业绩的影响已经不能再被忽视了。买家渴望真正的人际交往。在科技型社会中，人际关系技能（应对和管理他人的情绪）和内在技能（管理自己的破坏性情绪）对销售成功的重要性比历史上任何时候都更凸显。

情商是顶级水准得以发挥的关键，它弥补了其他类型智商的缺陷。对人类影响力框架的认识和理解，以及管理自己的破坏性情绪的能力，是决定销售业绩高低的重要因素。

在竞争激烈的全球市场上，能够投资开发和改进情商的销售人员终将获得决定性的竞争优势。

先天智商+后天智商+技术智商+情商：一个强大的组合

可以肯定的是，这四种智商是交织在一起的，它们相互关联，相互影响，且能相互提升。

- 先天智商：你的聪明程度是固定的，它已经融入你的 DNA。
- 后天智商：后天的学习和经历，决定了你先天智商的发挥程度。
- 技术智商：吸收和利用先进技术完成低价值任务的速度，决定了你有多少时间可以花在推进人际关系上。
- 情商：处理情绪的敏锐度会放大先天智商、后天智商和技术智商的影响力，因为它可以让你快速关联、恰当回应、积极影响和成功说服其他人。

能够利用自己的高情商，把先天智商、后天智商和技术智商成功结合的人，在任何他们追求的领域或学科中都是战无不胜的。无论是在商场中，还是在生活中，这些“高智商”的人往往处于食物链的顶端，而“低智商”的人可以说是只能勉强度日了。

6 打造胜率

所谓可能就是经常发生的事情。

——亚里士多德

每种销售情况都有所不同，因此没有一个放之四海而皆准的解决方案：复杂的销售与一锤子买卖不同；拜访一家企业与销售汽车不同；销售软件与销售办公自动化设备也需要不同的技能。

在销售方面，来龙去脉很重要。每个潜在客户、销售对话、领域、公司和产品是不同的，这就要求销售人员能迅速调整并适应每一种独特的情况。

事情永远不是非黑即白那么简单。没有一个一劳永逸的按钮，按下去，就能让每次的销售工作完美。在某些情况下，你即便做了一些完全不合适的事情，交易仍然可以达成。而在其他一些情况下，即便你把销售过程运行得如教科书般标准，可能还是会栽跟头。

这对于我来说，恰恰是销售的美好之处。没有保证，没有魔法药，没有圣杯，只有诗意和胜率。

诗意

情感中蕴藏着诗意。它是连接销售过程中所有不同元素的黏合剂。它是销售过程中的未知变量，可以影响整个行业的销售结果，可以处理内部销售或现场销售的复杂性，等等。

有效地管理和利用情感去创造最大的胜率，恰恰是顶尖销售人员有别于普通销售人员的能力。你现在还在销售行业里有一席之地，唯一的解释就是你有打造和影响胜率的能力。

试想一下，一个潜在的客户登录你们公司的网站来寻找产品。在他打开产品页面后，如果进行购买的概率在 80%以上，那么你很可能会失业。因为你的公司只需要集中精力，让更多的潜在客户来网页购买即可。没有你，也能这样。

一笔非常简单的交易可以不要求销售人员打造胜率。然而，销售越复杂，销售周期越长，交易数额越高，利益相关者的风险越大，购买决策中涉及的情绪越多，企业就越需要顶尖销售人员利用他们的聪明、创造力、洞察力、影响力和说服力来为公司赢得更大的胜率。

顶级销售表现的第一生存法则：胜率

想象你正站在一个大房间的门口，远处有两台老虎机。当你走进来时，服务员给了你一枚硬币。你有两个选择：玩其中任何一台机器，或者把硬币还回去然后离开。如果你选择玩，你就可以保留原来的硬币并有机会赢得奖金。

看上去没有什么损失，于是你决定玩。

当你走向机器时，你会注意到有一些奇怪的东西。每台机器上都有一个数字标志。其中一台机器上的数字标志为 93，另一台机器的数字标志为 33，你问服务员："这些数字是什么意思？"

"问得太好了！"服务员微笑着回答，"大多数人没有这样问过。"

服务员继续说："这些数字表明每台机器的胜率。在第一台机器上，你有93%的胜率，意味着你不但能把本金赢回来，甚至还能有更多的回报；在第二台机器上，你的胜率只有 33%。"

你会选哪台机器？

当然，这很容易回答。依据机器上的数字标志，你可以获得最高的胜率。

有效管理胜率是顶尖销售人员玩转销售的关键因素。

诚然，如果潜在客户的身上有显示胜率的数字标志，那么销售将会非常容易。但是很可惜，潜在客户不是老虎机，而且与老虎机不同的是，销售胜率是变动的、复杂的，它受许多不同变量的影响，并且直到交易失败或成功才能知道胜率的大小。

鉴于此，顶尖销售人员不会随便地想当然。他们会不断地检查、测试和分析如何做才能获取最大的胜率。顶尖销售人员是完美主义者，他们把每一个相关的因素控制在自己的手中，以便打造、影响和引导胜率曲线。

顶尖销售人员打造胜率有以下五个手段：

（1）疯狂挖掘潜在客户资源。

（2）严格的评估。

（3）圈定利益相关者的范围。

（4）协调销售的三个过程。

（5）销售情商和影响力框架。

有一个很重要的事实需要澄清：胜率并不会随着销售的进展而一定有所提升。

完成最终的产品演示，可能你已经完成了销售过程的 70%，但是这并不意味着你就拥有了 70%的达成交易的概率。充其量只能说你在销售过程中又取得了一定的进展。

大多数销售预测都建立在这样一个错误的基础上，这就解释了为什么这么多的预测会随着时间的推移而逐渐显示出不合乎规程。这也能说明为什么这么多的预测充满了废话，只是为了获得一个数字。如果你（或你的公司）希望获得一些准确的商业预测，那么现在是时候采取不同的方法并对胜率进行预测了。

疯狂挖掘潜在客户资源

可以说顶尖销售人员都是狂热的客户开发者。发展和保持一种狂热的探索心态是顶尖销售人员取得超高销售业绩的关键因素。

因为顶尖销售人员是狂热的客户开发者，所以他们可能都很挑剔。他们比普通销售人员有更多选择的机会。通常他们的时间都非常有限且宝贵，但是在面对高质量客户时，在有着非常高的胜率的机会面前，他们都会“一掷千金”，毫不吝啬。

为了避免因为销售渠道缺乏而让自己陷入有问题的、低胜率或低价值的交易中，顶尖销售人员把开发客户作为日常的首要任务。

普通销售人员会把大部分时间都花在宴会或游乐场中，一次又一次地乘坐“绝望的过山车”。对于他们来说，开发客户反倒并不是一项首要任务，而是随机的。在通常情况下，只有在销售渠道完全没有以后，他们才想起来去找客户资源。

正是基于这个原因，普通销售人员经常发现自己面临着“需求普遍原则”的窘境。这个原则造就了普通销售人员的绝望。它表明你需要的东西越多，你就越不可能得到它。当你将所有生存的希望都寄托在一两个账户之上时，胜率就会直线下降。

绝望是一种破坏性情绪，同时也是低销售情商的表现。当你绝望时，你不再把注意力集中在成功所需要做的事情上。相反，你会专注于“如果失败会发生什么”。那么结果就是自尊心受挫、缺乏信心、产生恐惧心理、采取非理性行为、决策不善等。

在这种状态下，利益相关者会觉察到你的绝望。他们会排斥那些急功近利、绝望和可悲的销售人员。相反，他们会倾向于那些信心满满的销售人员。当你越是散发出绝望的气息，他们就越不会从你那里购买任何东西。

替代法则

顶尖销售人员之所以能够避免经典的“销售过山车”，就是因为他们遵守替代法则。不能很好地遵守这一法则是普通销售人员不停地绝望的原因。

请思考下面这个数学问题：

在贝基的销售渠道中有30个潜在客户。她做成交易的可能性是10%，结果她真的达成了一笔交易，那么她的销售渠道里还有多少个潜在客户？

大多数人回答 29。

正确答案是 20。

为什么是 20？贝基有 10%的可能性做成交易。一般来说这意味着，她的销售渠道中如果有 10 个潜在客户，那么只有 1 个能和她做成交易。事实是，当她完成一笔交易之后，其他 9 个潜在客户已经不再是潜在客户了。她每做成一笔交易，她的销售渠道里的潜在客户就会减少 10 个。所以她必须再找 10 个潜在客户，以保持销售渠道的充足。

你可能会争辩说，我们怎么知道其他 9 个潜在客户就一定不行了呢？但是你这样想恰恰是错误的。我们正在谈论的统计学上的胜率基于贝基的平均交易成功率。统计数据告诉我们，从长远来看，她必须找人替代这些潜在客户，从而保持渠道健康，提高胜率。

你必须不懈地把新的潜在客户推进你的销售渠道，以替代那些自然而然淘汰的潜在客户。而且你替代的速度还必须跟得上或超过你达成交易的速度。这个简单的公式是提高胜率的关键之一。要想挑剔，你就需要选择，但是如果没有不停地寻找潜在客户，你永远都不会有选择。

本书不会花更多的时间讨论如何寻找潜在客户，但如果你想了解更多信息，请参阅《绝对成交：高效客户开发内训手册》这本书。这是关于寻找潜在客户的最全面的指南，是本书的完美伴侣。

严格的评估

顶尖销售人员的表现可以用吝啬来形容。他们只愿意把时间投资到高胜率的潜在客户身上。这就要求他们必须成为鉴别和分组方面的大师。

普通销售人员都倾向于千篇一律地对待每个潜在客户。一旦他们在一笔交易上投入了时间和精力，就算潜在客户的头顶上悬挂着一个霓虹灯显示牌，牌子上不停地闪烁着一个提示："这笔交易根本没戏"，他们还是会继续"没完没了地花钱打水漂"。他们把希望完全寄托在这个永远不会成功的交易上。

而顶尖销售人员早已学会了如何管理有害的、破坏性的情感依赖。当他们认为交易达成的可能性移动到可接受的阈值以下时，顶尖销售人员就会自觉远离这些潜在客户。这就是他们的自律性。

远离低胜率潜在客户或脱离破坏性情绪需要情感自律。这种自律源于内置的校验和平衡系统，旨在在出现甄别交易达成的可能性时为销售人员提供清醒的意识。

圈定利益相关者的范围

从最简单的一次性交易到长周期的复杂交易，不合理的人类情绪、动机、感知和利益相关者的潜意识认知偏差对胜率影响最大。

每个利益相关者，都有可能决定你销售渠道中每个机会是否能修成正果。每个利益相关者都扮演着一个角色，有些是主要的，有些是次要的，但他们都有可能提高或降低你的胜率。

在小型简单的交易中，利益相关者可能承担多重角色；在大型复杂的交易中，这些角色可能是专门的和明确的。在一些交易中，利益相关者的角色将是透明的、明确的、易于确定的；而在另一些交易中，利益相关者的角色将是不透明的、模糊的、难以确定的。

除了最简单的一次性交易之外，在其他所有的交易中你将会遇到五种最基本的利益相关者。

- 买家。
- 鼓吹者。
- 搜索者。
- 影响者。
- 指导人员。

当普通销售人员正在恳切地问“您是决策者吗”时，顶尖销售人员正在努力划定和确认所有潜在的利益相关者，以了解其在购买过程中的角色。

普通销售人员总是祈求老天的垂青，顶尖销售人员则能站在全局的高度，了解利益相关者对胜率的影响。从挖掘客户资源到使其成为优质客户，从把客户资源纳入自己的销售渠道一直到交易完成的那一刻，顶尖销售人员总是在不断地了解利益相关者，并通过影响利益相关者来提高胜率。

正是在这个阶段，一部分原本普通的销售人员慢慢成长为顶尖销售人员。一旦他们清楚地了解到哪些是利益相关者以及每个利益相关者的个人动机，顶尖销售人员就会利用一套可重复的框架模式来培养他们与利益相关者的情感并最终影响利益相关者的购买决策。

协调销售的三个过程

顶尖销售人员是执行销售过程手册的大师，他们准确得如同发条一样；而普通销售人员经常陷入线性系统的销售过程，理不出头绪，对于推销逻辑、数据、功能、规格和事实，统统分不清楚。可以说，顶尖销售人员正在改变游戏规则并改变竞争环境。

从一开始和潜在客户接触，一直到交易完成，他们正在打造和协调销售的三个过程，把胜率曲线拉向己方：

（1）销售过程。

（2）购买过程。

（3）决策过程。

销售过程（狭义上的，指销售人员如何推进交易）和购买过程［组织（B2B）或消费者（B2C）如何审查交易］是线性的、理性的步骤，不能，也不应该被忽略。

相比之下，决策过程是个人的、情感的、非线性的，但往往也是非理性的。每个利益相关者做出有关时间的、情感的和行动的承诺时，都是一个非常主观的过程。顶尖销售人员心里都很明白，决策过程是战略、逻辑和人类情感碰撞的过程。

销售情商和影响力框架

顶尖销售人员永远不会忘记：他们正在和情绪化的、多疑的、非理性的人类打交道。他们会深入了解每个利益相关者的动机、欲望、需求、渴望、恐惧和问题。

在销售过程中，对利益相关者的情绪的感知和反应是一种关键的能力。销售人员必须学会管理自己的破坏性情绪，并适当回应利益相关者的情绪。

对销售情商掌握程度的不同，解释了为什么有的人可以成为顶尖销售人员，而有的人只是普通销售人员，尽管两类人的智力水平和知识水平是相差不多的。

顶尖销售人员是鉴别人的大师。他们通过感知、控制、管理和影响不合理的人类情感来改变他们的胜率。他们拥有一个工具箱，里面都是影响力框架。他们拥有在各种情况下应用这些框架的能力，以提高达成交易的可能性。

普通销售人员对顶尖销售人员的表现感到敬畏，认为顶尖销售人员在某种程度上违背了概率理论。不过，事实证明，顶尖销售人员确实提高了交易胜率。

7 双重过程

对一流智力的测试是看能否同时拥有两个相互排斥的想法，并且仍然保持行动的能力。

——弗朗西斯·斯科特·菲茨杰拉德

在诸多关于销售行业的神话中，其中有一个是这样的：销售过程就是建立人际关系的过程。如果你能读明白我的著作，你很有可能就会产生这样的想法：我自己已经拥有了钓大鱼所使用的鱼钩、线组和铅坠。

确实，在本书中我花了很大的篇幅来描述在销售过程中培养和利用人际关系是非常重要的，但是包括我在内的很多专家都不相信销售的成功最终依靠的是人际关系。

我相信销售的诀窍是制造销售。

但是请不要误会我，人际关系确实重要。如果你想达成大量交易并拿出超高的销售业绩表现，你就需要与利益相关者建立关系。

我只是想把自己的观点说得明白一点，交易最终的成功靠的不是人际关系，而是信用。有些销售人员八面玲珑、善于交友，但是在通过销售渠道推进交易方面却做得很糟糕。这样的销售人员注定平庸。

落入这个怪圈的销售人员在感知别人情绪并做出反应这方面往往优于常人，所以人们都喜欢跟这样的人打交道。但是，也恰恰因为这一点，阻碍了他们推进交易的进程。

对于那些跟我说要进入销售行业的人，我总是持保留态度，虽然他们很自信，觉得自己非常“有人缘”。但是，坦白说，我在这个行业打拼了那么久，还没见过哪个“有人缘”的人做得非常出色。因为这些人最擅长的是交友，而不是销售。这里面的关键是，很多“有人缘”的人想要让人接纳和喜欢，却无法调节自己的破坏性情绪。

我知道你可能在想：“不会吧，朋友，这不是一本关于情商的书吗？你不是在写销售人员需要与利益相关者建立深厚的关系吗？你为什么会这样说？这些东西看起来和你传授和教导的一切都对立啊！”

我很清楚大家会这样想，也能意识到我的这个观点很难被大家所接受。但是不管怎样，一个不可否认的事实是，作为销售人员，当你和利益相关者打交道时，你是去做生意的，而不是去交朋友的。

你会在做生意的时候交朋友吗？当然。

你可以交朋友吗？绝对是可以的。

你应该专注于与利益相关者建立深厚的关系吗？是的！关系越深，胜率越高。

你需要记住，你所寻求的结果不是人际关系，而是交易。

销售情商压阵

当然，仅仅关注你想要的结果，并不意味着你就要完全以自我为中心。销售中强行推销，忽略了此中应有的人性和情感成分，结局注定是灾难性的。一出现就口若悬河、自吹自擂、颐指气使，置他人感受于不顾，如果这样，你肯定失败。

销售情商——这种特定的情商可以使你在人际关系投资和达成首要目标两者中达到平衡。这里所说的首要目标是指你通过销售渠道增加达成交易的机会。这是一种双重过程，平衡了两种对立的行为。

这种双重过程本质上是指站在利益相关者的立场，保持心理上的和情感中的敏锐性，既能从他们的视角观察事物，又能专注于自己的销售目标并谋划下一步该如何做。

这可不是那些“有人缘”的人玩的皆大欢喜的游戏——要么你是为了利益相关者着想，要么你是为了抗衡他们。这也不是自恋者要的冷酷的、精于算计的手段——一门心思地想着如何在最短的时间内，以最小的投入，从利益相关者那里获取最多。

顶尖销售人员很善于利用这种双重过程，他们都是管理自己破坏性情绪的大师。他们都善解人意，都能设身处地为他人着想，在人际关系上舍得付出。

不但如此，为了达到阶段性目标，谋划下一步行动，他们还能压制自己利己主义的心态，以获取利益相关者的好感。

这个双重过程是销售情商的基石。

销售情商的四大支柱

情商是有情境性和语境性的。它可以被应用在领导力、对等群体、授课、警察巡逻、配偶关系等方面，甚至还可以被应用在育儿方面。情境和语境不同，它的应用就不同。

那么在销售中，情商则被应用于销售过程这种类型的语境中。通过促成和影响利益相关者的决策，销售情商被用来提高胜率。顶尖销售人员通常掌握了具体的销售情商的四大支柱：

（1）同理心。

（2）自我意识。

（3）自我控制。

（4）销售驱动力。

利用销售情商的顶尖销售人员，能够游刃有余地管理破坏性情绪，而不会让交易成为零和游戏。

8

同理心

我永远都不会知道有关你的一切，就像你永远都不会知道有关我的一切一样。这是恒久不变的真理。从本质上来说，人类的本性太复杂，不能被完全理解。所以，我们可以选择，要么抱着怀疑的心态接近我们的同类，要么以开放的心态、乐观的态度和足够多的坦诚对待他们。

——汤姆·汉克斯

“当年轻情侣们进入我们的商店购买订婚戒指时，这应该是他们人生旅程中欢快的一部分。当然，对于那些即将迎娶自己女友的男士们来说，这种场合有可能让他们感到非常尴尬，或者有可能让他们承受了巨大的压力。”希尔这样解释道。她本人是高端珠宝销售领域的一位顶尖销售人员。

“每一位准新娘都有一个梦想。在梦想中，她自己珠光宝气，炫耀着一个巨大的戒指，而她的朋友们则围着她，用羡慕的眼神注视着她。她的男友正在拼命地试图给她圆这个梦想，而绝不承认买不起订婚戒指。”

希尔指了指自己手上巨大的钻戒说：“几乎所有的女孩子都会被这颗价值 20 000 美元的钻石所吸引，但是你不要忽略了她身边那位脸色发白的男士，隔着很远你就能感觉到他在承受着很大的压力。确实，他可能正处在进退两难的境地——这对谁来说都不是一个好局面。”

希尔自己已经发展了一个巨大的客户群，因为她能感同身受，能想客户所想，帮助他们做出正确的选择。

每当和这些年轻情侣打交道的时候，她总能迅速转换到他们的“频道”上。她很清楚，如果把男方逼到角落里，结果基本上就是“我们回家再想想”，然后就再也见不到人影儿了。

顶尖销售人员认为他们的主要任务是为他们的潜在客户和客户服务。他们默认是以他人为中心的。他们会积极地、设身处地地为利益相关者着想，从利益相关者的角度来看问题，既要保持理性，又要不失感性。

顶尖销售人员及时接收利益相关者的情绪信号，并对这些情绪做出适当的反应。为了做到这些，他们通常会调整自己的行为和沟通风格，让其他人感到舒适和放松。

希尔自己也承认，她很擅长调动新郎和新娘的情绪。她说：“我每次聊天的话题，就是让他们说说婚后的各种打算，例如，如何度蜜月、新房的购置、家具、孩子等一些两个人一起生活后所必须面对的各种决定。这个话题很容易引起他们聊天的兴趣，因为他们能走到这一步就是因为他们深爱着彼此，对未来的新生活充满了憧憬。”

“一旦我对他们有了大概的了解，”希尔继续说道，“我就会推荐一款适合他们的钻戒，既符合他们的生活方式，又不会给他们带去很重的经济负担。而且我还会坦诚地告诉他们我为什么会做出这样的推荐。因为我想要他们知道我完全是为了他们考虑，为了他们婚后能够和美幸福。”

希尔继续解释说：“我只要这样一说，年轻人就会很放心，压力顿时会减轻很多。实际上我是在给他们解围。就冲这一点，他们也不会从我的店里离开而去别的店里转。”

“至于新娘这里，我也会让她感到非常满意。我会告诉她，一旦他们的家庭经济基础更加稳固以后，她可以把原来的钻戒换成一个更大的。这样，既让她保留了自己灰姑娘的梦想，又能让她不失理性地去思考购买的决定。一旦帮助新娘下定了决心，交易是迟早的事。”

新人们真的相信希尔会卖给他们更大的钻戒吗？反正我不会怀疑，毕竟她在这方面很有天赋。不管怎样，站在买方的立场上考虑问题并帮助他们做出正确的选择，这既增加了交易的胜率，又树立了良好的口碑，获得了长期的客户资源。

她笑着说："这些人几乎把所有认识的朋友都拉到我这里来了。"

销售情商的基石

没有同理心，智商就会是一纸空谈。关于这一点，我有一段很喜欢的话。这段话的原作者是作家迪恩·孔茨，他解释了为什么在销售中要想有超高的销售业绩，仅仅有智商是不够的。

有些人认为仅仅有智商就够了，例如，知道怎么解决问题，懂得如何蒙混过关，善于甄别哪些是良机并且抓住它。但是，智商缺少了勇气、爱心、友谊和共鸣，根本无法充分发挥出威力。

超高的销售业绩既需要智商也需要同理心。两者在人际关系、沟通和帮助人们获胜中扮演着重要角色。

同理心是销售情商的基石。它既是打开销售大门的钥匙，又是成功达成交易的庆功酒。同理心其实是一种能力，一种你能站在别人的立场上，切身感受别人的情感，并且能够认同这些情感和动机的能力。

同理心让人深入了解他人的观点。它可以帮助你将每个人视为一个独一无二的个体，并且明白某个问题对于你来说可能很平常，但是对于每个利益相关者来说却是特别的，不管是问题也好，机会也罢。正是基于这一点，顶尖销售人员才能够制订出个性化的解决方案，同时也向利益相关者表明，在他们眼中利益相关者就是独一无二的。

同理心的范畴

其实我们都有跟别人联络感情的能力。对于一些人来说，这很容易；而对于其他人来说，还需要努力。例如，我的妻子是极富同理心的，她不需要努力去感受别人的感受，而我是一个以自我为中心的人。因此，我必须清醒地意识到我的情感盲点，并且保证努力去做极富同理心的人。

在马克·哈默博士的毕业论文《人格特征和卓越的销售绩效》中，哈默博士表示，好的销售人员自然是以自我为中心的。如果你不渴望胜利，如果你没有获得成就的动力，如果你没有一个比大多数人更强大的自我，那么你不可能在销售行业中长久立足。

因此，大多数像我这样的销售人员，都必须专注于发展同理心，体会别人的感受。

同理心开始于自我意识。换句话说，为了有效体会别人的情绪，你必须首先善于体会自己的情绪，并承认你的情绪盲点。

我知道我并不是天生有同理心的。在大多数情况下，我会首先关注自己的情绪需求，然后再考虑其他人。作为一名销售人员，我也知道这些特质可以帮助我，因为它们允许我做一些困难的事情，而客户群中大多数人不愿因为拒绝而伤害我。

每个人在同理心度量图上（见图 8.1）都占据了一个位置。上天赋予了你一颗能与他人产生共鸣的心，这是与生俱来的，被融入你的基因里，所以你有必要诚实地告诉自己如何看待世界。

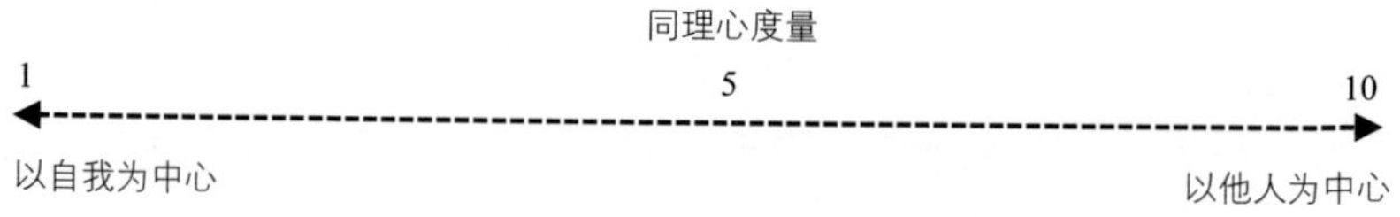

图 8.1　同理心度量

你是像我的妻子一样富有同理心，还是像我一样更加专注于聚焦自我？在同理心度量图上，大多数人都处在中间的位置，比以自我为中心的人群靠后 3 个到 4 个点，或者比以他人为中心靠前 6 个到 7 个点。

想要了解你在同理心度量图上占据什么位置，有一种方法是看你如何解释别人的行为、交流风格和情绪。你对其他人的快速判断可以表明，你感应到其他人情绪的快慢程度。

人们用以下两种常用的启发法来解释行为。

（1）情境归因。观察一个生气的人，你认为这种行为意味着他这一天过得很糟糕，或者遭遇到了困境。

（2）性格归因。当观察生气的人时，你认为这是由于其潜在的个性而导致的，并由此给此人贴上性格不好的标签。

基于情境归因来解释人类行为的人，往往比那些基于性格归因来解释人类行为的人更富有同理心。

所以，我们这里就出现了一个难题：人们只有削弱自己的同理心才能在销售中表现得更好，但是在整个销售过程中，迅速感知利益相关者情绪的能力恰恰是获得超高销售业绩表现的根本关键。

你到底有多少同理心

可以在以下网站找到免费的测试：

- http://greatergood.berkeley.edu/quizzes/take_quiz/14
- https://psychology-tools.com/empathy-quotient/

有目的的同理心

问题：如何弥合这种共鸣的差距？

答案：目的要明确。

“我们需要你帮助我们教会我们的人少花点时间在电子邮件上，多花点时间在电话中与人交流。”帕特里克——一个市值 40 亿美元规模的公司的销售主管解释说。在他的销售团队中有 25 名销售人员，其中大部分是普通销售人员，只有少数人超过了他们的销售目标，这里面还包括两名顶尖销售人员。

这两名顶尖销售人员的表现绝不是比这个小组好一星半点儿。他们的表现远远超出了你的想象：顶尖销售人员的表现比一般人好了 300%！不过奇怪的是，没有人知道为什么。

我花了两天时间观察这个团队，了解他们的情况。我所发现的东西并不令人震惊，但让人大开眼界。帕特里克的直觉是，其他人在电子邮件上花了太多时间，事实也是这样的。

普通销售人员在与潜在客户和客户的沟通中，几乎 80%都是通过电子邮件进行的。他们一遍又一遍地发送电子邮件，偶尔也会添加一些文本类的附件。

相比之下，在有超高销售业绩的人群中，近 90%的对外交流是通过电话直接进行的。也许在你看来可能因为顶尖销售人员年岁更大一些，他们是伴随着电话座机长大的一代人。在我讲这个故事时，这也是大多数人的想法。但是，我要纠正你的是，刚才提到的两位顶尖销售人员，一个是 23 岁，另一个是 26 岁。

帕特里克的公司在吸引人才方面做了一些出色的工作，并且在招聘过程中进行了细致的评估。和那些顶尖销售人员一样，普通销售人员也都有同样的资历、同样的技能、同样的智力、同样的培训。团队中的每个人都是聪明而有才华的。

顶尖销售人员和普通销售人员之间唯一的区别在于，顶尖销售人员有意地寻找并投资于人际关系，而普通销售人员却在他们自己和人际交往之间人为地建立起了障碍。

与利益相关者进行互动时，你必须有意识地做出决定，使自己变成以他人为中心的人。做到这一点，首先要培养产生共鸣的四个核心层面的能力。

（1）渴望了解利益相关者，并从他们的角度来观察事物。

（2）关注利益相关者的感受。

（3）重点服务利益相关者并解决问题。

（4）深度倾听。

深度倾听，用所有感觉器官（耳朵、眼睛和直觉）倾听利益相关者，就像打开一扇窗口，透过这扇窗深度观察利益相关者的情感，并迅速调整自己去体会他们的情绪。

当你有意识地给予别人完全关注，关闭你的以自我为中心的思想，并且真正地对他们所说的话感兴趣时，共鸣就很容易产生。

调节同理心

同理心是所有销售情商中最重要的。你越富有同理心，一般你的情商就越高。但有太多的共鸣也可能导致其他问题。

趁休息期间，詹姆斯找到了我。他正在参加一个客户开发训练营，我们刚刚完成了一个短暂的手机对话。

“杰布，你知道训练中对我来说最难的部分是什么吗？如果我是潜在客户，我干脆就把电话挂断。因为我讨厌别人打电话给我。这就是为什么我不愿意给别人打电话的原因。我知道这不对，但是不明白为什么。“

詹姆斯要么东拉西扯，要么用纸做手工，就是不愿意拿起电话跟别人联络。与此同时，团队中另外 25 人更是在上班时间嬉笑打闹，不务正业。

其实他的同理心妨碍了他，让他把自己的感受投射到别人身上。这使得他很难拿起电话去接触利益相关者。因为他不愿意别人打电话给他，所以他也不想让别人有这种感觉。总之，打电话对他来说真是难上加难。

推己及人是销售人员共同的破坏性情绪，特别是那些同理心程度更高的人。

那天，我和詹姆斯一起吃了午饭，讨论了他的感受。他承认，如果他还不能打电话的话，他就无法保住自己的工作、养活家人。既然想要两者兼顾，詹姆斯得出了一个结论：拿起电话才是对他最有利的。

当做出了这个决定后，我们就假定站在利益相关者的角度，讨论他们更乐于接听电话的方式。我们得出的结论是，这些电话应该是言简意赅的、有意义的，以及与问题有关的，这样我们才能在不浪费时间的情况下快速实现我们的目标。

然后詹姆斯很快就采用了“五步电话客户联络框架”，因为这可以：①帮助他预约客户，从而保证每月的销售额度，最终保住这份工作，养家糊口；②让时间变得灵活，这也是对潜在客户时间安排的一种尊重。

那天下午他上班以后很快就成功地安排了四个颇有含金量的约会。确实是这样，只要他改变了自己的思维模式，控制住自己的破坏性情绪，他就改变了整个游戏的结局。

同理心这个技巧用对了，就可以帮助你避免伤害他人——不管是生理上的，还是精神上的。它还可以调节贪婪、仇恨、嫉妒、愤怒，以及许多其他潜在的破坏性情绪。

没有同理心，我们做事就会没有任何的愧疚感，如在生意场上有意无意地伤害到别人。所以，极其缺乏同理心的人，如狂热的自恋者、精神病患者等，对那些极富同理心的人反倒会非常看不起。

在销售行业，如果你的同理心过于泛滥，有可能反过来变成潜在的危险，甚至危及经济收入、事业发展，乃至于你的整个事业。在销售行业，你确实需要有同理心，如设身处地地去体会利益相关者的情绪。但是，你又绝对不能忘了你的长期目标。这就是所谓的双重过程。

9

自我意识

你对自己的了解比你想象的要少得多。

——丹尼尔·卡尼曼

顶尖销售人员并不完美。事实上，他们距离完美还差得很远。和其他人一样，他们也有自己的问题、偏好和障碍。他们也有优点和缺点，也有盲点、偏见和独特的沟通方式，有时这些特征会阻碍他们有效地与他人沟通，限制他们能力的发挥。

真正让他们有别于普通销售人员的，是这些顶尖销售人员对自己的缺点和盲点都了然于胸。他们能做到：

- 精准地解读自己的情绪。
- 承认自己的情绪盲点。
- 能实事求是地认识自己的优缺点。
- 了解他们喜欢的沟通方式及其对其他人的影响。
- 对破坏性情绪以及这些情绪对他们人际关系和表现的负面影响有着清醒的认识。

所谓清醒的认识，说起来容易做起来难，尤其是涉及我们的缺点、情绪盲点和弱项时。我们自己真正的形象，如我们和这个世界互动的方式、别人看待我们的方式、我们的价值观、我们对别人的评判等，这些都在潜意识里被“阴云”笼罩着。我们有时会要个小伎俩，把真实的想法深深地隐藏起来。

自我意识与同理心相结合是情境意识的关键：可以让你懂得事情的轻重缓急，知道何时提出问题，何时沟通解决方案，何时静静地倾听，何时开口说话，何时必须要有耐心，何时表达自己的需求。情境意识是销售的元技能之一，尤其是在复杂的销售环境中。

自我意识是高销售情商之母

培养自我意识是一个困难和持续的过程。作为人类，我们并不是天生就善于通过镜子观察自己，然后看到自己的真实面目的。有时候错觉的温暖舒适比现实的冷酷无情更有吸引力，但是鱼和熊掌不可兼得，你不可能既固守在安乐窝里逍遥，又能享受到成功的果实。

已经有很多科学家、行为社会学家和心理学家发表了很多令人振奋的研究成果。这些研究成果都是关于我们的潜意识如何驱动我们自己的行为的。当涉及我们的情绪、我们的优点和缺点，以及我们的生活方式和行为如何影响他人的时候——不管是正面影响还是负面影响，我们都会暴露出很多情感盲区。作为人类，存在自我服务偏见是我们的本能。它其实是一种潜在的破坏性情绪，通过对现实扭曲的认知来保护我们脆弱的自我和自尊。

意识是变化、成长、发展和进步之母。但是，改变你看不到的东西很难。毋庸置疑，培养自我意识是最困难也是最具挑战性的。同时，它也是培育和保持高销售情商最大的障碍。下面罗列了六个发展自我意识的关键：

- 心理评估（如 DISC 或迈尔斯-布里格斯体系）。
- 拜师学艺。
- 寻求反馈。
- 写下自己的目标和计划。
- 360° 评估。
- 自我反省。

心理评估

每个人都有自己独特的一套对待周围世界的方法。有的人喜欢直截了当，而有的人则喜欢旁敲侧击。有的人讲话很慢，不会表现出什么情绪；而有的人则快言快语，阴晴都表现在自己的脸上。有些人雄心勃勃、活力十足、善于分析、小心谨慎；有些人活泼外向且善于社交。

对自己做事风格有一种清醒的认识，是成为有效的沟通者的一个重要组成部分。当你和别人交流的时候，如果你能基于“他们是谁”而不是“你是谁”这样的先决条件，那么别人和你相处就会感到非常愉悦。这样做你就可以利用相似偏差——一种认知启发，让人们去喜欢和信任跟自己相似的人。

顶尖销售人员对自己的行为方式、价值观和信仰都有一种敏锐的自我意识。当遇到和自己不是同一类人的客户时，他们可以迅速做出改变。对于这一点，他们都很自信。幸运的是，这种改变并不需要付出很多，而且往往是一个小的改变，就可以产生巨大的影响。

其实行为方式就是行为方式，它们没有好坏之分。你就是你，本性是不会轻易改变的。但是如果你能对自己所喜欢的行为方式有清醒的认识，对于自己面临的具体情况和别人的行为方式有清醒的认识，那么这将赋予你强有力的优势，你可以借此去对别人的行为施加影响。

理解你的行为方式最直接的途径是进行个性风格的评估。如果方法得当，可以非常有效地帮助你意识到你喜欢的交流方式对别人的影响。

评估工具有很多种，包括迈尔斯-布里格斯体系、DISC、克利夫顿优势识别器、科尔比指数法和销售驱动力。

我们提供大量的评估平台，来帮助你更好地理解你喜欢的沟通方式。更多详情可以登录 https://www.salesgravy.com/saleseq 或 https://assessments.salesgravy.com。

拜师学艺

为什么精英职业高尔夫球手都有挥杆教练？很简单，因为在高尔夫锦标赛中，输和赢是有着数百万美元的收入差距的，而谁输谁赢可能差异就在一两次挥杆之间。专业选手在动作上或心态上的小瑕疵会对他们的奖金产生巨大的影响。

对于销售行业的人来说，道理也是一样的。那些报名参加我的精英教练项目的人，通常也是他们领域的顶尖高手。他们想寻求一种洞察力，从而帮助他们在更高的层次上打拼。

你改变不了你所看到的现实。这就是为什么这么多各行各业的顶尖销售人员都有教练的原因。教练对你的帮助，就像在你面前拿出一面镜子，帮你认识到真正的自己。

但我们不得不面临的一个现实是：并不是所有的人都有实力雇到一名教练。尽管我已经聘请了一些非常优秀的教练，但是大多数真正教授和指导我的人是我的经理和其他对我感兴趣的公司领导。吸引到一个教练的关键因素是你本人是“孺子可教”的。对于自我发展，你必须持开放的态度。要做到“孺子可教”，可参考下面五个关键点。

（1）不耻下问：抛开不必要的自尊，开阔胸襟，寻求帮助。

（2）认真倾听：经常提醒自己，不要过于自负，时刻做好全力以赴的准备。对于别人的教诲，如果你非常反感和排斥，一点都没放在心上，那么教练也会迅速放弃你，把他的时间和精力投入到别的人或事情上。

（3）信任：一定要记住自己是有盲区的。你的教练经常会指出一些你看不见的东西。你所要做的就是相信自己的教练。让他省心，相信他所看到的是真实的。

（4）采取行动：愿意遵循事先商定的行动步骤。对于一个教练来说，没有什么比一个没能坚持下来的受训者更让人沮丧的了。

（5）取得进步：展现自己的进步。如果你的教练没有看到你把你学到的东西付诸实践，那么和你一起工作就会失去乐趣。

希望你能够在我的精英教练项目中找到更多资源：https://www.salesgravy.com/saleseq。

寻求反馈

在安排培训会的时候，别忘了让你的经理对你在会上的表现进行反馈。可以事先准备一些比较具体的问题，主要针对自己的优势、劣势、行为，与他人的互动、沟通的方式等方面。因为只有有了针对性的准备，你才能让你的经理有针对性地反馈。

大多数销售人员不会积极主动地去寻求一些真实的反馈，因为事实的真相可能会让人受打击。但是要获得自我意识就必须有勇气去面对真相，去经历痛苦，去不断学习。

写下自己的目标和计划

这种意识可以帮助你更加准确地描绘出自己的画像。通常一开始需要提出以下两个简单的问题：

（1）我需要什么？

（2）我对我需要的东西有多渴望？

关于计划的制订，你可以在下面的网站找到免费的、更加综合的指导：http://www.FreeGoalSheet.com。

360°评估

市场营销人员经常将现有的和潜在的客户聚集到带有双向镜子的房间里，以测试对产品、服务和品牌的感知。

这些实验小组可以帮助他们理解人们对品牌的情感和体验。收集的数据可用于改进产品、服务、消息传递、定位和广告。

想象一下，我们在一个房间里集合了你的客户、潜在客户、同事和经理。与这些成员坐在一起的还有一个仲裁者，他会通过向大家问问题的方式来揭示他们对你的看法。

在双向镜子的另一面，是忙着记录的研究人员，他们对每一个数据点都做了详细的记录，包括实验小组里的人的措辞、表情、声调和身体语言。你被邀请坐下来观察。

- 他们有和你互动的经历吗？
- 他们觉不觉得你富有同理心呢？
- 他们觉得你可爱吗？
- 他们相信你吗？
- 他们会说你关心他们吗？
- 他们认为你是一个很好的听众吗？
- 你是否能为他们提供价值，或者你是否专注于获取价值？
- 你如何与你的竞争对手进行较量？你被认为是与众不同的，还是没什么大不了的？
- 针对你应该改变或改善从而成为更有影响力的专业销售人员这件事，他们会怎么说？
- 他们认为你的优点是什么？
- 总的来说，他们认为你是一个什么样的人？

对大多数人来说，这是一种极其痛苦的情感体验。不管多么有建设性，很少有人会喜欢这种批评。

十年前，我雇用了一家公司对我进行 360º 的评估。看完评估报告后，我简直要崩溃了。虽然我的实验小组对我有正面的评价，但他们也有很多关于我的负面的评价。我很痛苦地认识到，一些我很倚重的行为竟然都是我人际交往中的障碍。而我对此一无所知。

这个令人痛苦的、让人瞠目的 360º 评估对我来说是一个转折点。可以说在那个严峻的考验之后，我完全以一种崭新的角度来看待自己，我承认从人际交往的质量上来说，我的教育、技能、才华和成就是何等苍白。我知道我必须站在别人的立场上做出适当的回应，从他们的角度来看待这个世界。我认识到了自我意识和错觉的区别，了解了自我意识的真正价值。

360º 评估可能很昂贵，不过这也是激发自我意识的最有力的方式之一。许多雇主会为你提供这种评估平台，你可以向你的经理或人力资源部门询问如何开始这个评估过程。如果你有资源，我强烈建议你自掏腰包。想了解更多关于 360° 评估的知识，请登录 https://www.salesgravy.com/saleseq。

自我反省

去年春天，我的父母准备在他们的花园里种南瓜。为此，他们又是翻土，又是施肥。种下种子、浇完水之后的两周，他们去度假了。

在他们回来的时候，我父亲径直走到花园里，急切地想看看他的南瓜是不是已经发芽了。他很高兴地发现事情确实如其所料。

但是和南瓜苗一起生长出来的，还有很多杂草。为了防止这些杂草侵占南瓜苗的生长空间，他知道自己必须拔除杂草。但他很快就意识到，他无法分辨出哪些是杂草，哪些是南瓜的秧苗。当时我随口说了一句："庄稼很容易从地里拔出，而拔杂草会很困难。"

我母亲对我的说法却嗤之以鼻。因此，我们在谷歌上搜索是否有帮助识别杂草的信息。我输入了"识别杂草"，得到了 60 万个结果。

事实证明，这是很多人感兴趣的东西，而且这是有充分理由的。通过提前拔除杂草，你可以确保南瓜苗不需要同杂草竞争营养、空间或水分，并结出健康、成熟的南瓜。但是如何识别杂草是一个问题。如果等到杂草可以很容易地与农作物区分开来，杂草就会有充裕的时间，从土壤里汲取养分，挤占南瓜的生长空间。

就像在任何一个花园中都会有杂草一样，这是生活中不可避免的。有很多证据都表明，作为人类我们有多么不可靠：恐惧、糟糕的态度、痛苦、懒惰、优柔寡断、无知、自大、不安全感、自我怀疑、混乱、糟糕的时间管理、未能设定目标、缺乏锻炼、不良的饮食习惯和被忽视的人际关系。我们是不是总是对这些不闻不问，任由它们生长?

千里之堤，毁于蚁穴。杂草一开始非常不起眼，如果我们稍微放松自我约束、判断力差或有拖延症，就为杂草的生长提供了肥沃的土壤。一开始我们并没有注意到杂草的出现，但是，杂草每天都在不断长大，我们甚至慢慢习惯了杂草的存在。当杂草很容易被识别的时候，就已经铸成了大错。我们的身心健康都被扼杀了，我们的人际关系也会受到影响，我们的事业也停滞不前。失败最终代替了成功。

这种情况经常发生在销售人员的身上。例如，他们经常拒绝开发客户资源，拒绝参加相应的活动。然后他们就会发现自己这一两个月没有做成任何的生意，因为他们的客户渠道空空如也。当销售人员开始在销售过程中谋求捷径时，就会出现这种情况。因为他们让玩世不恭、自大、主观臆断或自我怀疑的杂草占据了上风。

虽然没有人能完美地阻止杂草的生长，但我们可以采取措施来确认和拔除杂草。最有效的方法之一是进行诚实的反省。

比尔·乔治是哈佛商学院的管理学教授，他建议："你应该养成每天用至少 20 分钟的时间来反思自己生活的习惯。"对很多人来说，这段安静的时间可以用来思考、冥想或祈祷。

沉默可以给你空间和自由，让你在不受外界干扰的情况下思考和冥想。这意味着你要给下列行为安排时间：

- 安静地坐着、思考。
- 倾听自己内心的声音。
- 听从你的直觉。
- 观察你在哪里，你要去哪里。
- 清楚地意识到是什么阻碍了你。

莎士比亚在《哈姆雷特》中，有一句经典的名言："做真实的自己。"在你寻找自我意识的过程中，这句话一定要牢记。我们都有能力去了解我们是谁，都有能力去做出改变。寻找真相其实是一个很简单的方程式，我们要有勇气去忍受真理的痛苦，要有用真理来改变自己的愿望。

10 销售驱动力

欲望是一切成就的起点，它不是希望，也不是愿望，而是一种超越一切的强烈欲望。

——拿破仑·希尔

销售是一种艰难的、折磨人的、有时令人心碎的职业——这是个残酷的、不可否认的事实。交付的压力和业绩的要求是无情的。你必须不断地拿出自己的业绩来。你的收入和能力要为你自己和你的家庭提供依靠。

销售不同于其他行业，失去工作的危险时刻存在。因为说不定哪个月、哪个季度、哪年你没有做成任何一单生意，即便某个月的业绩非常好，你也不要高兴得太早了。因为重要的不是你已经卖出了什么，而是你今天能否卖出去。在这段旅程中，有难以置信的情感高潮和低谷。

尽管压力很大，环境很苛刻，但是顶尖销售人员却很放松、很自信。他们有充分的理由期待成功，他们相信未来就掌握在自己的手里。面对逆境时，他们表现得非常乐观。

克里斯·科罗纳博士花了数年的时间进行研究，并写了大量的关于顶尖销售人员的文章。通过研究，他发现这些人“总是展现出一个重要的心理特征，而这种特征就是具有销售驱动力”。

销售驱动力是销售情商的一个基本组成部分，它包括以下几个方面。

（1）乐观。乐观的积极情绪能帮助你面对逆境，并助你继续前进。乐观是毅力之母，它能为一个积极的信念系统提供动力并吸收积极的能量。正如海伦·凯勒所言：“乐观是一种信念，它能带来成就。”

（2）竞争力。避免失败这种动力可以让顶尖销售人员更长久、更努力地工作，并尽其所能赢得胜利。竞争力是坚持不懈之母。

（3）对成就的渴求。心理学家和研究者亨利·默里将对成就的渴求定义为：“认真、持久和重复地努力去完成一些困难的事情；以一种单一的目的去追求一个高高在上、遥不可及的目标；有着强烈的赢取胜利的决心。”对成就的渴求是自我激励之母。对于业绩有着更高要求的销售人员倾向于采取行动——利用自己的能力，从利益相关者处获得常规的下一阶段的承诺，并通过渠道进行交易。

我们知道，对自我发展的偏爱是发展高情商和高后天智商的重要组成部分，不过，研究又告诉我们，要想时时刻刻都有特别好的表现，仅仅有自我发展还是不够的。所有顶尖销售人员都努力参加培训、努力工作，这是一个必备的前提。然而，只有超高销售业绩人士才能从不可抑制的销售驱动力中获得竞争优势。

科罗纳博士并不是唯一发现这个规律的人。来自多项研究的数据告诉我们，销售驱动力比人才、经验、教育、技能或技术更重要。销售驱动力也解释了那些具有高销售情商的人在压力下茁壮成长的原因。而有些人，也具备同样的天分，但是在困难面前，他们就像一把廉价的草坪折叠椅一样，“蜷缩”起来。

发展销售驱动力

培养和维持销售驱动力都需要什么？你是如何“培育”你的乐观精神、竞争力和对成就的渴求的？

这些问题的答案是双重的。首先，销售驱动力的很多构成部分是与生俱来的。就像人类大多数的行为一样，你的一些动力也会被融入你的 DNA 中。但就像所有的销售情商特质一样，销售驱动力可以被开发和被磨炼。你可以改变你的心态。

这种心态的转变从自律开始，形成一个内在的控制中心，你要清醒地认识到，有以下三个方面是你必须要牢牢控制的。

（1）行动。每天每刻，你选择去做什么。

（2）反应。你对周围的人、周边的环境及破坏性情绪，该如何做出反应。

（3）心态。它包括你的态度和你的信仰。

从根本上来说，你必须对自己的破坏性情绪和消极的自我对话有清醒的认识。它们会消耗你的能量，并为你的成功或失败承担全部责任。

的确，有些人比其他人更有竞争力，更加乐观，更专注于成就。然而，销售驱动力最终还是一种选择，一种从以下两种信念开始的选择。

（1）一种你应该赢而且一定会赢的期望。

（2）一种任何事情的发生都有其理由的信念。

你对胜利的期望是乐观、热情、自信的起源。当你相信自己会赢的时候，结果往往会比那些预期自己会输的人的胜率要高得多。你会把怀疑、不安全感等一系列的破坏性情绪都排除掉，自信地询问自己想要什么，然后实现自己的销售目标，获得更多的承诺（哪怕是小小的承诺），并完成更多的交易。

如果你相信每一件事情的发生都有其原因，那么当你在遇到一些负面的事情的时候，就会产生一些乐观的情绪，而不是喋喋不休地在那里抱怨："为什么是我？"当你面对挫折时，你就会问："我可以从中学到些什么？"这种信念是乐观的摇篮。

当你选择相信自己并去掌控自己的命运时，你就不再害怕失败和拒绝，因为你相信失败是学习、成长和提升业绩的途径。

写到这里，我们就完成了一个良性循环：为了维持销售业绩，你需要有自我意识。通过自我意识，你可以实现自我控制。而自我控制又可以帮助你很好地管理那些破坏性情绪。而破坏性情绪恰恰又是削弱你的销售驱动力的元凶。下面是一些可以帮助你保持高销售驱动力的方法。

谨慎地选择朋友

俗话说："近朱者赤，近墨者黑。"如果你周围的朋友脾气秉性都不是很好的话，也会深深地影响到你。所以，交朋友，要选择那些能带给你积极态度的人。

改变自我对话的内容

你的内心总有一个小小的声音，它 24 小时喋喋不休。自我对话，本来是你对自己说的话，却有可能一不小心表露在你的态度和行为上。停下来，认真倾听一下你的自我对话的内容。如果你正沉溺于自怨自艾中，把你的问题归咎于周围的环境，告诉自己你不能做什么，那么是时候改变你的语言了。消极思想的影响是你不能承受之重。

有选择地接收信息

大脑每天接收的信息可以影响你的销售驱动力。你读到、看到，或者听到的消极的事情，会影响你的个人态度。所以让自己休息一下，从各种新闻和电台广播中挣脱出来。并且开始给你的大脑传递积极的信息，你的态度会得到很大的改变。

改变关注的焦点

你遇到了挫折，失败了，迷失了方向。在面对挫折的时候，普通销售人员总是放不下，白白浪费了大量的时间和精力。在他们的大脑中不断闪现着当时的画面。是时候改变自己的观点了。把失败当作别人送给你的礼物，善于利用失败，让自己变得更加强大、更加灵活。与其和过去的事情纠缠不休，不如利用这些宝贵的时间，去实现下一个目标。

真正束缚你手脚的，不是发生在你身上的事情，而是你处理这些事情的方式。每次面对逆境，或者事情没有按照原来的设想去发展的时候，你都会面临一个选择：要么自怨自艾、无休止地抱怨下去，要么从失败中吸取教训，不断成长起来。

保持身体健康

当你面对情感障碍时，销售驱动力可以让你跳过这些障碍。但是销售驱动力也需要大量的精神能量。

精神能量总是受到你身体因素的限制。如果你累了、饿了，或者感觉身体被榨干了，那么精神能量想要继续维持销售驱动力运行和管理破坏性情绪将会变得十分困难。

保持良好的身体状态可以使你的思维变得更清晰。它会让你变得更加灵活和更具适应性，并帮助你获得约束力来保持情绪控制。它还能提升你的自信和热情，这是销售中最重要的两种情绪。

随着内部销售角色的增加和视频电话、电子邮件和社交媒体等技术的进步，销售人员花了大量的时间坐在那里盯着电脑屏幕，而花在路上的时间比以往任何时候都要少。

有越来越多的证据表明，整天坐着对你的健康是极其不利的，将严重影响你的心智能力。事实证明，当你长时间坐在那里盯着电脑屏幕时，“一切都会变得迟缓，包括大脑功能”。

每天 30 分钟到一小时的锻炼可以让你保持健康，减少染病的机会，并增强身体的康复机能。例如，去健身房锻炼；在午餐后散步；在晚上回家的时候骑自行车；每天做 50 个仰卧起坐和 50 个俯卧撑；参加体育运动或徒步旅行；背着你的包在高尔夫球场步行，而不是坐在车里；在停车场较远的地方停车，步行走楼梯；走到机场的下一个候机楼，而不是坐摆渡车；常去你的花园劳作。这些都可以增加锻炼的时间。

保持睡眠充足

阿里安娜·赫芬顿是《赫芬顿邮报》的联合创始人兼主编，他的使命是帮助人们获得更多的睡眠。根据赫芬顿的说法，“我们正处于睡眠不足的危机之中。只有通过恢复我们与睡眠的关系，我们才能重新掌握自己的生活”。

没有什么比睡眠更能影响你的生理健康和精神健康的了。当你有充足的睡眠时，你的身体和精神能量都处于巅峰状态。你更有创造力，更有纪律性，更敏捷。你更有自信，能够积极思考，能够克服困难，能够控制你的情绪。总之，你整个人看起来和感觉起来会更好。

为了达到最佳的表现，人类每晚需要 7～9 小时的睡眠。然而，在当今社会，睡上一小觉已经成为一件奢侈的事情。

当你睡眠不足时，各种各样不好的事情就会接踵而来。从长期来看，你会变得更容易受到免疫缺陷、肥胖、心脏病和情绪障碍的影响，你的预期寿命也会缩短。

短期而言，睡眠不足会对你的认知能力产生深远的影响，并会降低你的情商，让你脾气暴躁、精神不集中，并感到压力巨大。你的记忆力也会下降，更不容易控制情绪。当你无法获得充足睡眠时，想要调节破坏性情绪，对他人的情绪做出适当的反应，并且保持销售驱动力是非常困难的。

健康饮食

在销售行业很难保持饮食健康。现场的销售人员会到快餐店里去补给，店面的销售人员会伸手去拿放在桌子抽屉里的薯片或糖果，然后饮用含糖的苏打水和能量饮料。

吃得不健康就像把低质量的汽油加入高性能的赛车中一样。要想在工作日让自己坚韧不拔的精神和毅力达到顶峰，你需要用高强度的“火箭燃料”!

健康饮食是一种有意识的选择。但是当你没有得到足够的睡眠或锻炼时，这也是一个很容易被打破的承诺。如今，即使快餐店也有健康饮食的选择。如果再加上一点自律和计划，你就能很容易在路边找到有营养的食物，当然你也可以在家中准备健康的饭菜。

销售人员和食品之间有一条基本原则，那就是无论如何都要吃早餐。早餐是工作日最重要的一餐，因为它能激发销售驱动力。

培养坚韧不拔的精神

为了能从挫折中振作起来，能在你被击倒后站起来，能直面拒绝、逆境和失败，你必须培养坚韧不拔的精神。坚韧不拔的精神能让你接受今天的痛苦和牺牲，以换取未来的胜利。它还是一种能阻止消极自我对话、管理破坏性情绪的能力。它能帮你忽略那些对你指手画脚的人，并且把注意力放在你想要的目标上。

有一些创新性的研究，如安吉拉·达克沃思的著作《坚毅：释放激情与坚持的力量》，可以帮助我们理解，在个人成就中坚韧不拔的精神可以起到多大的作用。詹姆士·勒尔，这位“胜利心理学”之父，描述了以下七个坚韧不拔的精神的核心维度。

（1）自信。

（2）注意力控制。

（3）负能量最小化。

（4）正能量最大化。

（5）保持积极性。

（6）态度控制。

（7）视觉和图像控制。

每个维度都可以学习、实践、开发和打磨。关键是要做出选择，改变你的心态。大多数普通销售人员都拥有成功所需的一切，除了坚韧不拔的精神。

顶尖销售人员都舍得牺牲短期快乐以换取长期利益。他们也和其他人一样，遭遇同样的阻碍，面对同样的情感痛苦。不过使他们与众不同的是，他们有能力去面对挑战，保持他们的注意力，并且控制那些破坏性情绪，以防偏离完成使命的方向。

在销售行业，成功是需要提前付出代价的。事实上，销售绝对是一件苦差事。不过只要你有心，铁杵也能磨成针。顶尖销售人员是非常愿意为成功付出这样的代价的。

11

自我控制

生活是由 10%的你的体验，加上 90%的你对它的反应组成的。

——桃乐西·尼德迈尔

费斯汀格法则：生活中的 10%是由发生在你身上的事情组成的，剩余 90%则是你对所发生的事情的反应。

山姆·斯卡拉盯着他办公桌旁边的垃圾桶，默不作声。一名车队经理在例行的销售电话会议上，讨论了车队车辆的挡风玻璃的损坏情况，但是一转眼情况变得很糟糕。

尽管山姆为这位车队经理的公司设计了一个很好的方案，但是他还是不为所动，与另一家玻璃公司建立了关系。山姆感谢这位经理拿出时间跟他会谈，然后又拿出自己的名片"以备事情有变"，并且准备离开。他还给了车队经理一些便笺本。

"大多数人喜欢买我们的便笺本。"山姆的儿子鲍勃说。他现在已经是全明星玻璃公司的首席执行官，该公司已经在加利福尼亚州、内华达州和得克萨斯州建立了 31 家分公司。"但是这个家伙从我父亲手里接过这些便笺本，随手就把它们扔进垃圾桶里了。"

鲍勃说："当我们公司还是一个小门脸的时候，我父亲一直坚持把所有的灯都开着。他全天候工作，没有任何休息的时间。他的事业才是他的激情所在。"

“那件事情发生后，我父亲气极了，但是他极力克制住自己，望着那个车队经理说：‘我很欣赏你的忠诚，我也希望我自己的客户能像你那么忠诚。能有你这样一个顾客，那些商家真是太幸运了。’”

“听我父亲这么一说，那位车队经理反倒不知道该怎么开口了。我父亲保持冷静的态度，使他完全措手不及。后来那家伙最后还是道歉了，而我们最终和他达成了交易。”

管理破坏性情绪

不管是从大的还是小的层面，破坏性情绪一直是销售人员成功道路上的拦路虎。销售行业受情绪变动的影响如此之大，可以说销售人员遭遇的几乎每一个错误、障碍或每一次失败，都可以直接与破坏性情绪联系起来。破坏性情绪的清单很长，这里只列举了其中的一部分：

- 恐惧。
- 愤怒。
- 不确定。
- 不安全感。
- 没有耐心。
- 依赖感。
- 拆分感。
- 自大。
- 责备。
- 幻想。

破坏性情绪经常表现在破坏性的行为中，这些行为会模糊人们的关注点，使良性关系偏离正轨，扰乱人们对事态的感知，导致决策不合理、判断错误和过度自信。当你面临决策或要求做出承诺时，它们会导致你陷入麻痹或拖延的状态。

管理破坏性情绪是销售行业的基础技能。情境意识和持续调节破坏性情绪的能力的有机结合，是顶尖销售人员比普通销售人员技高一筹的原因。

残酷的现实摆在这里：不管你卖的是什么，不管你的销售过程是简单还是复杂，销售周期是短还是长，只有当你学会如何管理你的破坏性情绪，从而能影响其他人的情绪时，你的销售业绩才会变好。

我们知道，买方在购买过程中所经历的情感体验，会对他们的购买倾向产生影响。当利益相关者参与到购买过程中，并与销售人员（或复杂交易中的销售团队）产生了情感上的联系时，获胜的可能性就会大大增加。

在整个销售过程中，没能很好地管理和控制破坏性情绪，是销售人员与利益相关者最终分道扬镳的最大的，也是唯一的原因。破坏性情绪会摧毁你的销售对话，让你的判断力受到影响，并干扰你对所有重要的情境的感知。

因为销售过程就是跟人打交道的过程。买方也是普通人。你和你的利益相关者都可能被非理性和破坏性情绪狂轰滥炸。而在充满感情的销售对话中，每个人都应该努力保持理性，以期达到最好的结果。

是什么让管理和控制破坏性情绪变得如此之难？究其原因，每一种情绪在本质上都是一把双刃剑。上一秒这种情绪还是优点，下一秒就可能变成某种伤害人的东西。这种变化取决于具体的情况、背景和涉及的人。

破坏性情绪的起源

情绪的矛盾之处在于，它们既是你最强大的盟友，同时也是你最强大的敌人。

香农觉得她的脸变得很热。在不到 15 分钟的时间里，阿米尔打断了她的陈述，不断地告诉她这儿错了，那儿错了。

说实话，为了今天的陈述汇报，香农已经连续工作了几个月。发掘和构建这起业务案例是一项复杂的工作，需要在全国各地访问该公司的各种数据中心，并对该企业的相关利益者进行数十次采访。

香农的工程团队投入了大量的时间和金钱，来研发她在陈述中所提出的解决方案。有了 1 000 万美元的企业软件和咨询协议，她就再也不用忍受阿米尔了。

从一开始，目标公司的首席信息官阿米尔就反对进行改革的理念。尽管首席财务官在首席执行官的要求下赞助了这个项目，但阿米尔却消极抵制并不断推迟这一计划，这使得香农的团队很难构建起商业案例。现在他公开反对她，打断她，并且把她逼到了一个死角里。

香农突然觉得真的受够了，觉得没有必要受他的窝囊气。她把每一个阿米尔质疑的数据又重新驳斥回去。对于这家公司的数据中心，她的了解远远多于阿米尔。他不就是为了保住自己的工作吗？这才是他真正的目的。

在这紧张而尴尬的五分钟里，她提出了自己的观点，但也输掉了这笔交易。在她的演讲结束后，她的赞助商和公司的首席财务官对她的爆发感到震惊，他们对她的辛勤工作表示了一种礼貌的感谢，并告诉她在向董事会提出建议之前，委员会会把所有的因素都考虑进去。

在回机场的路上，她仍然很生气："你能相信那种人吗？彼得原则在他们公司难道就行不通吗？这种高管怎么能在这样的公司里保住饭碗呢？"

当她的销售副总裁埃德温指出也许她哪些地方得罪了阿米尔时，她立即进行自我防御，并为自己的立场辩护。

香农的销售工程师插话说，他不相信阿米尔的观点得到了支持。"也许你应该让他自圆其说。"不过香农还是坚持认为她捍卫自己的立场是正确的。

与此同时，阿米尔从一个否定者变成了一个彻头彻尾的敌人。他积极地为另一个供应商争取权益，并利用他与高管团队其他成员的影响力来让香农的公司出局。

香农因为无法控制自己的沮丧、愤怒和在别人面前被削弱的感觉而爆发，使得阿米尔站到了与她敌对的立场上。结果导致她、她的团队和她的公司失去了这笔交易。

人类大脑有地球上最令人难以置信的生物结构，它可以容纳很多令人难以置信的事情。即使现在，经过一百多年的不间断研究，科学家们仍处于揭开它的许多秘密的时刻。尽管如此，我们还是对大脑的运作方式及其复杂性有了很多了解。

举例来说，我们知道尽管大脑的复杂性几乎是无限的，但它却肩负着一项非常简单的责任——让你保持安全和活着。哈佛大学教授和心理学家沃尔特·坎农首先创造了"急性应激反应"这个词，用来描述我们的大脑对威胁的反应。

在某种情况下，这种反应会使你免于死亡。而在另一些情况下，这种反应会让人释放出一系列破坏性情绪，从而摧毁人际关系。

从本质上说，急性应激反应是你自主的本能反应，当你的大脑感知到威胁时，你要么站在自己的立场上继续战斗，要么逃跑。对人类来说，这些威胁有以下两种表现形式：

（1）身体上的——危及你或者你身边人的安全。

（2）社交上的——主要是对你社会地位的威胁，例如，来自团队内部的拒绝和排斥，在别人面前让自己难堪，被贬低，不被接受。

销售本身并不是一个危险的职业，事实上它之所以被称为威胁，是因为它们是针对我们的社会地位和脆弱的自我的。当我们工作的时候，我们所面对的 80%或更多的破坏性情绪都是由急性应激反应引发的。这么说并没有夸大其词。

其余则是由认知偏差引起的。有时，某些思维捷径可以让我们的大脑在一个复杂的世界里快速思考，但往往又会演变为妨碍客观性的破坏性情绪。

我想强调的一点是，不管是急性应激反应还是认知偏差，它们都属于破坏性情绪，而且都是人类普遍拥有的。因此，理解你自己的破坏性情绪还有另外一个目的，那就是帮助你获得对利益相关者，以及他们的非理性行为的同情。这种洞察力和情绪控制是掌握影响力框架的一个关键。

急性应激反应

急性应激反应是潜伏的危险，因为它属于一种神经生理反应，能绕过理性思考，至少在短时间内，会使你的思考能力和专注能力消失。它从人类大脑的杏仁核出发，并伴随着荷尔蒙的产生而逐步扩散，最终辐射到你的全身。

一旦杏仁核把来自感官输入的东西解读为威胁，它就会激发一种化学物质的释放。这种化学物质包括肾上腺素、睾酮和皮质醇。富含氧气和葡萄糖的血液就从你身体的非关键部位进入你的肌肉。你的心跳会加速，皮肤会泛红，瞳孔开始放大，看不到周边的一切。你的胃会收紧，血管也会收缩，消化会变慢，整个人开始颤抖。

这就是针对恐惧、焦虑和压力等做出的反应产生的根本原因。而且这种反应往往让人身心痛苦。对了，还有比这更糟糕的：你对这种反应没有任何招架之力。在没有你允许的情况下，急性应激反应就这么产生了。

如果你的反应是战斗，就像我们之前故事里的香农一样，那么出于愤怒可能会情绪失控，你会口头攻击某位利益相关者。即便在一个更温和、更常见的反应中，你也有可能打断对方，继续陈述自己的观点。由此对方可能会感到被轻视，潜意识里也会激发他们的急性应激反应，从而陷入没完没了的争论中。

如果你的反应是逃避，你就会做出委婉或者直白的拒绝。结果可能导致当你和别人再次会面时，你会变得软弱而且没有安全感。当你寻求对方的承诺时，你会变得被动和优柔寡断。

你的身体为了进行自我防御，会把血液从你身体的非关键部位调动起来，注入你的肌肉。在这些非关键的部位中，其中一个就是你的大脑皮层——也就是你的理性思维产生的地方。当面对危险并试图存活下去时，把所有可能的选项都考虑一遍不是明智之举。你需要做的就是尽快行动。

当血液从你的大脑皮质中流失时，你的认知能力就会变得和一只喝醉酒的猴子一样。在急性应激反应的魔掌中，你无法理性思考，无法用语言来表达，你整个人都失去了控制。你会感到眩晕，手心会出汗，腹部会收紧，肌肉会变得僵硬。在这种状态下，如果没有理性的干预，你就会被破坏性情绪所消耗，失去控制。

恐惧

在销售中，最明显、最险恶的破坏性情绪就是恐惧。恐惧是销售失败的根源。不管你做什么，它都会有意无意地阻止你：从追求自己想要的，到寻找客户资源；从决定走进 C 级客户的大门，到变得自信；从谋划下一步，到从糟糕的交易阴影中走出来，等等。它遮蔽了事物的客观性，滋生出很多不安全感。

不安全感

不安全感会淹没自信和热情（激情）。如果我们把销售还原到它最原始的状态，我们就会发现，所谓销售只是人与人之间的情感传递。这种传递可以从销售人员到利益相关者，再从利益相关者回到销售人员，循环往复。所以，当你给人的感觉是自信而又热情的时候，你的利益相关者接收到这个信号，全力参与并遵从你的要求的可能性就会呈指数级提升。

绝望

绝望也是一种破坏性情绪，它会让你感到不安全，做出糟糕的决定，变得潦倒和软弱。它会把你对别人的吸引力消耗殆尽，会让你变得非常情绪化，行为也不符合逻辑，最终做出糟糕的决定。

当你绝望的时候，你的关注点就会集中在“如果失败了，该怎么办”，而不会集中精力去想“想要成功，还需要做什么”。一旦绝望的情绪开始蔓延，你就会认定自己会失败，不相信自己会胜利，结果真的会导致失败。

你的绝望会被利益相关者觉察到，并且把他们吓跑。你的行为、说话的腔调、措辞以及肢体语言都在向别人传递一个这样的信息：你既绝望又软弱无力。利益相关者倾向的却是那些自信的人。

对被重视的渴求

人类最无法满足的需求是对重视的渴求。这种以自我为中心的需求在不受约束的情况下会成为你最具破坏性的情绪之一。你对自己被重视的渴求可以让你非常专注于自己，以致在讨论自己的时候，表现得非常傲慢，听不进别人的意见。而在讨论别人的时候，又表现得非常苛刻和武断。这些行为都会破坏与利益相关者的情感联系。

沉迷

竞争力的黑暗面是沉迷。这种破坏性情绪会让你变得沉迷于胜利，一心想要得到你想要的，总想在别人面前看起来光鲜亮丽，希望每个人都同意你的观点，并且认为自己总是对的，而失去了洞察力和客观性。沉迷是自我意识的劲敌，是幻想的发源地。

担忧

马克·吐温说："我一生中经历过许多可怕的事情，其中一些也确实发生过。"你的大脑为了保护你的安全和生命而保持警觉，但是其中的缺点是，它倾向于把注意力集中在可能会出错的事情上，而不是可能正确的事情上。

从纯粹的进化观点来看，这是有道理的，因为那些在一开始就能成功避免危险的人更有可能延续他们的基因。但是，在避免一些可能会危及生命的危险和躲避一次社交上的威胁之间，还是有很大区别的。

然而，杏仁核对所有的威胁都一视同仁。所以，我们会担心、纠结并在脑海中反复播放最坏的情况。

担忧这种情绪本身就会引发急性应激反应，还会随之产生一系列的破坏性情绪。它会导致三个并发症：拖延症、完美主义和麻痹心理。这些情绪在你寻找客户资源和进行销售的时候都会成为阻碍。

对于那些尚未发生的事情的担忧一直困扰着销售人员。你大脑中滚动播放着的、眼里看到的，都是你失败、尴尬和被拒绝的情形时，你的信心就像泄了气的皮球一样，越来越瘪。原本没有的不安全感甚至也会滋生出来。而这一切原本都是可以避免的。

认知偏差

如果你什么都不做——不做决定，没有交谈，那就没有认知偏差发挥作用的机会。偏差是启发式认知的黑暗面，也就是所谓的思维捷径。它能够帮助人的大脑迅速而有效地对周围的人和事物做出判断和决策。

但是有些判断可能过于草率，以致遮蔽了事物的客观性，使其偏离到了虚幻的道路上。它会导致你：

- 面对机遇，选择对有用的信息熟视无睹。
- 过高或过低地估计了胜利的可能性。
- 失去了同理心，割断了情感意识。

- 看不透利益相关者的动机。
- 有选择地查找支撑自己观点的信息。利于自己的就接收，不利于自己的就不接收。

认知偏差往往从潜意识里释放出来，在你还没有觉察到的时候，你的角色和思维方式已经受到了负面的影响。想要控制住它非常难。

控制的关键是要对常见的认知偏差和自我意识有理性的理解，以便在发生时抓住并重新引导它们。

基本归因错误

基本归因错误，有时也被称为对应偏差，它可以让你依据自己感知到的内部特征或缺陷及外部因素，给他人的行为胡乱贴上标签。当你在探究其他人行为的动因时，你不会先假定他们的动机是好的，相反，你会认为是最坏的。

自利性偏差

自利性偏差是指倾向于将积极事件归因于自己的性格，但将消极事件归因于外部因素。从本质上说，自利性偏差也是一种破坏性情绪，它会阻止你承认某些行为并对你自己的这些行为负责，这些行为可能会对你的以自我为中心的信仰体系和自尊产生负面影响。

自我提升偏见

人们都希望以一种积极的态度来看待自己，并能保持住尊严。这是作为人类的一种基本的欲望和动机。因此，我们总是不自觉地去寻找一些证据来支持自己的观点。

在某些情况下，这可以是积极的情绪。例如，当我们被拒绝或遇到拦路虎时，这种情绪就可以帮助我们重新构架自我对话的内容，并以积极的角度来看待自己，最终重新站立起来。

当自我提升偏见开始抑制自我意识时，会使我们对自己的缺陷和弱点视而不见，削弱我们自我发展和成长的动力。或者当它可能揭示我们害怕面对的真相时，我们就会有意识地避免指导和反馈，那么它就变得有破坏性了。

乐观主义偏见

乐观是销售驱动力的核心组成部件之一，但是它也有自身的阴暗面。它会让你盲目自信。例如，跟其他人比起来，你会相信自己不太可能遭遇一些负面的事情，如失去订单之类的（有时候这种乐观也被吹捧为比较性乐观主义）。乐观主义偏见可能导致错觉，让你看不到跟利益相关者打交道时潜在的陷阱，最终吃亏的还是你自己。

过度自信

超高销售业绩的关键是专注于胜率。这就要求你能够精准地估计和预测销售渠道中潜在的机会有多少。可问题是，包括你在内的人，有一种不好的习惯，即系统性地高估胜率。

你可能做过这样的事：你观察到有人轻而易举地完成了一项困难和复杂的任务，于是你就自信地宣称“我也能做到”。

而只有在开始做这件事的时候，你才会意识到高估了自己的能力。

同样的道理，过度自信会导致你把大把的时间花在没有多大希望的潜在客户身上，或者没有为销售会议做好充分的准备。

过度自信表现在三个方面：对某个人实际表现的高估；在跟别人比较之后，做出过高的定位；在描述个人信条的准确性上，对没有把握的东西描述得过于精确。

错误共识偏见和确认偏误

在 Facebook 上做简短的自我宣传时，你可能会站在镜头前面，宣扬一些错误共识偏见。这种破坏性情绪会让你相信，你的价值观、信仰、观点和习惯都是正常的，因此，其他人也会自然而然地去分享。而如果人们不相信你，他们就会被你贴上不正常或有缺陷的标签。

在销售中，错误共识偏见可能会造成极大的损害。

- 它会影响你的同理心，让你把信念强加于别人。
- 当你想当然地认为利益相关者与你已经达成共识时，你问的问题就会减少，也变得不那么好奇了。

- 那些不认同你的观点的利益相关者，就会被认为有缺陷，你就会不自觉地对他们夸夸其谈，并试图说服他们，让他们觉得自己是错误的。

销售人员的客观性一旦被这种偏见所蒙蔽，当利益相关者并不买账时，他们往往会感到惊讶。他们不是把目光投向那些可能失败的环节上，反而是去责备利益相关者，或者给他们贴上愚蠢的标签。

人类也有一种令人讨厌的倾向，那就是喜欢树立一种信仰，然后寻找能支持和验证这种信仰的证据，与此同时，有意地去忽略任何反驳它的证据。这被称为确认偏误。

确认偏误掩盖了真相。你可以在一个销售季度的末尾充分地观察到确认偏误，因为到那时候有的销售人员可能错过了预测，有的则被没有如期签订的订单弄得措手不及。因为他们忽略了相互矛盾的证据，而这些证据一直都摆在他们眼前。

沉没成本误区

我们中的大多数人都相信，基于自身的利益和未来的状态，我们会做出理性的决定。而事实上，在很多情况下，这些决定更多地受到我们投资标的物的影响。

一旦我们把时间、金钱和情感投入某个事件中，我们就会有一个坏习惯，那就是心甘情愿地不断去花冤枉钱，还美其名曰“现在坚决不能放弃”。

一旦你把时间、精力和情感投入一个希望并不大的交易中，这种沉没成本误区就会使你深陷其中不能自拔，即使有证据表明它永远不会有结果。普通销售人员通常都有一个满载沉没成本误区交易的销售渠道。

培养自制力

体验情绪和被卷入情绪之中是有区别的。出于这个原因，可以说情感的自我意识是自我控制的根源。在你的情绪风暴中，意识允许你有效地控制自己的舵，以及改变航向。

调节和管理破坏性情绪是一个困难和持续的过程。一旦你放松了警惕，你的情绪就会开始“兴风作浪”，尤其是当你感到疲倦、饥饿或压力过大时。

我们已经了解到，对于破坏性情绪和认知偏差产生的过程和机制，我们几乎无能为力。出于这个原因，为了获得主动权，需要你部署一组技术和框架，这些技术和框架可以帮助你及时识别破坏性情绪，从而做出合理的控制，并在你的情绪造成不可挽回的损害之前，对它们进行有效管理。

有了意识，你就会摆脱情绪对你的影响，成为一个旁观的、冷静的观察者。从这个角度来说，你就相当于获得了洞察力和客观性，从而能客观评估破坏性情绪所带来的意想不到的后果。

了解自己的情感爆发点

在你的工作中，可能会遇到各种各样的人，以及不同的情况、言语和环境，它们会引发破坏性情绪。

有一些情感上的触发因素——例如，在开车过程中被加塞或者遇到粗鲁的人——是在你预料不到的情况下产生的。还有一些触发因素——例如，明知自己在疲惫、饥饿，或者已经承受了巨大的认知负荷的状态下，还要进入一个有潜在压力或产生焦虑的环境中——是自己造成的。

许多触发因素——例如，在搜索客户资源时或者做演示时遭到拒绝，和满脸不高兴的客户打交道等——是工作的一部分，它们也是不可避免的。对这些触发因素的认知可以使你比较轻松地避开它们，也会比较容易地提前做出预期和预案，即便真的遭遇到也能适当应对。

你要学会对触发因素进行预判，并对你的生理反应和情绪反应的临界点和爆发点有清楚的认识。在意识的帮助下，你就获得了控制权，从而可以有意识地及时控制这种破坏性情绪，并且实现你的目标。

准备和练习

越是在有压力的环境下越容易激发破坏性情绪。例如，为一位你的经理比较看好的具有一定话语权的利益相关者做演示时，你的紧张情绪会演变成不安全感，结果导致你的言谈举止看上去很没有自信，并且使你在你的演讲中表现得结结巴巴。

在这种情况下，最有效的管理破坏性情绪的方法是预先准备和勤加练习。提前拿出时间做好准备。例如，通过调查所涉及的人员，预测他们可能会问的问题，然后站在他们的角度，考虑他们的观点。

至于练习，可以这样做：提前浏览几次小样或演示文稿，可以拉上你的经理或同事进行模拟训练。把所有最坏的情况都预想到，这样你就可以为任何可能发生的事情做好准备。

在我的团队中，当我们在做一个小组演示时，我们会一起练习，开诚布公地谈论我们的破坏性情绪可能会在哪个地方让我们偏离正常轨道。例如，团队演示的一个大问题是极其需要被重视的感觉。这主要表现在：当团队成员加入并企图说服对方时，或者当另一个团队成员陈述完自己的观点后，感觉自己有必要再说几句的时候。

我们可以提前商定，谁将说哪些话，谁将回答哪些问题。我们还要练习沉默，还可以设计信号来帮助彼此：当某种破坏性情绪正在导致我们的行为失控时，及时提醒对方。

提前准备，可以让头脑冷静下来，并且建立自信。你会发现，当你花时间提前练习然后再面对实际情况的时候，就能轻松应对。你的大脑已经对有可能会发生的破坏性情绪做了预判，从而可以摆脱它们的影响。

为销售电话提前做预案

普通销售人员并不注重销售电话。他们只负责打电话，至于结果就听天由命了。他们的情绪也会被动地“随风飘荡”。顶尖销售人员则不然，他们会通过提问和回答四个方面的问题，来提前为销售电话做好准备。

（1）我了解的是什么？

（2）我想知道的是什么？

（3）我打电话的目的是什么？

（4）我下一步的目标是什么？

为销售电话做预案可以帮助销售人员为各种情况做好准备、提前制定议程，以及为可能被提到的问题做准备，并落实到位。

积极的可视化

在先前的章节中我们学到了，我们的思维天生就会考虑最坏的情况。当面对一个让人不高兴的任务时，我们就开始在大脑中假想一种消极的结果——其实这种消极结果是不存在的。如果不进行干预，这些假想就有可能变为现实。

例如，丽莎想要打一个销售电话，但估计会遇到阻碍。这种假想出来的负面影响让她非常没有安全感。因为没有自信，她拿起电话的时候都是战战兢兢的。当潜在客户接听的时候，她结结巴巴又说不清楚，听上去软弱又可怜。潜在客户训斥了她两句，丽莎感到很震惊，并由此推断出她要是再打电话，将会遇到更多的阻碍。

“因为大脑对威胁和危险的关注远远超过了大脑对奖励的关注。所以，对积极可能性进行有意识的关注是很重要的。”斯格特·哈尔福德在他的《激活你的大脑》一书中这样建议。如果丽莎在电话里表现出满怀信心的样子，单单这种举止就会减少阻力，产生一个相对积极的结果。

正是出于这个原因，精英运动员和顶尖销售人员都会利用视觉化手段来预先规划大脑的潜意识。当你想象成功的时候，你就会指导你的大脑，以一种与实现成功相一致的方式去行动。

从专注于你的呼吸开始，把所有的节奏都慢下来。然后，在你的脑海中，把打电话的每一个细节都过一遍。集中精神想一想，怎样才能让自己显得更加自信。想象一下你会说什么，你会问什么。想象自己会取得成功。这些环节要反复地进行，一直训练到大脑可以轻松地处理破坏性情绪。毕竟破坏性情绪可以让你陷入万劫不复的境地。

自我对话的管理

在你的大脑里有一种没完没了的、喋喋不休的唠叨，这会影响你的情绪和外在行为。与自己的对话将会左右你的态度，强化你的信仰体系，并催生一种成功的心态。当然，也有可能引发破坏性情绪，从而摧毁你。

与那些不经你同意就被激活的情绪不同，自我对话完全在你的控制之内。你既可以向积极的方向思考，也可以向消极的方向思考；既可以让自己振作起来，也可以把自己毁掉；既可以做到意识清醒，也可以充满妄想。主动权在你，你有权利去选择。

安静地坐着，倾听大脑内的对话——你使用的语言，你正在问的问题。然后下定决心改变这些对话的内容，让它们对你理想中的形象、理想中的行为方式以及理想中的气质起到支撑作用。你要经常有意识地认真倾听来自内心的声音。当它开始变得消极的时候，立刻叫停，并改变对话的内容。

生理机能的改变

对于人类行为的研究，几乎每一个领域都可以证明下面的观点：我们可以通过改变我们的身体姿势来改变我们的感觉。换句话说，内在的情绪可能是由你的外在生理状态决定的。举个例子，当你把肩膀和下巴都放低，盯着地板看的时候——这是一种没有安全感的生理信号，你会觉得非常没有自信。

身体姿势的改变不仅会引起情绪的变化，而且还会引发神经生理反应。例如，我们知道荷尔蒙皮质醇和睾丸激素在树立自信方面扮演着重要的角色。哈佛大学艾米·卡迪的研究证实，“自信的肢体语言”（就算你不自信，也以自信的姿势站着的理论）会对大脑中的睾丸激素和皮质醇水平产生积极的影响，从而有助于信心的建立。

妈妈们知道这一点。多年来她们不厌其烦地给我们同样的建议：坐直了，别趴下，把头抬起来，你就会觉得舒服一些。大多数内部销售培训师也会告诉销售人员，说话时他们的脸上要露出微笑，这样微笑的力量就会传递到他们的声音里。

行动上要把你的热情表现出来，思想上要尽量往积极的方向去思考，使用热情洋溢的语言，然后你就会开始感到热情，并最终变得热情起来。甚至在别人给你打招呼的时候，你一句简单的回答“我感觉好极了”，就能重振自己的情绪，让你感觉真的很愉快，尽管你可能没有那么愉快。

我们都知道，当你盛装打扮时，你就会觉得自己是最棒的。当你挺胸抬头情绪饱满时，你看上去和自我感觉上都非常有自信。使用自信和果敢的单词、短语和语调，这样你给人的感觉将会变得更强大、更可信。当你问想要问的问题时，你更有可能得到一个肯定的答复。

应对障碍的免疫力

虽然事实的真相令人非常不舒服，但是对那些曾在海外战场上服役的军官们来说也不得不笑着承认这一点。他们宁可真枪实弹地在战场上厮杀，也不愿意给已满 18 岁的征兵对象打冷冰冰的电话。

面对这样的任务，这些在战场上都不怕掉脑袋的士兵都表示很难完成。我想这并不是因为他们缺乏热情或者天分。相反，突然打搅别人的生活，面对可能的拒绝，这都是一种令人畏缩的情绪障碍，至少在他们的脑海中是这样的。

当军方邀请我给他们的招募人员培训时，我觉得那些电话对我来说很容易。因为在我看来，军方招募人员是在为高中生和他们的父母做一件好事：给孩子们提供一份工作，而且还可以积攒大学的学费，以及获得其他令人羡慕的福利。军方的招募人员之所以害怕，是因为他们只看到了拒绝。

对于军方招募人员来说，在一个他们无法控制和不能理解的环境中招募新兵，是一种无法克服的情感障碍。

在新兵训练中，军队通过无休止的实弹演习来磨炼他们的大脑，使他们在被送入战场之前对战争的恐惧进行免疫。

对于大多数普通人而言，一旦被置于被敌人猎杀的危险中，他们很可能会呆若木鸡或抱头鼠窜，结果就有可能导致自己的队友被害。然而对于训练有素的士兵们来说，他们可以控制大多数人都有的急性应激反应，迅速进入危险的区域去战斗。

我把以下两件事进行了比较和归纳：一是在面对真枪实弹时，军队是如何训练他们消除恐惧的；二是他们能不能把在军队中学到的这些克服恐惧的技巧应用到给新兵招募对象打电话中去。我这样一进行比较，那些军队招募人员就都恍然大悟了。

你必须教会让你理性的大脑告诉你感性的大脑，目前看起来如此巨大的障碍实际上是很小的。要做到这一点，首先你要把自己置于一个能一遍又一遍地体验感知障碍和伴随情感的位置。

对于感知障碍来说，自我控制就像肌肉一样，你锻炼得越多，就会变得越强壮。

一旦你开始有意识地面对恐惧和令人不愉快的状况时，你就会学会对障碍出现之前的焦虑进行预判。之后，为了应对恐惧，你将开始改变你内心自我对话的内容和外在的身体反应。很快，曾经看似不可逾越的障碍就变成了小菜一碟。

学会暂停

我们可以确定地说，最初的生理上的急性应激反应是无意识的。在没有经过你同意的情况下，肾上腺素注入了你的血液中。在这种情况下，你的身体和大脑都被神经化学物质所麻醉，想要做到理性思考和保持镇定都非常难。

但是肾上腺素的作用是短暂的，急性应激反应的真正作用是让你从困难中摆脱出来，有时间进行理性的思考，对于下一步做出明智的选择。及时控制破坏性情绪的秘密就是，让你的理性大脑（大脑皮质）有机会伺机而动，并掌控局面。

在《炼心术》一书中，塔拉·班尼特·格尔曼将急性应激反应称为“神奇的 1/4 秒”，因为它为你争取了足够多的时间，让你能够阻止破坏性情绪表达出来。

在瞬息万变的情况下，为了有效地应对破坏性情绪，你需要，也只需要一毫秒，就能把你的逻辑大脑唤醒过来，命令杏仁核停止运转。

在关键时刻，最有效的方法就是在你说话之前先暂停下来。当你感到情绪要失去控制时，放慢你的呼吸，从 1 数到 5。这种简单的停顿可以让你的肾上腺素慢慢消散，让你的理性大脑迅速就位，把你从情绪的过山车中拽回到现实。

在这短暂的停顿中，你会考虑潜在的反应带来的意想不到的后果，而不是把注意力集中在你真正想要的结果上。

我把另一种我经常使用的策略称为“窗台策略”。当面对一个困难的问题，或者一次拒绝，或者来自一个利益相关者的直接挑衅时，它会很有效。

与其磕磕巴巴地说出一个毫无合理性的答案——这个答案要么显得自己防御性很强，要么显得自己或懦弱或无知或极具争论性——不如用另一个问题简单转换一下：

- 那很有意思啊！能告诉我为什么它对你很重要吗？
- 为什么这样呢？
- 愿意多跟我说说吗？
- 有意思！能为我指点迷津吗？
- 为了保证我能理解你的问题，能不能说得更详细一点？

问题一个又一个地抛出来，利益相关者只能不停地说，这就给你争取了时间去理性思考，去争取控制情绪的主动权。

关注你真正想要的

“这个该死的机器简直就是一块废铁！我想要一个新的，今天就要！”韦恩的顾客在电话里对他大喊大叫。那时候已经是 7 月了，三个月前给顾客的公司安装的空调又坏了。这已经是第三次了，他的顾客很生气。

作为 HVAC 空调公司的第二任老板，韦恩听了顾客的话之后，能感觉到自己的血液开始沸腾。他不喜欢别人这样对自己说话。而且，他想插句话解释一下，但那个人连一次机会都没有给他。

“难道你不知道去年我从你那里买了多少台机器吗？”顾客高声质问道。韦恩本来想说，对方压根就不给机会。

“6 个机器，将近 75 000 美元！另外，我们还有 7 台需要翻新的机器也是跟你们签订的合同。如果你认为我们之间的业务对你来说是有意义的，你就要认真对待这种情况！”

韦恩已经受够了。他特别讨厌顾客那种趾高气扬的姿态，就像把货款一把全甩在他脸上那样讨厌！

“如果你不愿意维护自己公司产品的声誉，没关系，我会把我们公司的业务全部交给别人来做。然后我会把这件事在社交媒体上曝光，还会给商业促进局写信投诉你。”这个人简直在没完没了地侮辱自己！

够了！韦恩爆发了。在谈话的最后，他用这样一句话结束了跟对方的谈话：“如果你不喜欢我们的工作方式，那就悉听尊便吧！你大可以把你的生意交给别人！”当一切烟消云散之后，他失去了一位顾客。

跟某些态度恶劣的顾客针锋相对，可能在当时会有短暂的快感，可是很快让你头疼的事情就会接踵而来。例如，要应对商业促进局的质询，要面对对方在社交媒体上的聒噪，还要面临设备制造商的质疑，因为顾客肯定还会向他们投诉。还要跟自己的父亲解释，为什么跟一个合作长达七年之久的高质量的客户中断业务。

现在回想起来，他真希望自己当时没有说那些气话，而且认真地倾听。毕竟对他来说，这是一种良好的、有利可图的商业关系。那天，顾客也许只是心情不好，有点急火攻心而已。但是因为韦恩没有控制好自己的情绪，结果造成了无法弥补的损失。

在激烈的对话中，你可能会感到受伤、生气、沮丧，或者感到你的自尊受到了伤害。你会坚定自己的立场，决不妥协退步，努力证明自己的观点——有时甚至是不理性的观点。与此同时，参与争论的另一方也同样毫不妥协。

这是一种非常棘手的情况，被称为心理对抗：双方都坚持自己的观点，互不让步。你特别想取得胜利，来证明自己是正确的。双方的情绪会升级，语言会变得更具人身攻击和伤害性，一直到关系无法修补的地步。这就是人性，这种情况通过电话、短信、电子邮件和社交媒体，每天都在不同的人身上发生。

要想避免陷入这些被激动情绪所左右的场合，你首先必须克服它们，避免在对话中做出任何情绪化的反应。当然在彼此头脑都发热的情况下，想要做到这一点是很困难的。想想韦恩吧。

当然技巧还是有的，只要你善于利用，它就会帮助你保持冷静，摆脱一心只想赢得胜利的执念。这个技巧的关键就是要搞明白你真正需要的是什么。例如，在陷入争论时，你只需问自己一个简单的问题即可："我是想这样还是想那样？"

例如，你和配偶或家庭成员发生争执，你可以试着问自己："我想证明自己正确还是想要自己快乐？"

如果韦恩当时能问自己一个问题："我是想要证明自己正确，还是想要自己快乐"，那么他就不会失去一个高质量的客户了。

当你与一个利益相关者会面时，难免会出现这样的情况：对方喋喋不休地向你展示他对你的产品有多么了解，也能猜透你要对他说什么等。但是在你打断他并努力说服他之前，你要问一问自己："我来的目的是让自己显得重要，还是想让这个利益相关者站在我这边，然后进一步发展业务关系？"

情商专家丹尼尔·戈尔曼说："在被激烈情绪控制的情形下，让理性大脑负责自我控制才是关键，这也是一种自上而下、深思熟虑的做法。它会首先让你去思考破坏性情绪的严重后果，然后有意识地做出理性选择。如果让感性大脑来负责，它就会任由各种情绪释放出来，不加管制。"

摆脱情绪控制，决定自己的行为

那些无法调节破坏性情绪的销售人员就会被情绪的波动所制约和左右，就像一艘没有舵的小船，在大海上猛烈的暴风雨中颠簸着，从一个巨浪被推到另一个巨浪，高低起伏，没有任何的自主权。

顶尖销售人员可以控制他们的情绪。他们所擅长的就是能清醒地意识到某种情绪正在酝酿，然后就会用他们的理性大脑来控制这种情绪，搞清楚为什么会出现这种情绪，并且及时做出恰当的反应。他们可以超越自己的情绪，选择自己的行为。

不要因为觉得在短时间内控制自己的破坏性情绪很难就对它避而不谈。可以这么说，作为人类，我们都是没有舵的小船。我们都曾说过或做过一些事情，回想起来却后悔了。

那些陈词滥调，例如，"你只有一个嘴巴和两只耳朵""人们不在乎你知道多少，直到他们知道你有多在乎"，这些在销售培训里都是很常见的。管理破坏性情绪说起来很容易，但是做起来可能完全是另一回事。试想一下，在销售对话中，当你极力想把一个答案或一个符合逻辑的解决办法说出来时，那种如鲠在喉的感觉不是谁都能忍得住的。

破坏性情绪对于普通销售人员来说很难在书本或研讨会之外找到解决方案。这也是销售方法类书籍，如《战略销售》《销售巨人》等一直强调的。智力、理性思考和过程统统被淹没在破坏性情绪、认知偏差和人类潜意识的海洋中。

我们许多行为的起源——善与恶、破坏性和有效性，是我们的意识思维所无法企及的。我们开始行动，却不知道为什么要行动，除非我们开始关注并意识到这个问题的存在。在销售方面，妄想和成功是死对头，你不能两者兼得。但妄想这种东西如此温婉诱人，绝对是躲避令人痛心的真相的庇护所。

意识是自我控制之母。它是一种有意识的、深思熟虑的选择，用来监控、评估和调节你的情绪。也正因为如此，你才能把你对周围的人和环境引发的情绪和反应与你的意图和目标协调一致。

12 打造胜率，从评估开始

你不需要刻意去打一个全垒打，如果时间恰到好处，球自己就会滚入。

——尤吉·贝拉

我必须在这里声明一下，如果你没有一个高预期的潜在客户，那么你在本书中学到的东西将没有任何意义。你也许是能给世界带来巨大影响的伟人，但是当你面对一个没有任何购买意愿的潜在客户的时候，或者当你和根本不愿意跟你打交道或不愿意做出哪怕很小的承诺的利益相关者接触的时候，你就注定是失败的。

对于顶尖销售人员来说，有一个高预期的潜在客户，才是一切环节的开端。他们对潜在客户资质的认定非常严格。他们明白时间就是金钱，而与那些不打算购买的人一起工作就是浪费时间。他们很清楚，高预期的潜在客户和利益相关者是稀缺资源。如果把时间花在购买可能性比较低的潜在客户身上，就意味着距离他们的主要方向越来越远，而把主要的时间和精力花费在愿意购买的潜在客户身上才是正途。

对于潜在客户有效的资质认定，应该开始于前期收集潜在客户资料的时候。在和利益相关者开始对话的时候，这种认定的过程依然持续。在整个销售过程中，销售人员应该通过不断发现，以及保持敏锐的意识，积极找出那些可能降低预期或者影响胜率的蛛丝马迹。

追逐“危险交易”

如果你或者你的孩子玩过棒球或垒球，你肯定看到过一个击球手在追逐疾驰的球，而球要么飞得过高，要么过低，要么远在击球区之外。你再怎么追都没有用。

几年前，当我的儿子在小联盟球队打棒球的时候，在一次比赛中，他的球队在第六局快要结束的时候有两次出局和满垒。这场比赛打得不分胜负。在三垒的比赛中，他所在的球队仅仅需要一次击中就能赢得比赛，并晋级到附加赛。

轮到下一个击球手上场了。当他从休息区走到击球手的包厢时，教练把他拉到一边，给了他一些明智的建议。

“不管你做什么，”桑德罗教练告诫说，“瞄准目标，千万不要什么都没有打中，那就难看了。”

普通销售人员，在绝望、缺乏耐心、陷入沉没成本误区、有依赖感、不想浪费时间，以及精力不足等破坏性情绪的驱使下，把“危险交易”当成了救命稻草。何为“危险交易”？就是那些成交预期极低的交易，它们基本不能带来收益，不符合资质认定要求，购买窗口期遥遥无期，没有明确的预算，没有愿意参与进来的利益相关者，或者因为合约在身或其他别的约束没有能力购买。

从外在来看，很明显，这些成交预期极低的、“危险”的交易永远都不会有成功签单的那一天。在上面耗着，只能让销售人员分不出时间和注意力跟进好机会，而眼睁睁地看着好机会溜走。然而，尽管有那么多明显的迹象，普通销售人员还是在不断地往前推进：把“危险交易”安排在他们的销售渠道和业绩预测当中；把无数宝贵的时间浪费在毫无希望的潜在客户身上。这么做是因为他们要么抱有幻想，要么健忘。

可悲的是，在结果可以预料到的情况下，他们依然如此。

明确界定出击范围

判断资质高低的第一步就是要明确出击的范围。太多的公司（尤其是初创企业和小型企业）、销售组织和销售人员在为理想的高预期的潜在客户建立档案方面做得非常不够。这个档案是综合性的，包括购买窗口、强烈的购买动机、利益相关者的层次结构、参与程度、竞争对手、销售周期、垂直行业、公司规模和设备，等等。

事实就摆在这里，非常明显，非常刺眼。如果你不明确出击范围，你就会浪费很多时间在无谓的交易上。

如果你在为一家大型的、成立时间很久的公司工作，你很可能会发现他们的理想和高预期的潜在客户的档案创建得非常完备。这种档案文件将根据客户规模大小、垂直市场、产品或服务的不同而不同。和你的团队中的顶尖销售人员及销售主管多花一点时间，确保你们无差别地理解了你们公司或产品线的客户档案。

如果你在为一家小公司或初创公司工作，那么理想和高预期的潜在客户的档案可能压根就不存在，或者会随着公司的发展而瞬息万变。你要是想做的话，只能靠自己了。

从分析你的产品和服务的优点和缺点开始。在你最好的客户中寻找理想的模式和共同点，界定并划分利益相关者的角色，分析你即将成功完成的交易。总结一下，看看哪些触发事件促成了购买窗口的开启。

一旦你收集到了足够的信息，就可以建立一份最有可能与你做生意的潜在客户的档案资料，并且从长远来看，他们可以发展成为一个能够带来利润的、愉快合作的客户。

资质认定的方法和捷径

有效认定潜在客户的资质是时刻都要进行的一系列决策。它从有效地制定潜在客户的名单开始，一直贯穿了整个销售过程。这绝不是在某个孤立的环节上进行的某个孤立的决策。

多年来，为了帮助销售人员快速认定潜在客户的资质，许多进行资质评估的方法和简化手段慢慢发展起来。

我的看法是，它们都差不多。坦率地说，效果跟具体的情境有关。说得再直白一些，就是取决于交易的复杂性、交易周期、产品和服务的质量等，所以哪个对你来说最实用，哪个就是最好的。而且非常有可能的是，最终你选用的不是一种方法，而是几种方法搭配使用。

BANT 组合法

早期应用最广泛的一套资质认定的方法，被称为 BANT 组合法。

- 预算（Budget）：潜在客户有没有预算？
- 权利（Authority）：你接触的这个人有没有做决策的权利？
- 需求（Need）：潜在客户或潜在客户所在的公司对你的产品有没有需求？
- 时间节点（Time line）：需求是否迫切？购买的决定何时能够做出？有没有一个确切的时间点？

跟 BANT 组合类似的另一个组合是 ANUM 组合。A（Authority）表示权利，N（Need）表示需求，U（Urgency）表示迫切程度，M（Money）表示金额。相比较而言，BANT 组合首先强调的是有没有可用的预算，而 ANUM 组合则侧重分辨谁是决策者。这两个组合可以在以下条件下搭配使用：

- 交易周期短，复杂度较低。
- 针对特定需求的产品和服务非常成熟。
- 各种销售角色高度活跃。销售人员每天能够吸引很多潜在客户，因此，需要对潜在客户的可发展性迅速做出判断。

在周期长、复杂度高的交易中，BANT 组合和 ANUM 组合都存在不足，这些交易对买家来说风险很高，而且涉及众多的利益相关者。

PACT 组合法

随着新型产品的不断兴起，以及原有产品的日渐式微，有针对性的预算已经越来越少，对产品需求的迫切程度也在逐渐降低。因为潜在客户根本就不清楚是否存在他们想要的产品。

《销售发展手册》一书中提到，在早期销售创新性产品时，内部销售专家特里池・贝尔图奇提出了一种更有效的策略去进行早期的资质认定，这种方法被称为 PACT 组合法。

- 困扰度（Pain）：并不是每个潜在客户都了解你的产品或服务。这里有一个更重要的问题是：他们的这种困扰（已知或未知）到了什么样的地步？一旦这个困扰被揭示出来，能不能促使他们采取行动，进行根除或减少此类困扰？
- 权威性（Authority）：你能否有效甄别利益相关者的权威性，以及他们对交易的影响力？你所联系的公司人员是否层级过低？能不能提高几个层级？
- 重要性（Consequence）：你的潜在客户可能已经感受到了困扰，但是如果对他本人或他所在的公司造成的后果或影响并不严重，他们决心改变的可能性就不大。
- 目标客户档案（Target profile）：这个潜在客户是否适合建立客户档案？如果不适合，那么你现在关注的这桩交易可能是没有结果的。

MEDDIC 组合法

这种方法是由杰克・拿坡里和迪克・丹凯尔开发的，主要是为了进行长期的技术销售。然而，事实证明，在任何行业中，MEDDIC 组合法都能很好地处理长周期、复杂和企业级的交易。

当被有效地使用时，MEDDIC 组合法将显著提高销售渠道预测的准确性，因为在你进一步向这笔交易投入资源之前，它会迫使你了解你的潜在客户的购买方式、必须购买的理由，以及在这场交易中由谁促成这一决定。

- 指标（Metrics）：对于选择你作为供应商的公司来说，是否有可量化的、可证实的影响？
- 精明的买家（Economic buyer）：你是否能接触做最终决策的人——那个拥有独一无二权利的能够说“可以”的人？
- 决策标准（Decision criteria）：你是否理解选择供应商的标准？你能影

响这个标准吗？你能达到这个标准吗？

- 决策过程（Decision process）：你了解决策过程和时间线吗？你能影响这个过程吗？你能使决策过程和你的销售过程保持一致吗？
- 识别困扰（Identifying pain）：是否有足够多的困扰或令人信服的触发事件与不使用你的产品或服务有关，从而导致精明的买家感受到了改变的迫切？
- 冠军角色（Champion）：是否有赞助商支持或帮助你提高你的知名度？

TAS 法

MEDDIC 组合法与目标客户销售（Targeted Account Selling，TAS）法结合在一起是非常有效的。随着这个方法最初被发现之后，它就成为一种神奇的立竿见影的方法，它会迫使你回答以下四个问题：

（1）有没有机会？

（2）有没有能力竞争？

（3）能不能胜出？

（4）值得去赢取胜利吗？

在评估交易的可行性时，所有这些问题都值得向“质疑委员会”问一问（我们将在后面章节详细讨论“质疑委员会”）。

WOLFE 组合法

当与已签署合同的买家（特别是当这些合同产生排他性时），或者与已经和竞争对手在合作的潜在客户打交道时，我喜欢使用 WOLFE 组合法。

合同销售是独一无二的。购买窗口在短期内是开放的，通常也是可以预测的。购买者必须做出三个决定中的一个：要么与当前的供应商保持现状，要么做出改变，要么干脆放弃使用产品或服务。

- 购买窗口（Window）：购买窗口是开放的吗？如果不是，它将会在多长时间内开放？或者它已经开放多久了？在没有可以签合同的供应商的情况下，是什么触发了它的开放？
- 机遇（Opportunity）：机遇是什么？是大机遇还是小机遇？是长期的机

遇还是短期的机遇？客户是否有问题、困难，而你是否可以凭借一个独特的优势去解决？

- 忠诚（Loyalty）：他们对现在的供应商有多忠诚？对他们来说，改变会有多难？改变的成本是多少？所有利益相关者都忠诚吗？如果当前的供应商犯了错误，你会利用这个机会吗？当前的供应商对待潜在客户是否太随便了？
- 契合度（Fit）：这个潜在客户是否与你的产品或服务相匹配？他们的购买过程是否与你的销售过程一致？如果不一致，你能改变他们的购买过程吗？
- 投入（Engagement）：你是否已经把能产生影响或有决策权的利益相关者清楚地划分出来了？如果没有，你还有什么其他的手段？最有影响力的利益相关者是否愿意参与其中？

不管你是选用一种方法还是选用多种方法相互搭配，重要的是要善于引导你团队内部的顶尖销售人员，并且对你允许进入并留在销售渠道中的潜在客户一定要非常挑剔！

九宫矩阵图认定资质

我崇尚简单和直观。我有一种最喜欢的方法，就是通过一个简单的九宫矩阵图来认定和持续认定获得的机会。它通过六个独立的维度来提供资格数据点的可视化演示。我喜欢它，因为它整合并强化了所有的资质认定方法或简化手段。

这个矩阵对周期短、复杂度低的交易来说可能是多余的，但随着复杂度的提高，它绝对让人大开眼界，使得在整个周期中评估胜率变得更容易。

例如，在与世界顶级科技公司之一的一群专业销售人士合作时，我把他们分成不同的团队，并在白板上画下这个九宫矩阵图。矩阵中不同的列被标记为不同的指标，有技术资格认定指标（Technical Qualifiers，TQ）、利益相关者认定指标（Stakeholder Qualifiers，SQ）和契合度认定指标（Fit Qualifiers，FQ）。矩阵中不同的行也分别被标记为高潜力潜在客户（High Potential

Prospect，HPP）、中潜力潜在客户（Medium Potential Prospect，MPP）和低潜力潜在客户（Low Potential Prospect，LPP）。认定资质的九宫矩阵图如图 12.1 所示。

指标项	技术资格认定指标（TQ）	利益相关者认定指标（SQ）	契合度认定指标（FQ）
高潜力潜在客户（HPP）			
中潜力潜在客户（MPP）			
低潜力潜在客户（LPP）			

图 12.1　资质认定九宫矩阵图

在每一个方格里，参与者把分别符合不同条件的客户档案都描述出来。例如，在（HPP，TQ）中，他们一致同意：

- 年收入超过 20 亿美元。
- CIO 总部在美国。
- 业务遍及全球。
- 超过 10%的年增长率。
- 在过去的 24 个月中至少有一次严重的数据泄露。

这代表了该团队在仅基于 TQ 的基础上，找出了销售软件产品的 HPP。因为 TQ 只是这个谜题的一部分，我们将继续完成剩下的矩阵。

技术资格认定指标

TQ 是可量化的事实和数字。这是在和潜在客户正式接触之前收集的最简单的信息。例如，在 Sales Gravy，我们销售在线远程培训课程和移动学习解决方案。我们的目标公司是年收入达到一千万美元到一亿美元，私人所有，在团队中拥有超过 10 种销售资源的公司。这些潜在客户是我们在自我指导和导师指导远程学习销售中最具潜力的客户。当潜在客户的情况偏离这个最佳标准的时候，与之交易的可能性就会降低。

利益相关者认定指标

资格矩阵中的这一列指的是利益相关者及其参与程度。SQ 可以帮你界定你正在与之打交道的利益相关者的角色和权威性，以及他们的参与程度。例如，如果我在一个复杂的交易中与一个有过合作的首席执行官打交道，那就是（HPP，SQ）。另外，如果我在报价邀请书的接收端，那就处于（LPP，SQ）。

在认定利益相关者资质的时候，很多情况下是与直接划定利益相关者范围捆绑在一起的。不过，这里有一个利益相关者资质认定的因素，是完全靠直觉的——你感知和测试利益相关者情感参与的能力，它是利益相关者资质认定的关键组成部分。这是销售情商发挥作用的地方。在下一章“参与程度和微小承诺”中，我们将深入探讨这个问题。

契合度认定指标

有时你与潜在客户的期望、要求、需求、购买过程等并不匹配。有时他们又与你独特的产品和服务、能力、文化、价值观、交易过程等不匹配。作为一名专业的销售人员，你的工作是获得对彼此双方都最有利的客户。这样可以确保你的客户获得最大的价值，而你的公司可以获得最大的利润。

许多销售人员都在追求的交易，事实上在契合度上是非常不够的。这些不幸的合作伙伴关系最终导致的结果是：客户不满意。客户对你提出要求，而你又无法解决。最后导致你的经济受到损失，有时候甚至还会影响你的声誉。

在你与客户见面之前，有一些契合度认定指标是可以轻松看到的。不过，在大多数情况下，你还是需要花时间在销售过程中去发现，以便更好地理解你的潜在客户当前和未来的要求、需求和期望值。

另一个分析契合度的方法是利用一个简单的契合度矩阵（见图 12.2）。这个矩阵只关注以下两个维度的指标。

难与高收益的客户相处	易与高收益的客户相处
难与低收益的客户相处	易与低收益的客户相处

图 12.2　契合度矩阵

（1）和利益相关者打交道的容易程度。

（2）本次交易的收益率。

对于我自己的企业来说，我最喜欢的客户是那些很容易打交道，以及可以带来高收益的人群，即（HPP，FQ）。

我们更愿意与要求高但回报也高的客户合作，同时我们也很愿意与回报低但易合作的客户——（MPP，FQ）打交道。但这样的客户我们希望不是很多。我们希望远离那些难以合作和难以产生利润的客户——（LPP，FQ）。

普通和糟糕的销售人员（尤其是后者）往往会吸引大量的很难合作的、回报又很低的潜在客户。主要是因为这些潜在客户很容易进入他们的销售渠道（因为没有人想要与这些潜在客户合作），而这又是因为他们的销售渠道过于空旷而让他们产生了恐惧和绝望的破坏性情绪，从而使他们失去了客观性。

筛查潜在客户

顶尖销售人员痴迷于胜率，他们会使用理想中的高预期的潜在客户的档案，去筛查每一位潜在客户。当潜在客户并不合适时，顶尖销售人员就会毅然放手，这是他们的纪律。他们不允许依赖、绝望或陷入沉没成本误区等破坏性情绪影响他们判断胜率的能力。

当然，我并不是说每笔交易都必须完全符合你的理想中高预期的潜在客户要求后，才能进入你的销售渠道。这不是现实世界的运作方式。

最近，一家销售高端的、基于云服务的软件公司找到了我，让我帮助他们改进销售渠道，因为他们的销售渠道已经非常危险了（只有一倍的预期配额）。在研究中我发现了业务开发部门和客户服务部高管之间的激烈冲突。

客户服务部高管只愿意参与到在他们看来“完美”的机会中。等着潜在客户自己找上门来，才愿意与人家合作。这种做法导致销售渠道中的客户存量大大减少。

HPP 的概率是罕见的，大多数的机会是不完美的。资质认定既是一门艺术，也是一门科学，而数据永远不会讲述整个故事。

在评估交易的可行性时，你必须考虑实际的证据，还要“倾听”你的直觉。在此过程中，基于验证过的信息和你的直觉的结合，你必须做出一系列的决定来判断这个机会是否值得你继续关注（见图 12.3~图 12.7）。

指标项	TQ	SQ	FQ
HPP	●	●	●
MPP			
LPP			

图 12.3　资质认定九宫矩阵图（一）

指标项	TQ	SQ	FQ
HPP			●
MPP		●	
LPP	●		

图 12.4　资质认定九宫矩阵图（二）

指标项	TQ	SQ	FQ
HPP	●		
MPP		●	
LPP			●

图 12.5　资质认定九宫矩阵图（三）

指标项	TQ	SQ	FQ
HPP	●		●
MPP			
LPP		●	

图 12.6　资质认定九宫矩阵图（四）

指标项	TQ	SQ	FQ
HPP		●	●
MPP			
LPP	●		

图 12.7　资质认定九宫矩阵图（五）

在某些情况下，去目标区域之外冒险也有一些意义。不过，理性的风险评估和因为绝望或妄想而追逐危险交易还是有区别的。

当你选择妄想而不是面对现实的时候，那么你的选择就意味着不但对自己撒谎，而且还降低了自己的标准和业绩表现。现实世界是超高业绩者的活动范围，而参与到现实中去，是开发高胜率交易渠道的第一步。

质疑委员会

当你绝望的时候，很容易参与到那些本不是机会的机会中去。在你投入了大量的时间和感情之后，再去放弃糟糕的交易是很困难的。一旦你进行了任何形式的投资，沉没成本误区会让你忽略科学的概率，越陷越深。

你的竞争天性会孕育出对自己过分的依赖感。这种乐观主义和过分自信的偏见掩盖了客观事实，你自欺欺人地认为有些人在他们最幸运的一天也没有办法达成的交易，而你是可以完成的。

在《指环王》中，咕噜这个角色以每天喃喃自语“这是我的宝贝”而闻名，因为他拼命地抓着他所珍爱的戒指。他对戒指的感情如此强烈，以致他死后也依然如影随形地追随着这枚戒指。

这和那些死死抱着销售渠道中不可能完成的交易的销售人员是何其相似啊！即便销售经理叫停了那些没有希望的交易，但是就像被一股强大的力量所控制一样，相关销售人员一次又一次地把他们“宝贵的”时间花在了上面。

顶尖销售人员利用资质认定策略来战胜破坏性情绪，并就如何花费时间、在哪里花费时间、和谁在一起花费时间做出客观的决定。他们还拥有一套系统来提高自己的防范意识，以防止下面情况的发生：一开始看似非常理想，但是随着交易环节的深入，耗费了大量的时间以后，该笔交易逐渐失去了它的光彩。

有一个我曾为之工作过的销售经理，我认为他是最好的经理之一。他经常玩的一个游戏是把所有的人集中在某个房间，以某个我们销售渠道中重要的交易为例，让我们充分挖掘可能影响此交易的危险因素。我们做的并不是泛泛的空谈，而是深入各种细枝末节中否决这笔交易。没有什么东西是神圣的。每个利益相关者、每个潜在的诱惑、每个竞争对手、我们的每个缺点，都是潜在的危险因素。

有时候，我和几个同事一起参与的一些会议，让我们感到痛苦甚至非常尴尬。不过，“质疑委员会”揭露了我们的盲点、过度自信、麻痹大意、确认偏误、弱点和我们知识的不足。在面对这样一个事实的时候，会让人感到非常不舒服：有一些重要的信息你不知道，因为你害怕（破坏性情绪）去问一些比较尖锐的问题。

我第一次参加“质疑委员会”的会议的时候，内心十分排斥。因为我并不认为我的信心在逐渐丧失。但随着时间的推移，我逐渐爱上了这个过程，因为它让我变得更好。我成功地完成了很多的交易，但是如果不是从“质疑委员会”那里获得了卓越的洞察力，这些交易就有可能失败。

对普通销售人员来说，客观性是一个大问题。然而，顶尖销售人员很果断地抛弃了他们认为可能性不大的潜在客户，而普通销售人员则会紧紧抱着这些糟糕的交易不松手，最后就像泰坦尼克号那样，坠入深渊。

顶尖销售人员的情感敏锐性和纪律性都很强，可以在他们的交易中主动找出漏洞，如通过提出尖锐的问题、面对残酷的事实等。他们乐于接受反馈，并善于将他人的见解和观点为自己所用。

顶尖销售人员擅长管理破坏性情绪，能够实事求是和战略性地对待他们销售渠道中的机遇，允许逻辑性和客观性取代情感依附感、认知偏差和错觉。

13 参与程度和微小承诺

伟大的事物不是一时冲动做起来的，而是由一系列小事共同造就的。

——梵·高

数据安全公司 Fair Warning 的首席执行官兼创始人库尔特·朗承认，这不是最理想的情况。“但我没有太多的选择，”他解释道，“在推出新的基于云计算的安全产品的时候，我是所有销售人员中唯一真正理解它的人。”

这是一个希望渺茫的尝试：首先，这是一个全新的 SaaS 软件，从来没有人听说过；其次，这儿有一个急于成功的首席执行官兼创始人；再次，这儿有一个巨大的目标潜在客户；最后，在坦帕和伦敦之间有着遥远的约 7 081 千米的距离。而在那家大公司里应对这一切的只有一个关系人。

“唯一对我有利的就是安迪这个人。他是那家公司内部的一个利益相关者，已经对这款软件产生了兴趣。可以说，他完全投入了进来。”

对于库尔特来说，就像许多顶尖销售人员一样，最重要的参考指标是参与程度：

- 和我打交道的这个人是否和我付出的一样多？
- 当我付出的时候，这位利益相关者是否报以桃李？
- 当我寻求一个小的符合情理的承诺时，他是否接受，还是会提出其他选择？

- 当我们就承诺达成一致的时候，他是否会守信?
- 在销售过程中，他是否也投入了时间和精力?

“时间是我最宝贵的财富，”库尔特解释道，“如果我的利益相关者不像珍惜他自己的时间那样珍惜我的时间，我会走开。”

库尔特对安迪的参与程度进行了测试，方法就是要他做出微小的承诺——这意味着向前迈进一小步。安迪同意并履行了这些承诺。库尔特的努力没有白白浪费。“他是真诚的，他的行为让我相信他确实会为实现彼此之间关于云计算安全产品的合作而投入精力。他和我一起努力，让事情一直有进展，一步一步向前推进。”

因为库尔特不断地测试参与程度，并不断获得微小的承诺，每一步都有助于提高胜率，最终的结果就是水到渠成的。这场胜利让库尔特获得了启动新产品所需的动力，并建立了一个销售团队，将他的软件带给更多的公司。

参与程度测试

我们在前一章中了解到，我们应该专注于自己目标区域中的那些潜在客户——看一看谁最符合理想的高期望值的潜在客户的标准。不过如果一个潜在客户仅仅在技术方面符合资质认定的标准，这也并不意味着这个潜在客户就能为销售人员带来很高的胜率。

是的，也许这个潜在客户的交易量很大，购买窗口是开放的，可能有预算，而且与我们的产品有很好的契合度，甚至产品需求很紧急。尽管如此，如果关键的利益相关者和买家不愿意参与，那么你们的交易也将毫无进展。

顶尖销售人员不断地进行测试，就是为了能够确认利益相关者是否参与了进来。参与程度测试主要有以下三个目的。

第一，它是一个帮助你获得对现实的客观认识的指南。这种认识对于管理破坏性情绪至关重要。当你在评估你的销售渠道中所有机遇的胜率时，这种认识对于管理破坏性情绪就显得至关重要。这些破坏性情绪包括依赖感、乐观主义偏见和陷入沉没成本误区。

第二，它能帮助你衡量交易的胜率，这样你就可以拿出你的行动和时间，做出更好的战略决策。

第三，在获得微小承诺的同时，也增加了获胜的可能性，因为小的承诺会促使利益相关者做出巨大的承诺。

参与程度是非常复杂的。它可以是情感上的，可以是无形的，可以是个体的，也可以是一个移动的目标。让利益相关者参与进来，并且让他们持续参与，以及测试并衡量他们的参与程度，这都需要有同理心、自我意识及自我控制，所有这些都是销售情商的要素。

当顶尖销售人员意识到对方没有参与的时候，他们会后退一步，重新评估战略，重新与利益相关者进行接触，或者干脆退出交易。两种测试方法如下：

（1）打情感牌。

（2）寻求微小承诺。

打情感牌

在销售对话中，要密切关注对方的情绪，观察他们如何回答你的问题。他们的回答是完整的、详尽的，还是简短的、有删减的？

注意他们的肢体语言、语音语调和眼神交流。认真倾听，用直觉感受情感方面的暗示。他们是在隐藏情感和信息，还是以公开、诚实和一目了然的态度示人？

在销售对话中，顶尖销售人员的同理心的“天线”一直耸立着。无论是对于客观方面还是直觉方面，他们用心观察、认真倾听，目的就是验证情感的参与程度和参与的过程。

在最初与利益相关者进行对话的时候，在你们之间通常会有一种情感上的隔阂之墙，这是自然的。然而，在第一次谈话和随后的谈话中，隔阂之墙应该逐渐降低。如果没有降低，你必须做一个诚实的评估：

- 你是否做过一些妨碍情感联系的事情？
- 你是否需要改变你的沟通方式？
- 你正在做和正在说的一些事情是否会导致别人对你产生不信任感？

- 你是否说得太多，听得太少？

如果你的风格、行为或破坏性情绪正在妨碍你，那就退后一步，调整一下。在某些情况下，如果你不能灵活地调整你的沟通风格从而与利益相关者协调一致，那么让另一个人代替你出面来跟利益相关者打交道，也是可行的。在过去，我曾多次利用这种策略来保证交易顺利进行。

如果利益相关者仍然没有参与其中，那么你就有三个选择。

削弱利益相关者的影响

如果这是一个复杂的、长期的交易，并且有数量众多的利益相关者群体，那么你可以通过与群体中的其他成员建立情感联系和联盟，来削弱未参与的利益相关者的影响力。

利用欲擒故纵战术

如果利益相关者有购买决策权，或者可以对交易的结果施加很大影响，那么利用欲擒故纵战术可能会破坏他们的立场，并将他们拉向你。

“我感觉我所说的好像没有引起你的关注。我最不想做的就是浪费你我的时间。我是不是可以做一些其他的事情来挽回一下？或者我们应该握手，然后就此分道扬镳？”

大多数销售人员都不敢直接挑战潜在客户。“如果我冒犯他们怎么办？”“如果他们说不想继续推进了怎么办？”如果！如果！还是如果！难道你忘了，恐惧、不安全感和依赖感等这些破坏性情绪将会蒙蔽事物的客观性。

以下是顶尖销售人员所知道的：如果一个具有高度影响力或购买决策权的利益相关者没有在情感上投入，那么胜率就会直线下降。你可以选择：要么把你的时间浪费在一个低胜率的交易上，因为你对自己的时间不够重视，从而无法有效地管理自己的破坏性情绪；要么勇于面对真相，这时你就会很清楚你的立场，然后以胜率为目标，客观地决定你的下一步行动。

因为人的本性就是非常渴望得到自己不能拥有的东西，所以销售中最有力的策略就是欲擒故纵。通过情感上的疏远，不再亦步亦趋跟在后面，表示自愿走开，往往这样反倒会破坏利益相关者的冷漠，他们会把你拉回来，给你带来更多的好处，也就是说到此脚本会被翻转，他们会开始“追逐”你。

走开

在某些情况下，走开是有意义的。如果这笔交易规模很小，或者远远低于你心中对于潜在客户的标准，那么你就没有理由坚持下去了。如果你有一个完整的销售渠道，有不少交易正在进行中，几乎没有时间玩这个游戏，那么现在是一个收拾收拾准备回家的好时机。如果利益相关者不仅不参与，还很不友好或不礼貌，你最好的行动就是放弃他，继续打电话，找到更好的机会。

寻求微小承诺

在与利益相关者的每一次对话中，顶尖销售人员都要求做出微小的承诺。微小的承诺包括：下一个会议的安排，与另一个利益相关者接触的机会，数据和信息，发票，合同副本，竞争对手的抵押品，生产场地参观的早餐、午餐、晚餐、咖啡，或者任何要求他们同意并履行承诺的事情，等等。

三个承诺

从本质上说，我们通常要求利益相关者在交易和购买过程中做出三个承诺。

（1）时间方面。销售中最难的问题是时间安排。在最开始的几次会面，大多数人不情愿牺牲他们的时间与你见面。当对方同意与你见面时，这是一个很好的迹象，说明他们感兴趣，愿意参与其中。

（2）情感方面。我们要求利益相关者回答我们的问题；我们要求他们对我们推荐的解决方案和我们的产品和服务做出情感上的承诺；我们要求跟他们进行情感上的联络。当利益相关者积极参与并降低他们的情感隔阂之墙时，这也是一种参与的迹象。

（3）行动方面。我们需要买家给我们提供信息和数据，进行必要的介绍，带我们参观工厂，进行试用和演示，签订合同，给我们报酬，并实施解决方案。当利益相关者愿意采取行动并与你的努力相得益彰时，这是一个明确的参与的迹象。

利用价值偏差和一致性原则

通过利用利益相关者的微小承诺来激活认知价值偏差和做人一致性原则，顶尖销售人员大大提高了胜率。

人们都看重为之付出巨大代价的东西。无论是财富、努力、时间还是情感，当你为某物付出高昂的代价时，它对你的意义就更大。当人们无偿得到一些东西或几乎没费什么力气得到一些东西时，人们赋予这个东西的价值就会很少——不管这个东西对另一个人多么有价值，你对它的感情也没有那么多。这也是为什么越稀缺的东西越被人们赋予高的价值，因为它们比别的东西稀少（稀缺效应）。

同样，人类有强大的潜意识做驱动去采取行动，去为人处世，做出与他们的价值观和信念一致的决定，否则就会引发痛苦的认知失调。每次当一个利益相关者做出并信守一个微小承诺时，他们就必须改变他们的价值观和信仰体系，以便与这个承诺相一致，从而减少认知失调。

微小承诺是漫长的购买之旅的一小步。每一步都使下一步更容易，每一个承诺都让付出的代价变得更大、更难回头。

在每个微小承诺、时间投资和小的努力的作用下，利益相关者被迫与他们的承诺保持一致，与你的情感联系越来越紧密，在购买之旅上投入的价值不断增加，责任感也越来越强，也越来越愿意让自己的努力开花结果。

为情绪所困

我们很容易就会陷入一段时间的急切的期望中——特别是当潜在客户让你觉得销售迫在眉睫的时候。在销售过程中，你成为潜在客户的傀儡和可以忽略的部分。渴望是一种破坏性情绪，它会让你变得急躁，蒙蔽你的态势感知力，导致你误判获胜的可能性。

最近，一家重型设备公司联系了我的一位销售代表，让我在他们的年度销售会议上发表主题演讲。可以说兰迪的表现符合很多潜在客户应有的积极要素——他很感兴趣，很乐观，并且渴望和我见面。我的销售代表确信这是一笔可以做成的交易。在会面之前，兰迪和他的老板提姆提出的唯一要求，是想和我单独进行几分钟的交流。

和兰迪、提姆打了电话之后，我就感觉出来，很明显兰迪是一个有影响力的人，不过决定权还是在他的老板提姆的手中。我问了很多问题，都是关于最终交易的，以及他们想要达到的目标，等等。兰迪回答了很长时间的问题，但他的老板只是寥寥数语。我感觉要出问题了。

于是，我问了提姆一个直接的问题："提姆，我感觉你好像对我要进行的主旨发言有自己的看法，我还需要补充什么东西吗？"

第一次参与程度测试：我的问题是为了让他敞开心扉，让他能直言相告。

他坦言道，前年他们也从外面邀请了演讲者，但是表现不佳。这位演讲者的讲话说明他并没有真正了解他们，只是在那里泛泛而谈。有了那次经历以后，提姆就不太热心于从外边邀请演讲者了。

测试结果：他说的是实话。我感觉到他把上一次购买体验中负面的情感包袱带到了这次的谈话中。如果我不能把这个包袱最小化，那就不会有任何交易。由此我知道了邀请我不是提姆的主意。销售主管兰迪，从他的第一个电话开始，就一直敦促着提姆邀请我。说实话，如果这不是提姆的主意，那交易基本是没什么希望的。

提姆对去年的演讲者又抱怨了几分钟，然后要求我给他发送有关我的一些信息。

第二次参与程度测试："提姆，据我所知，在你对我的团队建立信任之前，你还有一些问题需要回答。要不我们先把这些问题解决了？我很快会把一些我的客户的资料给你发过去。你可以打电话给这些客户，询问他们关于我的任何事情。然后我们再一起谈谈，之后再决定我们之间要不要再往前推进一步。下周五的同一时间怎么样？"

测试结果：为了测试他的参与程度，我要求他做出两个微小的承诺：①同意给我们的客户打电话；②承诺下一个步骤。他同意给这些人打电话，虽然回答得并不是很热情。而且他不同意在星期五与我会面，而是把这一问题推给了兰迪，后者欣然同意了这次会面。从这一点上来看，获胜的可能性已经从 100%降低到了不足 50%。

最后的参与程度测试：我挂了电话，立即给提姆联系了我的两个客户。下一个考验是他是否愿意和我一起努力推进交易了。

线索一：没有回复我的电子邮件。

线索二：一天后，我打电话给我的客户，想知道提姆或兰迪是否联系他们了，对方回答说没有。又过了两天，还没有联系他们。

我的结论：既然不参与，也没有打算参与，就不值得把自己的时间浪费在这笔交易上了。我给安迪和提姆发了一个消息，取消了星期五的会议。

后记：结果两周后，兰迪打来电话，想知道我是否还有时间。显然，提姆已经回心转意了。我没有花时间去追着他们到处跑，也没有时间去担心这件事。最后他们自愿回过头来找我。不过既然是他们主动找我的，就要按照我的规矩来。首先我们不能按照原来的日期碰面了，他们同意更改会议日期以配合我的日程安排。这种情况经常发生，当你毅然走开的时候，潜在客户反倒可能会回来找你了。

要求并得到微小承诺，不断地往下一个步骤推进，可以加速销售渠道的更新速度。努力向前推进的动力越强，交易的胜率也就越高，停滞的可能性就越小。

在每次打电话和面对面的谈话中，你都应该测试对方的参与程度。如果对方没有参与，你的交易就是“死路一条”。有时很快，有时略慢。但是死亡是毋庸置疑的。

如果利益相关者能够做出承诺并且遵守承诺，那么就可以推断出，他们也会真心参与到整个交易过程中。然而，参与并不总是可以量化的。在纯粹的情感层面上，所谓的参与就需要你去感知和感觉了，甚至要靠直觉去了解。这是人类的特点。你可以通过自己的内心去感受它。做到这一点，你只需保持自己意识的清醒即可。

你会经常发现，顶尖销售人员总是满载而归。每次只要利益相关者同意一件小事情，例如，做出一个承诺，同意一个改变、一个想法，展现一个有希望的合作前景，或者给出一个建议，顶尖销售人员都会将其视为一个进步，并牢牢抓住它们。

在面对变化时，利益相关者临阵退缩（是的，他们经常这样做），顶尖销售人员就会打破原有的部署，帮助利益相关者摆脱对变化的恐惧，并对下一步做出承诺。

14

停滞的交易和后续步骤

无论谁想要达到一个遥远的目标，都必须采取小步骤。

——索尔·贝娄

我：那么下一步是什么呢？（我指的是他销售渠道报告中的第 11 笔交易，我们之前讨论过的所有可能性，他都没有跟进。）

销售人员：是这样，我下周再给她打电话。

我：你们的会面是哪一天？几点？

销售人员：她当时只是说让我给她打一个电话。

我：你的意思是说“找时间打电话”这样的客套话？这怎么能算下一步呢？

销售人员：不过她看上去确实想要得到一个解决方案。

我：好吧，让我们实话实说。在你的销售渠道中的 17 笔交易中，有多少交易的会议正式提上了日程？

销售人员：大概有三笔。

我：（疑惑地回过头来看着他。）

销售人员：看来你并没有理解，事情不应该是那样的。

我：那应该是什么样子？

销售人员：在我们这个行业，人们是不需要通过开会来敲定事情的。

我：例如？

销售人员：在行业里，人们不会召开会议。

我：真的吗？这很有趣。你的意思是在今天下午我们的电话会议之后，你会再安排一个后续会议来演示你的方案？知道吗，100%的人会说他们要去忙别的，因为他们没有时间和兴趣。

销售人员：我不是那个意思，只是交易非常困难。

我：好吧，我问你一个问题，请诚实地回答我。等你安排好下一个会议的时候，交易的成功率有多高？

销售人员：我想会非常高。

我：那么如果他们不安排下一步的行动呢？

销售人员：实话实说吗？

我：是的。

销售人员：我会打很多后续的电话，但事实上，通常都不会收到他们的任何消息。

这位销售人员的渠道更新速度比蜗牛还慢。几个月以来，他渠道中的潜在客户都处于停滞不前的状态，他还没完没了地打电话，不知道下一步该怎么做。

销售组织的祸根

停滞的交易困扰着销售行业，堵塞了渠道，破坏了预测，并导致了数不清的挫折。从首席执行官到前线销售代表，每个人似乎都在寻找启动交易的方法。当然，公司上上下下每个人都想缩短销售周期，加快渠道的更新速度。

当别人邀请我跟他们的销售团队合作的时候，我发现存在两个最普遍的问题，正是这两个问题拖了整个销售团队的后腿。一个是潜在客户资源问题（销售渠道中潜在客户资源不够充足），另一个是销售渠道过于拥挤的问题（没能及时有效地把某些客户资源从销售渠道中清理出去）。

渠道堵塞的根本原因几乎都是相同的：销售人员不能坚持，也没有得到往下一步推进的承诺。

当然，有时交易停滞不前，是因为销售人员无法越过对方公司中话语权比较低的人。他们要么本身就不愿意去找级别更高的决策者，要么害怕一旦越过话语权比较低的人，有对人际关系可能造成伤害的风险。

有时候交易停滞，是因为一开始就没有交易，销售人员在客户资质认定这个工作上做得太差。

在其他情况下，即使你做的一切都是正确的，交易也会停滞不前。在销售行业，这太常见了，你不可能横扫一切。

导致交易停滞的 90%以上的原因是未能及时提出承诺的要求并采取下一步行动。在这一过程中，得到微小承诺不仅能衡量潜在客户的参与度，还会让你的交易稳步前进。

销售对话的基本规则

几个月前，我和我的一位客户的销售代表肯一起骑车。那天我们在给一个潜在客户打完电话以后，我问了以下两个问题：

（1）你觉得那个电话有什么效果吗？

（2）那个电话实现了你的目标吗？

“我觉得一切都很顺利。潜在客户很高兴见到我们，他似乎对与我们做交易感兴趣。我认为这是一个很好的结果，因为我花了将近两个月的时间才让他和我见面。”

“下一步打算怎么办？”我又问道（其实我心里知道答案）。

肯低头看了看他的会议记录。“是这样，我打算回头把这些东西整理一下。因为那个潜在客户说一两周以后让我再打给他。然后，我们安排一次会议，一起看一看我们的提议。”

“肯，当你在现场就坐在他们面前的时候，你为什么不把下一次碰面的时间确定下来呢？”

“我不想看上去那么急迫。”

“容易跟这个人联系上吗？”

“不容易，因为他基本上不在办公室。但是当他告诉我给他打电话的时候，我相信他会接我的电话的。”

我唯一能做的就是摇头。一个月后，我联系了肯，询问了有关这个潜在客户的情况。他告诉我，他无法安排会议来跟潜在客户讨论他的提议。“我只是不明白——他看上去确实很感兴趣啊。我一直在留言，但他一直没有回复我的电话。”肯说。

关于销售会议，顶尖销售人员都会遵循一个简单的规则：不管是通过电话会谈还是面对面会谈，如果不把下一步敲定，就决不结束交谈。绝不！

在这里我需要澄清的是，那些“下周我给你打电话”或“等你有时间了给我打电话”的措辞都不属于确定的下一步行动。

所谓“确定的下一步”，是你和你的利益相关者共同承诺做出行动，以及确定一个明确的日期。在这一天，你们要么通过电话，要么亲自会面，来重新审视一些环节。最后，这个日期必须明确地写在你和利益相关者的日程安排上。如果你把开展下一步寄托于希望和祈祷，那么你的交易就会停滞不前。

现在的客户都非常繁忙。当你离开或者挂断电话的时候，他们很快就把你忘掉了，继而把注意力转移到下一个紧迫的问题上。如果你当场没有把下次见面的日期明确地排进他们的日程安排中，那么到时候再去要求就非常困难了。

有时候可能是因为销售电话打得太成功了，销售人员沉浸在兴奋当中，忘了要求下一次会面的安排。相信我，我曾经那样做过。避免这种情况出现的关键是养成一种习惯性的打电话的程序，它能帮助你记住每一次电话结束时，不要忘了要求下一步行动的承诺。

一些销售人员，如肯，错误地认为在确定下一步时表现出坚定、自信的态度会显得粗鲁或咄咄逼人。我向你保证，不会。相反，它会让你看起来很专业，也很有条理。你的潜在客户将会尊重你对细节的关注，而且在制订下一步计划的时候，你表现出对他们的时间的足够重视，他们会很感激，从而让整个环节顺利继续下去。

普通销售人员都不敢要求去做演示、参观工厂，跳过他人去找决策者，向对方请求获得建立商业案例的数据，敲定下一次会议，甚至催促签单。每一次和客户互动，这种提要求的恐惧都会挥之不去，以致当潜在客户不再回电话、没有任何交易的时候，他们还在为此不断地找借口。

相信我，一条销售渠道停滞不前，没完没了地给没有诚意的潜在客户打电话，在上级面前不断地找借口……相比较潜在客户直截了当地说“不”而言，这些才是真正的痛苦。重要的是，你要明白作为一名专业销售人员，你的工作是主动推动交易往下一步走，你永远不应该期望你的潜在客户为你这样做。

为了获得超高的业绩，你必须承受被拒绝的风险，这需要勇气。勇气就像肌肉，必须经常锻炼才能发展壮大。一旦开始勇于承担小的风险，你就会发现你对拒绝的恐惧往往是毫无根据的。你的潜在客户会比你想象中更容易达成下一步的计划。

往下一步推进时遭遇拒绝的应对之策

你必须坚定而自信，一步一步推动你的交易不断前进，哪怕是一个微小承诺、一次会面。这意味着你一定要去提要求并确定下一个步骤。

但是，当你要求下一个步骤时，你可能就会被拒绝。相信我，你的潜在客户有比和你会面好玩得多的事情。坦白来说（这可能让你听起来很难堪），他们宁愿花一下午的时间去做牙根管检查，也不愿花 15 分钟和你在一起。

柔道是一个被译为“温和或屈服的方式”的日语词汇，它是一种专注于在不造成伤害的情况下获胜的武术形式。同样的道理，在下一步请求中，你也希望实现你的目标——在没有战斗或造成伤害的情况下，实现关于时间或信息的承诺。

这里的关键是要敏锐、适应和步伐快速。你需要利用一个简单的转变框架来管理你的情绪，并将你的利益相关者拉向你，让他们更容易地说“是”。

这个转变框架的三个要素如图 14.1 所示。

图 14.1 转变框架的三个要素

就坡下驴之法

正如你所了解到的，遭到拒绝时的急性应激反应是不自觉做出的。“就坡下驴”这个策略的目的是给你的逻辑大脑一毫秒缓冲时间，它需要捕捉并控制由利益相关者拒绝你的下一步请求引起的破坏性情绪，让你重新恢复镇定。

就坡下驴的话包括：

- 那正是我想问的。
- 那就对了。
- 我的很多客户也有同感。
- 那就太好了。
- 为什么会这样呢？
- 针对这种特定情况，我们的很多竞争对手在没有完全理解的情况下都会乐意去那样做。

对于下一步行动的请求，如果你想不断地得到肯定的回答，这些就坡下驴的措辞就需要记住、练习、重复，然后自然而然发自内心地表达出来。当你完美地使用这些措辞的时候，你就再也不用担心该说什么了，因为你完全能控制住自己的情绪。

一句你经常使用的就坡下驴的措辞，可以让你的语音语调、说话风格和流畅的声音听起来轻松、真实、专业。它可以让你的思维专注于你的策略和下一步行动，而不是对由急性应激反应引发的破坏性情绪做出不恰当的反应。

扰乱法

你的潜在客户都习惯了这样：他们希望你和其他的销售人员一样，当他们告诉你“不”的时候，希望你能收拾东西走人，然后过一段时间再说。

扭转利益相关者的这种反应或拒绝，秘诀就在于说这样一番话，打破这种期望，赢得战斗，并把他们拉向你。例如，当他们说他们很忙的时候，你不要说只占用一点点时间之类的话，你说：“我想的确如此。这就是为什么我想找个方便的时间在下周见面，以便不影响你的日程安排。”

同意他们的观点会扰乱和重塑他们的预期模式。

当他们要求你用电子邮件的方式发来提议或定价时，你说：“我的大多数竞争对手都愿意照你说的去做，因为他们不了解你们独特的情况。他们有一个‘盒子’，他们会把他们的客户都装进那个‘盒子’，不管适合不适合。而我们公司则不然，我们会依据你们的尺寸和大小，来为你们量身制作一个‘盒子’。这就是为什么我需要更多地了解你们的情况。”

当他们说“下周给我打电话”时，你说：“天啊，我很想打这个电话，但是我们现在有这么多的新客户，万一到时候忘了，就太失礼啦！我们为什么不安排时间见上一面，这样也能表达我们对你足够的重视呢？”

利用欲擒故纵战术

基思与一位潜在客户进行了初次通话。目前他已进入调研阶段。但他的直觉告诉他，他的利益相关者，那位人力资源副总裁罗伊正在阻碍着事情的发展。通过自己的研究，再加上与其他利益相关者的交谈，基思了解到该公司的福利计划管理过程存在着严重的问题和隐患。

然而，在回答基思的问题时，那位利益相关者认为一切都很好，在基思看来严重的问题，在他那里根本没得到重视。鉴于对话毫无进展，基思使用欲擒故纵战术进行了一场测试，以测试对方的参与程度，看看能不能将利益相关者拉回来。

“好吧，罗伊，根据你跟我说的，我觉得你和你的团队在管理福利计划和员工的登记上表现得非常好，好像没有需要我们帮助的地方。”

说完这句话后，他不吱声了，他心里很清楚将要发生的事。(在使用欲擒故纵战术的时候，重点是你必须表现得冷静。)

几秒钟的沉默之后，罗伊又开口道："不，我们想找个方式让你们和我们一起工作。我们自己做得确实也不错，但有些事情我们需要另一种视角。"

就跟磁铁的原理是一样的，欲擒故纵打破了罗伊对基思的行为进行控制的企图，并试图把他拉回来。

问题：我们最想要的是什么？

回答：我们不能拥有的。

当某件东西从你身边被夺走时，你的注意力就会提高，突然很想把它要回来。因为这个原因，欲擒故纵，哪怕非常微小的一次，也会对你的利益相关者产生很大的吸引力，然后脚本就会翻转，并让你掌控局面。

从本质上说，欲擒故纵是非互补的行为，它让你在对待别人拒绝的时候不是直接怼回去，而是收缩阵地，逼迫他们从他们的模式中出来。

利用稀缺效应

如果某些东西被认为是稀缺或排他的，那么它就被视为更有价值。如果有什么东西是稀缺的，而且另一个人想要它，那么你就会更想得到它。这被称为"稀缺效应"。如果它被运用得当，将有助于让利益相关者同意下一个步骤。

例如，当你设定下一个步骤的时候，如果你说："不管什么东西，只要是最适合你的，我都可以接受。"由此就会增加利益相关者积极回应你的可能性："你为什么不给我打个电话？"

但是如果你说："我下周的日程安排得很满。要不我们先把下一次会议的时间定下来？省得让别人抢占了机会。星期三下午两点半怎么样？"很可能你的利益相关者说那个时间很忙，或者以再商量的借口推托。

让别人想要某样东西的最简单的方法就是让它变得稀缺。人们想要的总是他们不能拥有的。

提出要求

你可能会带来完美的转机，但如果你不再要求承诺，你就得不到你想要的。不要等待你的利益相关者替你做工作。你必须充满自信地询问下一步该怎么办，不需要有任何犹豫或尴尬的停顿。如果不问，你就会失去往下一步推进的机会。

获得下一步承诺的益处是巨大的。要求进行下一步的承诺会让不愿参与的买家暴露。当他们拒绝给你承诺，或者不理会你“有时间给我打个电话”的含糊请求时，你就会清楚地看到，这笔交易不会继续下去。这样你就可以把你的时间花在愿意参与的潜在客户身上了。

不断地往下一步推进会给你动力，而你的利益相关者所做的每一个微小承诺，都会使他们更有分担的精神。随着你的交易不断向前推进，你的交易结束的速度也就越快。通过把你的时间投入与潜在客户的可行交易中，你就可以缩短销售周期，加快渠道的更新速度。

在销售中，永远不要用的四个字

在有些情况下，你可能无法到达下一步。这肯定不是你理想中的模式，但在现实世界中却是这样的。在没有明确地往下一步推进的前提下，你可能还要被迫提供一个建议，或者发送产品规格、价格清单或其他信息。而且你还要继续跟进。可悲的是，大多数后续跟进电话都是失败的，因为它们听起来像这样：

“嘿，贾斯汀，我是肯。我只是想看看你是否读过了我发给你的信息。”

只是看看——这就是你在销售中永远不要用到的四个字。而事实上，它却是销售人员每天都在用的必备用语。

“如果我写这本书抱着‘只是看看’的态度，我敢打赌大家对我下一本书的态度也会是只是看看。”事实上，“只是看看”是一个无用的短语。

它没有带来任何价值，没有让利益相关者参与到真正的对话中去，没有引起曾经将你拒之门外的利益相关者的积极反应，也没有帮助你尽快完成交易。这是一种坏习惯，也是一种被动的跟进方式。

作为一名销售人员，你的当务之急是让你的交易在销售渠道中平稳地进行。这就是为什么“只是看看”（更像一种希望）不是销售策略的主要原因。

你必须明确地说出你想要什么，而且必须是直来直去的。你宁可显得主观也不要显得被动。这是顶尖销售人员的核心特质——勇于说出自己想要的，敢于假定能够得到自己想要的。

而当你说出“只是看看”时，你其实是在被动地、可怜地假设自己会失去交易。

注意！“只是看看”不会销售你的产品或服务，也不会推动交易向前发展。这是一个无用的短语。

抱着“只是看看”的态度会拖延你的交易，阻止你的前进。所以，是时候戒掉这个习惯了。

15

销售过程

你不应该让别人来决定你的销售过程。

——迈克·温伯格

《销售红宝书》和《销售圣经》的作者杰弗里·吉特默是销售领域最多产的作家之一。他的著作卖出了 100 多万册，使他一跃成为销售行业的名人。我曾经与吉特默一起出现在北卡罗来纳州的夏洛特机场。从四面八方涌来的人争着与他握手、拍照。他们甚至还把自己的孩子介绍给这位“销售之王”。

在他的家中有一个令人印象深刻的图书馆，收集了几乎世界上最齐全的销售类书籍。每当我去他那里的时候，我就会不由自主地盯着书架，深迷其中，只想把那些书名全部记住。

在图书馆的中心，被这些书包围着的是吉特默最喜欢的写作椅。他正是坐在这把椅子上，与我就销售过程进行了深入的讨论。

“看看这些书，”吉特默指了指这些林林总总分类摆放的书籍，“关于销售的书太多了，但我可以简化它们。销售是一个完全可预测的过程。遵循这些步骤，你就完成了交易。跳过某些步骤，你就会失败。”

销售是一个过程。我无数次听过也说过类似的话。这句话是销售培训师的口头禅，是无数销售类书籍中的“英雄”和“主角”。随着销售的复杂性和周期长度的增加，它会像变色龙一样，呈现出不同的形式、标签、缩写和层次。

问题的关键是，有的公司在销售过程培训上投入那么多，为什么还有很多销售人员会忽略它，或跳过某些步骤呢?

这是一个线性的、合乎逻辑的过程，当被充分利用时，就能保证有更高的胜率。但是如果被忽略，则没有任何意义。这就是为什么，如果你开车到办公楼的后面，你会发现一排排的销售经理悔恨地用头撞墙。

销售人员未能有效地利用销售过程有四个原因：

（1）破坏性情绪扰乱了销售过程。

（2）即兴发挥。

（3）复杂性是执行的敌人。

（4）销售过程缺失。

破坏性情绪扰乱了销售过程

你不需要我或其他人来告诉你销售过程的步骤和它们的意思。大多数销售人员都很熟悉销售过程，而且他们也都知道销售过程很重要，很清楚跳过某些步骤的后果。

大多数销售公司已经定义并完善了一个简单的、易于执行的销售过程，其步骤与销售周期和产品复杂性相适应。这些销售公司还为销售人员提供与销售过程相关的培训项目。

然而，许多有才华、受过良好教育、训练有素的销售人员在销售过程中总是会崩溃和爆发（回顾一下那种销售经理们用头撞墙的样子）。

问题的根源是这不符合逻辑，而且这也不是培训方面的问题，而是情绪方面的问题。

在销售过程中，销售人员最常见的失败的原因是无法调整和管理破坏性情绪。这些破坏性情绪包括不耐烦、恐惧、绝望、渴望、怀疑、希望、不安全感、自我等，它们阻碍了销售人员对态势的感知，导致他们忽略、跳过，甚至删减销售过程中的步骤。

缺乏自我控制能力是销售过程中销售人员降低胜率乃至失败的最根本原因。他们过于急于求成，失去了控制，高估了获胜的可能性，试图说服潜在客户，而且常常忽略某些步骤。

顶尖销售人员与众多普通销售人员的区别是，他们能够将对线性销售过程的知识理解与特定的销售情商结合起来。

即兴发挥

吉特默是正确的。销售结果是可以预测的，这取决于销售人员如何通过销售过程来利用、执行和推动交易。遵循设计良好的销售过程，有合格的潜在客户且在购买窗口期，你将会完成更多的交易。这既是事实，也是一种保证。

遗憾的是，许多销售人员低估了这一基本事实，并对其进行即兴发挥，用一位表现不佳的销售人员的话来说，就是“我不喜欢受规则约束”。这些销售人员更倾向于自己规划进程，并且想当然地认为他们的方式更好。但是请相信我，不是那样的，那甚至是愚蠢的。

不管客户的复杂性如何，在开始每个销售电话之前，你都需要回答四个基本的关于预先呼叫计划的问题:

（1）你已经知道了什么，包括你拥有哪些在不询问你的潜在客户的前提下找到的信息?

（2）在会面中你想知道或学习什么?

（3）你会面的目标是什么?

（4）你下一步的目标是什么?

在每次与利益相关者会面之前，你都应该询问和回答这些问题。

你已经知道的

安东尼的公司利用招聘评估系统，帮助雇主寻找顶级人才。当安东尼和他的团队在寻求与一家大型家具销售商合作的时候，他们先在该公司的实体店进行了购物。“我们走进商店，体验了整个过程。通过扮演顾客的角色，我们了解了他们的销售过程、招聘人员的类型，以及他们的企业文化。”

安东尼继续说："在我们参加最初的会议时，我们向利益相关者小组解释了我们都做过什么。我们花了很多时间去了解他们，所以给他们留下了很深的印象。你可以感觉到房间里的氛围变化。刚进来的时候，我们被当作推销东西的人。而离开的时候，我们已经被视为合作伙伴。今天，他们已是我们最大的客户之一。"

尽可能提前了解关于公司和你会见的人的一切。利用技术、社交媒体和互联网来收集有关利益相关者及其公司的信息。这有四个好处：

（1）它可以帮助你避免问一些愚蠢的问题，这些问题可能会暴露你缺乏准备。

（2）它可以帮助你设计简单的问题，让你的利益相关者有话可说。

（3）你开始学习说潜在客户的语言。

（4）因为你提供了切实的证据，证明你足够关心，投入了精力去了解他们，这让你的利益相关者感到他们很重要。

通过预先计划和制定策略，顶尖销售人员开发出很多理论和假设，并可以通过提问进行测试。

你想知道的

在整个销售过程中，你的任务是构建一个案例——关于潜在的利益相关者为什么选择你和你的产品的案例。这个案例以调研开始，以调研结束。每次你与一个利益相关者会面，你的目标就是收集相关信息，从而帮助你把难题汇集起来。

在你打电话之前，你必须对你想知道的东西有一个清晰的认识。这就是你打电话的目标。一旦确定了你想要的或需要知道的东西，为了进入下一个步骤，你就要好好设计你在会面中想问的问题，并勤加练习。

会面的目标和下一步的目标

每个销售电话都应该有一个简单易懂的目标，这样你和你的利益相关者就知道你为什么来会面，以及你希望达成什么目标。你的目标应该与你的销售过程保持一致。

同样地，你应该有一个明确定义的、能和销售过程相匹配的既定的下一步目标。在与一个利益相关者进行任何会面之前，询问并回答以下两个问题：

（1）我的目标是什么？

（2）我的下一步目标是什么？

如果你不能肯定地回答这些问题，你就会即兴发挥，并浪费他们的时间，那你空手而归的可能性将会很高。

复杂性是执行的敌人

有时候，销售公司在销售过程中无意中制造了复杂性，把本应简单的事情复杂化了。这有两个主要原因。

（1）领导团队（或更糟的是，一个庞大的委员会）将这个过程分成了很多步骤——通常是为了管理和测量客户关系管理系统中的第 n 个级别的渠道。在寻找数据的过程中，他们不知不觉地阻碍了自己的销售公司，束缚了销售人员的手脚，浪费了本应花在高价值销售行为上的时间。

（2）销售公司为了做到独树一帜，为销售环节创造了很多复杂的“商业语言”标签，这些步骤对普通人来说没有任何意义。

最近，为了一个主旨发言，我采访了一位销售代表，请他谈一下他所在公司的销售过程。这家公司在销售培训方面投入了大量的资金，并且对其独特的销售过程感到非常自豪。然而，当我让这位销售人员理一遍所有的步骤时，他却对我说：“等一下，我想会议室里有一张海报，上面印着所有的步骤。”

你认为这个销售代表在销售中有效地执行这些步骤的可能性有多大？复杂性只会让销售人员更手足无措。

有些人觉得有必要从简单性中创造出复杂性，因为他们相信这会让他们看起来更聪明。他们不能接受太简单的工作。

把简单的事情复杂化比把复杂的事情简单化要容易得多。史蒂夫·乔布斯曾说过：“简单比复杂更难，你必须努力工作才能让你的思路清晰，从而变繁为简。一切努力最终都是值得的，因为一旦做到了这一步，你就可以创造奇迹。”

复杂性是执行的敌人，把复杂的事情简单化才是天才。

销售过程缺失

公平地说，还有另一群销售人员，他们从来就没有被教导要遵循既定的销售过程，或者压根就没有销售过程。这个问题主要出自想要自由的销售人员、独立的经营者，以及那些从一开始就缺乏有效销售培训、基础设施简陋的初创公司的销售人员。

有一个基本的七步销售法（见图 15.1），适用于几乎所有的销售情况、产品、服务和行业。虽然可能会有不同的子步骤或名字，但是从我与一些最大、最成功的销售组织的合作经验中可以发现，他们的销售过程都是建立在这个七步销售法基础之上的。

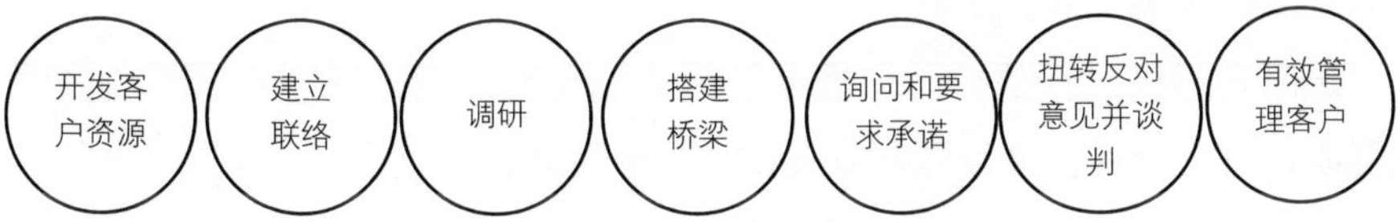

图 15.1　七步销售法

开发客户资源

每个销售过程都是从顶级销售开发活动开始的。顶尖销售人员是狂热的客户资源开发者，一旦有购买窗口打开的情况，他们就会果断地、系统地参与其中，并将最有资格的高胜率潜在客户转移到自己的销售渠道中。

有效开发客户资源的关键是做好平衡，利用多个开发渠道，包括电话、电子邮件、社交平台、面对面、网络和中介等，以便在合适的时间根据正确的信息联系到潜在客户。

建立联络

在大多数销售培训计划和销售过程中，这一步骤被称为“建立融洽关系”。这一步骤主要侧重于与参与购买过程的各个利益相关者建立情感联系。

在销售过程的背景下，连接步骤通常是指与利益相关者的初次会面。你的重点是减少情绪障碍，设定议事议程，沟通销售和购买过程，获得主动权，认定客户资质。

连接步骤意味着你和你的利益相关者共同决定往下一步推进是否有意义，并在销售和购买过程中投入时间。

如果你已经激发了利益相关者足够的兴趣并建立了足够的信誉，迫使利益相关者和你一样投入相同的时间，那么利益相关者就会主动想要往下一步推进。如果你觉得自己的胜率足够高，为下一步和更多的时间和资源投入做好了准备，那么你也会想要向下一步推进。

调研

调研其实就是构建案例的过程。它主要是关于提出问题和倾听答案的，通常被称为事实调研或需求分析。调研是销售过程中最重要的一环，80%或更多的时间都应该花在这上面。

调研是销售过程的核心。根据交易的复杂性，调研可能只需要几分钟，也可能跨越几个月，并且要与众多的利益相关者进行会谈。

在调研的过程中，顶尖销售人员有耐心、有策略，他们有条不紊地用强有力的问题来构建他们的案例，而这些问题会把利益相关者从安乐窝中揪出来。顶尖销售人员利用战略的、巧妙的和富有挑战性的问题，让利益相关者有了自我意识，产生变革的需要。

除了首先把正确的交易放在销售渠道中之外，你在销售过程中所做的任何事情都不如有效的调研更有影响力。

搭建桥梁

为了构建一个绝对可靠的案例，你必须建一座桥梁。这个桥梁可以把你的投入、建议、解决方案和利益相关者的苦恼、问题和机遇关联起来（也称桥接）。

在销售对话（包括演示）的背景下，非正式的桥梁给你的潜在客户提供了一个令人信服的理由来向下一步推进。当交易完成时，桥接是通过一个正式的演示或提议来完成的。在大多数销售过程中，这称为展示。

顶尖销售人员通过使用利益相关者的语言，而不是他们自己的语言，来创建个性化的解决方案，并把解决方案和利益相关者的问题桥接起来，这就是他们的与众不同之处。

询问和要求承诺

询问是销售的核心原则。如果你不问，你就不会得到想要的信息。我很喜欢问问题，因为问的都是自己想要知道的，这才是关键。

在销售过程中，你会要求对方做出微小承诺。正是这些微小承诺在一步一步推动着你的交易向前进，一旦你完成了最后的步骤，就可以提出交易了。

这里没有任何技巧。顶尖销售人员发现询问很容易，因为他们已经获得了询问的权利。

因为他们系统地跟踪销售过程，与利益相关者建立情感联系，提出问题并倾听回答，建立相关的桥梁，从而增加了胜率，所以他们对获得肯定的回答有很大的信心。

情境感知和情感控制是一门艺术，即知道何时该问、如何提问、问什么，以及何时获得询问的权利。

扭转反对意见并谈判

利益相关者将会用反对的声音反击你，他们的目的是谈判。即使在万事俱备的情况下，你也会遇到一些有挑战性的问题，需要想方设法找到双赢的方案。

普通销售人员屈服于破坏性情绪，这通常是在第一次遇到障碍的时候。他们首先想到的是提供折扣，而不是谈判。他们不会主动消除反对意见，而是默许并黯然离场。

顶尖销售人员能接受反对意见，也不惧怕谈判。因为他们认为，当一个利益相关者提出异议或谈判的要求时，他就已经参与其中了。利益相关者的参与程度越高，胜率也就越高。

有效管理客户

根据你的销售角色的职责，你可能参与到产品或服务的交付或实施中，也可能参与到增加和管理客户中。

完美的执行是获得好的客户评价的关键，好的客户评价能提高你的可信度和推荐度，而这些往往能吸引质量最好的潜在客户。

有效的客户管理是维持企业运转和利润增长的关键。

普通销售人员基本上都是自己承担了全部的责任，然后陷入了实施客户管理的细枝末节中，使自己几乎没有时间进行销售。顶尖销售人员利用他们的团队来支持自己并服务他们的客户。因此，他们会有更多的时间来关注那些可以增加收入的高价值活动。

协调销售的三个过程

仅仅掌握销售过程，忽视如何去定义和实践它，对想要表现出超高水准是不够的。只在智力上和情感上掌握销售过程的销售人员仍然可能会失败。这是因为他们深陷销售过程中而变得目光短浅，忽略了站在更宏观的角度去观察——协调销售的三个过程，如表 15.1 所示。

表 15.1　协调销售的三个过程

销售过程	购买过程	决策过程
你定义的销售过程	你的潜在客户定义的购买过程	利益相关者的决策过程
线性的 组织的 基于标准的 不可更改的 受破坏性情绪影响的	正式的或非正式的 线性的 组织的 独特的 用策略来衡量和打造目标的	情绪化的 非线性的 个人的 非理性的 通过人际交往影响的

当这些过程一致时，那真是太幸运了。不过，它们几乎从来不会一致。因为销售人员的注意力受培训者的影响，几乎无一例外地集中在他们自己设计的销售过程中，推动潜在客户从一个环节到另一个环节（在最糟糕的情况下，可能是操纵）。

顶尖销售人员能看到销售过程之外的更大的蓝图，并且能够专注于协调销售的三个过程。这是提高胜率并使销售结果可预测的真正秘诀。

16

购买过程

我开始了解到，我最初的投资更多的是关于个人和我要购买的产品。

——戴蒙德·约翰

大多数大公司都有一个正式的、明确的购买过程。较小的公司也至少有一个非正式的购买过程。购买过程通常是一种制约和平衡，以确保公司的利益相关者能够用公司的钱做出正确的决定。

在通常情况下，销售过程越复杂，购买过程就越正式和明确。在低复杂度、低风险和短周期的交易中，购买过程通常是一个人（可能是公司的所有者）做出的简单的“买”或“不买”的决定，也可能是一个类似“在我们做任何事情之前，我必须回家跟我老婆请示”这样的借口。

购买过程的制定

在进行长周期且复杂的交易时，你必须了解你的潜在客户的购买过程。你需要了解相关的步骤、利益相关者的期望，以及完成这些步骤所需的时间。你还需要划定哪些是利益相关者、他们在公司中的角色，以及他们对购买过程中每个步骤的影响。

敲定并绘制购买过程并不容易，也没有规律可循。

- 利益相关者可能会模糊这个过程，因为他们觉得这样做会给他们带来谈判的优势。
- 有时，利益相关者无法获取更大的远景，你可能只发现了整个环节中的部分孤立的碎片，而忽略了某些重要的步骤。
- 在其他情况下，利益相关者很难带着你熟悉他们的购买过程，因为他们压根就不认为这是一个过程。

但是，你还得询问这个过程，并且不断询问。这是资质认定的基础部分。一旦你了解了你的潜在客户是如何购买的，你就会不辞辛苦地去调整他们的购买过程，以便和你的销售过程保持一致。

不能同步的危险

当我担任早期儿童教育公司 La Petite 学院的客户副总裁时，除了现有的客户外，销售团队在五年多的时间里都没有找到新客户了。如果这还不够令人震惊的话，公司还有一个投标柜，里面堆满了报价邀请书（Request for Proposal，RFP），而且每个月还会有新的加进来。

现场儿童看护是一项复杂的销售项目。在一家公司的园区内安装一套现场儿童看护设施，这可能会给该潜在客户带来巨大的风险，也会给供应商带来很大的风险。因为销售周期很长，成本也有数百万美元之巨。购买过程涉及调查和研究、员工委员会、RFP、实地考察、对供应商的审查、风险评估，以及官员的批准，有时甚至是董事会的级别。

La Petite 学院为政府及其他很多雇主运营现场设施。它不但有良好的声誉，以及设计、开发和管理儿童早期教育项目的能力，而且信誉也不错，工作人员能够提供各种各样的课程。然而，在每笔交易中，公司销售团队都被竞争对手击败了。

我们的首席执行官很沮丧，因为董事会向他提出了一些尖锐的问题。为了能够尽快解决这些问题，我被推到了风口浪尖上。

我花了几乎一个月的时间来分析过去两年间提交的提案，一切似乎都合乎规矩，但有些事情一直困扰着我——我们在五年的经营时间里输掉了所有的投标，这是没有道理的。然后，最终的结果就是一份新的 RFP 又被锁进了投标柜。当我认真观察了从开始到结束的整个过程后，我们为什么会失去每笔交易的答案就变得显而易见。

关于现场儿童看护设施的 RFP 很厚，有大约 10~15 厘米。它们是复杂而烦琐的，需要一个团队来完成。这个过程需要几个星期的时间，需要耗费大量的精力来解读各种文件。在我们的案例中，这是对资源的严重浪费。

针对销售团队的第一个问题：“你事先知道会接到这个 RFP 吗？”

回答：“事先不知道，大部分 RFP 都是在事先没有联系的情况下发给我们的。偶尔会接到一个电话，想要我们的联系方式，然后我们就提供给他们。”

下一个问题：“有人和潜在客户联系吗？”

回答：（支支吾吾）

下一个问题：“谁在和潜在客户联系？关系建立了吗？”

回答：（支支吾吾）

下一个问题：“你们为什么不和潜在客户联系？”

回答：“这些 RFP 几乎总是明确地告诉我们，他们不会与任何人联系。在 RFP 中通常会指定一个人，我们可以通过电子邮件发送问题。”

我有点不相信：“也就是说，你们跟谁也不联系，就是把工作做了，提交 RFP，然后就等着？”

回答：“除非在提交 RFP 后他们邀请我们，否则我们不会跟潜在客户主动联系。”

我：“潜在客户主动邀请你们的频率有多高？”

回答：“大概一年一两次。”

我自言自语：“天呐，我真想用脑袋去撞墙了！”

潜在客户通过正式的 RFP 来审查他们的购买过程，我们这样做已经成为他们的傀儡。通过对 RFP 的回应，我们帮助对方的采购委员会（几乎都是由那些“奶爸、奶妈”和人力资源部门的人组成的利益相关者）做了尽职调查并构建了他们的案例。

我们对 RFP 的回应，充其量就是把他们的表格填满，然后他们选择的依然是合作了很久的供应商。而我们通过 RFP 为他们提供了免费的咨询和资源，但赢得这笔交易的可能性基本上为零。说实话，去街角的便利商店买彩票中奖的概率都比这个大。

所以，可以这么断言：RFP 在定稿之前，对方只是随机地发给我们。如果我们做得好，潜在客户就利用我们的建议去跟他们的长期供应商讨价还价。长期供应商再利用我们的建议，完善他们自己的 RFP。这实际上就等于我们间接地帮助了我们的竞争对手，甚至把决定性的竞争优势拱手让给了他们。

因为我们的竞争对手在 RFP 发布之前就开始了他们的销售过程，所以他们有充足的时间和潜在客户建立关系，并将销售过程调整到与购买过程相一致。

可以说，潜在客户的购买过程早就开始了，我们才刚刚开始自己的销售过程，我们属于半道才上车。这实际上意味着我们被迫跳过建立关系和调研等步骤，把自己置身于一个决定性的劣势中。

我们没有同潜在客户建立关系，没有洞察力，也没有潜在客户资质的任何信息（我们甚至不知道对方是否值得我们提交 RFP）。我们对复杂的、高风险的交易，以及背后一大群利益相关者，没有任何影响力。是的，我们就像机器人那样，为了做 RFP 而做 RFP，从而浪费了大量宝贵的资源。

普通销售人员之舞

我知道大多数的销售人员事实上并没有得到 RFP 的机会。许多人都是在游戏后期被拉进了潜在客户的购买过程中，并被告知去“跳舞”。于是，普通销售人员就去“跳舞”。

他们仓促地投入到这些交易中，又仓促地提出建议，在缺乏信息的情况下提出解决方案，在没有完全理解整个交易之前面对挑战，对其他利益相关者的影响又视而不见，在没有获得权利的情况下随便提出要求。因为购买过程和销售过程的不同步，他们只能跳过步骤，任由破坏性情绪控制他们的行为，把情境意识抛到脑后。在这个过程中，胜率直线下降。

这种模式导致的结果基本上没有好的。交易停滞不前，资源被浪费在低胜率交易上。销售人员之所以感到沮丧，是因为他们把时间都花在了永远不会成功的交易上。因为销售渠道的不可预测性，领导者也很沮丧。而利益相关者则很愤怒，因为在和普通销售人员的浅薄、低价值的谈话中，他们浪费了时间。

这里面唯一的赢家是顶尖销售人员，因为他们一手打造的购买过程，既能配合他们的销售过程，又能扰乱他们竞争对手的销售过程。

打造购买过程

在 La Petite 学院的时候，我很快就做出了改变。我们将不再回复并提交 RFP，除非我们能优先获得该公司首席执行官的接见。我明确表示，这种耗费三周的时间和大量的公司资源在没有任何希望的 RFP 上的事情，以后一定要停止。

填写 RFP 并不是一种成就，我们需要达成交易。要做到这一点，我们必须提高胜率。

和公司首席执行官会面这一举动如何就能改变游戏规则呢？首先，在一家公司里，能够决定花 2 000 万美元在现场儿童看护设施上的人只有首席执行官。如果公司同意让我们与首席执行官会面，我们会这样做：

- 了解他们是不是认真的，然后就知道 RFP 值不值得我们花费时间去做（参与程度测试）。
- 获得划定利益相关者范围的洞察力。
- 将购买过程放缓，并让购买过程与我们的销售过程保持一致，从而扰乱竞争对手的节奏。

这个做起来很简单，然而却遭到了我的团队的拒绝。因为这让他们感觉很不舒服：需要好多环节才能获得我们想要的东西。对我们而言，这意味着还要重新打造潜在客户的购买过程。

"如果他们拒绝了怎么办？""那太咄咄逼人。""他们永远不会同意这一点。""我们将失去所有的机会。"恐惧、不确定性和令人怀疑——正是这些破坏性情绪，让普通销售人员只能接触到低胜率的交易。

顶尖销售人员能成功控制这些破坏性情绪，以追求更高的胜率。他们从不盲目地浪费时间去填写RFP，也不会孤注一掷地把筹码全压在一个提案上，因为他们害怕错过。“希望”根本就不是一种策略，也不是一种好的时间投资。

顶尖销售人员不会赌运气。取而代之的是，他们通过打造潜在客户的购买过程来与他们的销售过程保持一致的做法，从而赢得胜利。顶尖销售人员打造购买过程有以下两种主要的方式。

- 他们能先到先得。顶尖销售人员都是狂热的客户开发者。这就驱使他们从一开始就不断地去影响潜在客户的购买过程。他们教买家如何购买，如何构建甚至撰写RFP和投标规格，为竞争对手设置障碍，并在购买过程中增添、删减或改变步骤。这样一来，他们在降低竞争对手胜率的同时，也提高了自己的胜率。
- 他们善于利用影响力。当顶尖销售人员因为有竞争对手的存在而无法达成交易时，他们会利用影响力来打造这一过程。施加影响力主要取决于利益相关者想要或需要的东西：产品信息、价格比较、内心平和、竞争性的出价。当没有影响力可以施加时，顶尖销售人员也不勉强，而是继续寻找其他潜在客户。当有影响力时，他们绝不轻易放弃。

先到先得

那是一个春天的早晨。托尼在他的小办公室里，也许“办公室”这个词只是顾及面子的描述，事实上，这里以前只是放扫帚的壁橱。墙壁上覆盖着黑色、廉价的木镶板。这个房间大概有1.37米宽、1.83米长。一个小桌子被塞进来，那就是他每天早晨给潜在客户打电话和安排约会的地方。

在办公桌前的墙上，有他写下的励志名言和他本季度的销售目标。在他身后的墙上，是该地区的销售排名汇总和他每个季度的销售预测。这个办公室空间很狭窄，也没有窗户，但托尼喜欢它，因为这是属于他的空间。

尼克是他的销售经理，坐在薄纸墙的另一边，这种安排有利也有弊。尼克不需要从他的桌子上站起来，就可以很容易地听到托尼给潜在客户打的电话，并且还可以对电话“评头论足”。

有一天早上，尼克在电话里与他的老板讨论一项新的关于电力的管理规定，该规定可能会对电力和发电行业产生影响。他们正在讨论如何赶在竞争对手采取行动之前，把潜在客户吸引过来。托尼一直倾听着。

其中一家电力公司的总部设计的是开放式格局。所谓开放式格局就是所有人都进出自由，第一个抓住机会跑过去的销售人员获胜的概率很大。

听完尼克和老板通完电话后，托尼没有浪费一分钟，立刻拿起了电话。他所有的信息不过是从尼克的电话里听说的，但这并不妨碍他给潜在客户的环境健康与安全部门打电话。

不知道用了什么手段，他居然设法让接线员帮他转了分机。当环境健康与安全部门的负责人凯西接电话时，托尼当时唯一的目标是确定一次会面。他祈祷着凯西不要问任何问题。

托尼自我介绍道："凯西，我很好奇，你们打算如何遵守新的安全管理规定呢，毕竟这个规定下个月就会生效，而且会不会影响到你的一线员工队伍？"

凯西用一种轻松的南方口音回答道："嗯，这是个好问题。我们也正要开始讨论这个问题。虽然我们不确定要做什么，但我们知道有些事情必须尽快做。"

托尼不想给人一种听起来非常迫切的感觉，所以尽力放慢速度，表现得很放松。"凯西，这正是我打电话的原因。我们对此观察已经有一段时间了，并且有针对性地制订了很多应对方案可供你们选择，我感觉你和你的团队在考虑进行下一步工作时要考虑得周全一些。你看这样如何，周五我们找个时间面谈一次，请允许我把我们的一些思路和想法向你们展示一下。"

"你想什么时间面谈？"凯西回答。

"10 点怎么样？"托尼笑了。

"好，到时候见。"

托尼在尼克的办公室里踱来踱去，就在尼克和他的老板挂电话的时候，托尼决定把这个好消息告诉尼克，他尽量表现得很淡然。"我刚刚跟本国最大的电力公司的环境健康与安全部门的负责人定了一个约会，时间是周五上午 10 点，你看能不能和我一起去，因为我对他们一无所知。"

托尼回忆说："尼克脸上的表情有趣极了。就好像说：'天呐！你到底是怎么做到的？'我一辈子也不会忘记那个表情，太有意思了。"托尼笑着说：

"不过，接下来我们就都开始惊慌失措了，因为我们只有三天的时间成为解读那条新的管理规定的专家，了解对电力设施的影响，并且还要为我们的会面制定战略。"

与凯西和他的团队会面后，尼克和托尼意识到他们接手了一桩累死人的交易。在接下来的 60 天里，他们与凯西会面了 7 次，帮助她收集需要的信息，并制定策略。

首先，托尼和尼克影响、引导和打造了购买过程，从而给自己带来了最高的胜率。然后，托尼和尼克赢得了这个客户，因为他们从一开始就为自己取得了控制权，与利益相关者建立了深厚且互相信任的关系，并把他们的竞争者推向了被动的境地。

在打造购买过程时，最先到达者就能抢到最好的位置。抢占先机是关键。当交易过程已经进行了 50%~80%时，其他销售人员才被拉进来（并被迫从头开始），而你从一开始就在那里，将购买过程与销售过程结合起来，引导你的潜在客户，并与之建立情感联系，从而使自己成为一个有价值的资源。

利用影响力

在 La Petite 学院的案例中，我们的影响力就是 RFP 中要求的信息。在儿童早期教育类公司中，能够开发和管理现场儿童看护设施的少之又少。在对所有可能的选项没有研究的情况下，几乎没有公司愿意推进如此复杂的项目。

散发 RFP 的公司真正需要的是我们的信息和成本数据，以便作为与他心目中的合作伙伴（委员会已经选择的合作伙伴）进行讨价还价的筹码。所以我们的需求直截了当，只有与首席执行官和采购委员会面，我们才提供信息。

有几家公司直接拒绝了我们的要求。他们的拒绝告诉我们，他们的行为就是为了搜罗情报，并没有得到高层的认可。我们忽略那些 RFP，恰恰节省了时间和金钱。

大多数公司都拒绝了我们的要求，并回应说我们必须首先提交 RFP。而当我们礼貌地拒绝时，他们却几乎都让步了，并按照我们的要求安排了会面。是的，因为他们确实需要我们的信息。

这些会议使我们能够重塑和重置购买过程。一旦它与我们的销售过程相一致，游戏就会改变，我们的胜率也会飙升。在实施新战略的120天内，我们完成了一笔1 600万美元的交易，并在接下来的18个月里找到了12个新客户。

普通销售人员成为购买过程中的傀儡

如果你在销售行业已经干了一个多月，那么潜在客户很可能通过电话或电子邮件跟你说过如下这些话（或类似的话）:

- 我太忙了，没时间会面，但我们很感兴趣。请把你的建议寄给我。我会把它仔细看一遍，然后给你回电话商谈会面事宜。
- 把你的报价发过来，我们一直在寻找更好的交易。一定要把你的签字笔准备好，随时准备签约。
- 我正在收集来自供应商的所有信息。一旦我们把所有的事情都安排好，我们就开始安排会议。
- 我们这周要做决定，所以我们需要尽快得到你的信息。多久能把你的建议寄给我们?

在这些情况下，顶尖销售人员利用影响力来控制局势。销售情商低的普通销售人员却可能成为购买过程中的傀儡。

最后一个例子实际上是一个古老的游戏:“如果你想进去，你需要快速移动。”这表明他们对这一决定感兴趣，并打算做出购买决定。

普通销售人员会停止他们正在做的事情，花一个下午（或一整天的时间）把建议做到完美，然后又督促他们的领导同意更低的报价，之后提交建议，并把这笔交易算在他们的销售渠道中，同时又算作业绩预测的一部分。最后，就开始满怀希望地等着了。

为什么会这样? 对于破坏性情绪控制的失败是最根本的原因。绝望、缺乏自信、害怕遗漏、过分自信，以及由乐观主义偏见所引发的虚无缥缈的希望等，都属于破坏性情绪的行列。

- 沦为某个购买过程中的傀儡，开始于一个枯竭或空洞的销售渠道。
- 空荡荡的渠道让你绝望。

- 绝望蒙蔽了你的双眼，使你对显而易见的线索视而不见。
- 这让你有了虚无缥缈的希望，因为希望比绝望更值得期待。
- 在你的内心深处，你知道这是一个低胜率的交易，但是你担心使用某些手段来测试潜在客户的参与程度，会让他们离你而去。
- 高估胜率，且仅以自己的希望作为你的战略，你就会在预测中做出一个长期的承诺。
- 你放弃了你的影响力，潜在客户就消失了。
- 错过了预测期，感觉自己像个失败者，你的自信也就随之消失了。

拥有高销售情商的顶尖销售人员有信心处理这些要求，保留影响力，并通过要求微小的承诺来测试参与程度。

“约翰，我的竞争对手会很乐意把建议拿出来给你，这对他们来说很容易。他们有一个通用的‘盒子’，就拿这个‘盒子’作标准，他们希望所有的顾客都能符合‘盒子’的尺寸。”

“这就是我们不同的地方。对我们公司而言，我们更乐于为你量身打造一个‘盒子’”。

“我只需要一点点时间来问一些问题，这样我就能更好地理解你。我将根据你的特定情况制定一个建议。这样，你就可以很方便地进行比较了，然后选择你认为最适合你公司的解决方案。”

“我们明天下午 2 点面谈怎么样？”

顶尖销售人员知道他们会得到以下三种可能的回答。

（1）“有道理！我们什么时候能见面？”如果是这种回答，顶尖销售人员就获得了控制权，重塑了购买过程，并获得了将其与自己的销售过程相结合的权利。更有可能的是，干扰了竞争对手，即便对方已经相信胜券在握。

（2）“这需要多长时间？”“有没有其他方法可以得到你这些信息？”在这种情况下，买方正在试探。顶尖销售人员能嗅到对方的急迫感，仅需讨论如何及何时就问题提交解决方案即可。

（3）“是这样，我们真的没有时间面谈。如果你想试一试，就把你的建议寄给我们。”遇到这种情况，顶尖销售人员知道不会有交易，不会有机会，所以他们会立刻放弃，保留他们宝贵的时间去迎接一个更高胜率的机会。

17 交易中可能遇到的五种利益相关者

你花费最多时间与之相处的五个人平均起来就是目前的你（五人平均值理论）。

——吉姆·罗恩

去年夏天，我们决定发起一场广告宣传活动，希望通过这样的广告宣传活动取得更多的收入。我们的目标是完成 50 笔有分量的交易。所以这次活动的重点是让人们了解我们在移动工作台和应用程序上所取得的进步。

这个活动的想法源于我在一次营销头脑风暴会议期间的设想。我们的企业客户经理布鲁克喜欢这个主意，所以我让她研究一下，看看选择什么样的产品进行促销比较好，我们在邮寄的时候，还可以附带一份小册子，主要向客户介绍移动工作台的使用方法和体验。

布鲁克在网上搜索了一些东西，发现了一些她喜欢的，并联系了这些公司以获得最低价格和起步数量的订单。她带着这些想法找到了我们的营销经理道恩，道恩又联系了克里斯蒂，后者是一家促销公司的客户经理，过去曾经与道恩合作过。

克里斯蒂首先按照布鲁克的想法送过来一些实物模型。道恩把它们带到我们的首席财务官嘉丽那里，因为嘉丽能确保这些想法符合我们的预算，并且能得到公平的价格。道恩提议使用克里斯蒂的产品（尽管她的价格比其他供应商的价格更高）。嘉丽审查了这些报价，将它们缩减到三个。

最后，布鲁克、道恩和嘉丽找到我，并向我提出了他们的建议。道恩继续支持克里斯蒂的产品。嘉丽同意了，因为克里斯蒂似乎比其他的供应商更有求必应，而且道恩也很信任她。我接受了他们的建议，并签署了购买协议。

让我们冷静地思考一分钟。在这次的购买过程中，我们的公司出现了四位利益相关者。四位利益相关者完成了 500 美元的交易额。

危险度越高，涉及的利益相关者越多

不是所有的交易或短周期销售都涉及这么多的人或这么多的想法。当我们想雇人来清理我们的办公室时，有一个人做出这个决定即可，而无须任何其他人参与。因为即便这是一个比较糟糕的决定，风险也是微不足道的。可能清洁服务的整体价格是其他促销商品的 10 倍，但影响太小了。

风险越高，参与销售过程的利益相关者就越多。利益相关者范围将会随着以下因素的增多而扩大。

- 公司的风险。
- 利益相关者个人的风险。
- 产品或服务的复杂性。
- 销售周期的长度。

两年前，一家公司与我们合作，希望利用我们的在线学习平台——Sales Gravy 大学，来培训销售人员和销售主管。我们完成调研后觉得与执行发起人（也是我们的指导人员）的理念一致，于是就准备向该公司的首席执行官提交最后的陈述和建议。

会议定于上午 10 点在潜在客户公司的总部举行，这是一个美丽而又庞大的园区。我们提前到达以适应会议的环境。看着房间里的 22 把椅子，我知道今天的会面不会太轻松。

我们的指导人员警告说会有一大群人。于是上周我们花了一周的时间研究与会人员，试图了解他们的动机。我们知道这位首席执行官及公司的执行副总裁喜欢我们，但是公司的销售副总裁并不认同我们，因为他不相信他的团队需要培训。

还有两个来自人力资源部的人，一直要我们确保遵守他们的多样性计划；而公司的首席信息官则担心一个在线培训平台会占用过多资源并可能存在安全问题；三个负责销售的区域主管，他们原来一直在推动销售培训；还有最初找我们的区域经理；两个潜在试点地区的高级副总裁，专门负责部分利益相关者继续推进的问题；还有一群营销经理，他们将扮演“品牌警察”的角色。

我们知道这些人里谁不认同我们，我们也清楚需要把谁拉向我们这一边。我们更明白必须改变哪些反对者（销售副总裁和首席信息官）的立场，至少让他们保持中立。我们还得让人力资源团队和营销团队放心，并了解我们是站在他们那边的。最后，我们需要让销售和运营部门的领导欣赏我们，并把他们拉到我们这一边。我们还要让首席执行官放心，让她知道她做出了正确的决定。我们必须在 45 分钟内完成所有这些。

如果这一切让你头晕，那么相信我，我绝对能感受到你的痛苦。这就是在 21 世纪开展销售所面临的现实。在你的交易中有许多利益相关者参与其中。如果一不小心站在这些人的对立面，或者不了解其中一个有影响力的利益相关者，就可能让你失去机会。

了解你的观众

我们赢得了那笔交易，并且该公司慢慢地发展成为我们最赚钱的商业合作伙伴之一。而赢得这笔交易的关键是我们在会议之前所做的工作，为我们的成功做好了铺垫。

我们首先指定了两位指导人员：一个是我们的执行赞助商，也是一个负责公司盈亏的高级副总裁；还有一个是关系良好的销售主管，他希望我们能赢得这笔交易。这两个利益相关者帮助我们打磨了我们的信息，教我们使用潜在客户公司的语言，并提示我们可能会出现的陷阱。他们还为我们提供了有关我们需要互动的其他利益相关者的深刻的见解。

利用这些信息，我们了解了每一位利益相关者的立场和观点，可以做到从他们的角度看问题。

- 这些人的动机是什么？
- 对他们个人来说，选择我们的风险是什么？
- 不选择我们的风险是什么？
- 为什么他们会成为我们的支持者？
- 为什么他们可能是持反对意见的人？
- 他们的情感开关在哪里？
- 他们的语言是什么？我们怎么表达才能让他们觉得我们了解他们，同时也了解他们的问题？
- 是什么让他们觉得自己很重要？我们怎么利用这一点呢？
- 他们担心什么？

我们知道他们的名字，认识他们的面孔（我们把他们每个人的照片从领英或公司的网站粘贴下来），了解他们的背景、过往和动机、在公司所处的相对位置、影响力和非正式的权利，以及能否做出对我们有利的决定。我们还掌握了他们个人的关键信息，包括他们的大学、配偶和孩子、最近获得的奖项、最喜欢的体育团队或爱好等。

有了这些信息，我们就会以一种他们意想不到的方式跟他们建立情感联系。

当他们走进房间时，我们握住他们的手，叫出他们的名字来跟他们打招呼。通过把一些重要的问题融入我们演讲的信息中，来展示我们对他们和他们的问题的理解。

当销售副总裁走进房间时，我可以看出他有明显的敌意。他的问候很简洁，一直避免跟我们有眼神交流。实际上，这种情况在销售副总裁中很常见，他们总是把我的团队看作一种威胁，而不是一种帮助。他们觉得："我本应该是我们公司的销售专家。如果从外面请来一位顾问，那别人会怎么看待我？"

因此，当着他的面，我开始谈起了我作为一名高管的经历，以及当外请顾问进入我的公司，但是他们根本不了解我们时，我是多么讨厌他们。

"这就是为什么我愿意承诺我永远不会成为那种顾问。如果我们不能增加价值，不愿意和你在一起并肩作战，不能作为一个帮手来助你达到目标，那么我们没有任何资格站在这里，只能走人。”

那位销售副总裁听到这番话后立刻坐直了，并且频频点头。我知道我已经和他有了情感上的联系，我说出了他想说的话。

用脑之前先用心

当我还是个孩子的时候，我曾经在法庭上坐了几个小时，看着我的律师父亲审理案件。在夏天，我母亲会把我送到联邦法院，那里就成为我的临时保育院。我仍然记得那里独特的气味和声音，那里的一切都令我印象深刻。在那里，我经常坐在一个长椅上，看着主审法官。

我父亲是他那一代最伟大的出庭律师和法律顾问之一。当他为某个案件做律师时，对方的律师往往会在审判开始前就放弃。

我父亲是一个“塑造”法庭的大师，经常可以让案件的结局反转。当他向陪审团致辞时，他的步伐、言语、语调、口音和肢体语言都会时时发生微妙的变化，以致陪审团中的每位成员都意识到，他是在直接和他们说话。

人们喜欢他，因为他让人们觉得他理解他们并了解他们的重要性。他可以根据陪审团成员背景和出身的不同，有针对性地回答每个陪审团成员关于他的委托人的问题。正因如此，大家都很信任他、依赖他。即使在最不可能的情况下，他也会尽力让陪审团做出有利于他的判决。

当对方的律师只是通过自身重要性的角度来辩护、论证案情和逻辑的时候，我的父亲已经抓住了陪审团成员的心。他之所以能打赢这么多官司，是因为他没有拾人牙慧，走别人走过的老路。

直到我上大学，在他的办公室实习，我才亲身体会到他是如何策划那些胜利的。我的其中一项工作是在审判前研究陪审团的各个成员。在他办公室的“作战室”里，我们制作了一张陪审团地图。

在陪审团地图上，我们把每个潜在的陪审员的照片、职业和家庭背景、他们可能对我们有利的发现、他们可能对我们不利的发现、情感上的启动开关、文化背景、教育程度、喜欢的、不喜欢的、恐惧的、政治信仰、同法律打交道的时间长短，以及许多看似平凡有时却非常重要的信息等，统统罗列在上面。

我的父亲和他的团队对陪审员进行研究，并努力探明他们的立场。正是出于这个原因，大多数竞争对手在踏进法庭之前就已经被我的父亲打败了。

BASIC 组合法

在大多数交易中，你会遇到五种利益相关者：买家（Buyers）、鼓吹者（Amplifiers）、搜索者（Seekers）、影响者（Influencers）和指导人员（Coaches），这些人简称为 BASIC。有时，一个利益相关者会扮演多重角色。有时，利益相关者的范围很大，每个人都扮演着一个单独的角色。

从早期的客户开发和信息收集开始，通过资质认定和调研阶段，顶尖销售人员一直在不断地识别和绘制 BASIC 地图。他们绝不放过任何与自己的观众建立关系的机会，并尽力去了解他们。

买家本质上是决策者，是那些拥有最终决定权的、能够拍板说“是”还是“不是”的人。买家的类型基本有以下两种：

（1）可以授权交易、签订合同或购买订单并承诺执行的人。

（2）可以为这笔交易提供资金并开具支票的人。

有时，这些利益相关者是同一个人，有时则不是。例如，公司首席信息官可能会对某个新软件表达了同意购买的意见，但是直到公司首席财务官同意为购买这个软件划出专项资金前，什么都不会发生。公司的采购人员可以对你的条款说“是”，而负责管理采购的经理们则有权利批准预算。

理解这一差异，将会为你减少虽然看到订单却无法达成交易的困扰和痛苦。

鼓吹者是这样一种典型的利益相关者：他们了解到你的产品可以解决公司的问题或填补其空白，他们倡导变革，并通过广泛传播信息、问题、困扰或需求来达到目的，这些人在“图腾柱”的位置可低或可高，对交易的结果有不同程度的影响。在大多数情况下，他们的影响是间接的。他们直接使用产品，也直接受到问题或困扰的影响，对机会的察觉也最直接。顶尖销售人员是利用这些鼓吹者的大师，不管鼓吹者处于哪个位置，他们都可以借力打力，利用鼓吹者去推动遥远的决策者采取行动。毕竟决策者与需求、问题和困扰相对脱节，不了解实情。

搜索者是被派去寻找信息的利益相关者，也可能是他们自己主动这么做的。搜索者是入境营销的切入点。他们下载电子文件，参加网络研讨会，浏览网站，并填写网络表格。通常，搜索者看上去很有权威，甚至还能阻断你与其他利益相关者的联系，但是基本上没有购买的影响力。普通销售人员往往会被各种表象迷惑而中计。许多交易都失败了，因为销售人员早早地放弃了他们的影响力，陷入搜索者的圈套里，并放任破坏性情绪阻止自己向更高一级的利益相关者靠近。

影响者是在购买过程中扮演积极角色的利益相关者。他们可能是支持你的人，也可能是反对你的人，抑或态度不明朗者。在复杂的销售过程中，与有影响力的人建立关系是至关重要的。你的目标是发展和培养支持者，让态度不明朗者站在你的一方，并让反对者中立。

指导人员或赞助人是内部人士，他们不仅愿意为你提供支持，而且愿意为你提供内部信息。在任何复杂的交易中，培养一个指导人员就能树立一个巨大的竞争优势。在周期长的销售中，现有的供应商因为长期合作的关系都会有稳固的地位。作为竞争者，你若没有指导人员或赞助人就会处于不利地位，这是不能再持续投资的警告标志。

顶尖销售人员从来不问的一个问题

在近期的一次培训中，一位名叫莱恩的销售代表在休息时间找到了我，问了这个问题："杰布，在过去的一个月里，我和潜在客户的几笔交易都碰壁了，因为和我打交道的那些人后来被证实居然都不是能最后拍板的人。而且我感到沮丧的是，在我们最初的会议上，这些人告诉我他们就是决策者。我不明白为什么人们会对我说谎，我想知道我该如何分辨谁在告诉我真相，谁没有。"

莱恩并不是唯一一个感到沮丧的人。普通销售人员经常发现自己陷入停滞的交易中，因为他们在和错误的人打交道。

这种情况经常会发生，因为有些利益相关者要么直接就这么说，要么暗示他是最后的决策者。一旦相信这是真的，销售人员与利益相关者就开始了销售过程：建立联系、开始调研、提供解决方案，乃至进行业务往来。

然后销售人员会发现这是一场欺骗！不知道在什么时候，利益相关者可能会蹦出来一句："谢谢你提供的这些信息，但在我们做出决定之前，我需要和我的老板（委员会、丈夫、妻子、朋友、同事等）一起审查这个问题。"

如果你遇到了这种情况——我敢打赌你肯定遇到过——你一定想大喊大叫。你试着通过要求和老板会面来解决这个问题，但大多数时候都太晚了，或者他们不愿意给你机会。如果绕过他们，你又担心会伤害与他们的关系，并且失去任何达成交易的希望。

这是一个可怕的难题，最终的结果是你的交易陷入停滞状态。你试着向你的销售经理解释，努力把整个事情变得好一些，但是你还是有可能会被痛斥一顿。我知道这种事很难避免。我也曾做过这种事，并且专门做了一件 T 恤衫来警醒自己。

这是如何发生的呢？销售人员是如何使自己陷入这种境地的呢？

还是让我们面对现实吧。有时候，这个难题不可能绕过去。但是如果你不去找决策者（买方），就会因为影响力不能到达决策者而陷入困境。这里的关键是要从一开始就心明眼亮，适时调整你的策略，使销售和购买过程符合现实。

有时你是在和深谙游戏规则的骗子打交道。这些人并不打算和你做生意。他们只是利用你做免费咨询或获得定价信息，以此作为和你的竞争对手谈判的筹码。

这些利益相关者很容易被发现，因为他们不愿意参与进来，抵制建立情感联系，出尔反尔，违背承诺，并且急不可耐地催促你结束销售过程，仅仅是为了得到他们想要的东西。被绝望驱使的销售人员最有可能被这种潜在客户所利用。

然而，这一切的起因可能是销售人员问了一个简单却致命的问题："你是决策者吗？"

在进行资质认定时，顶尖销售人员从来不会问这个问题。当你问任何一个利益相关者这个问题时，90%的概率他们会说“是”。

为什么一个利益相关者会如此公然地对你说谎呢？其实，大多数利益相关者都不是决策者，但是他们不会主动说出来，除非居心叵测者。他们不是坏人，并非处心积虑地想要害你。

但是，如果你当面问一个利益相关者：“你是决策者吗？”你就把他推到了一个尴尬的境地，给他造成了因为认知失调而产生痛苦的精神压力。如果利益相关者说不是，那就等于他们公开承认自己并不重要，这与他们塑造的自我形象有冲突。

所以，他们只能说“是”，因为这让他们感觉自己很重要。他们甚至不用考虑就脱口而出。

作为销售人员的你，又用你的注意力、你的赞美和你的关注度来强化这一谎言。这对双方来说都是件很好的事情，直到你要求承诺的时候，利益相关者的“纸牌屋”才会坍塌，露出他的真容。

这就是为什么你那个所谓的决策者会消失，你的交易也会停滞不前。他们羞于承认自己没有什么权利，既浪费了你的时间，又显得自己不重要。

圈定 BASIC 组合

在分辨利益相关者的问题上，你必须非常聪明，要有意识地构建和培养与利益相关者的关系，并要讲求战略战术。在中长期的复杂的销售过程中，把你自己和单一的利益相关者捆绑在一起会产生风险，并降低胜率。你必须把任何可能不利的因素考虑在内。

有了领英这样的社交媒体网站和诸如 DiscoverOrg 这样的销售情报工具，着手研究和圈定 BASIC 组合就变得更加容易了。

准确圈定谁是谁。即使你圈定的范围可能永远会有疏漏，你得到的信息不够完整，但你依然能联系上企业内部拥有高一级别话语权的人，或者设计出能够获取信息的问题，而且不会伤害到利益相关者的自尊心。

然而，你采取的最重要的一步是改变你的问题。不要问：“你是决策者吗？”而是使用如下间接的问题：

- 能告诉我你们的购买政策吗?
- 能给我介绍一下购买过程吗?
- 对于引入像我们公司这样的新供应商的时候，你们通常是如何决策的?
- 你上次签合同的时候是怎么做这个决定的?

间接的问题之所以奏效，是因为它们会促使你的利益相关者有话可说，并减少让他们承担领导角色的诱惑。最重要的是，你可以避免把他们和他们的自尊置于尴尬的境地，这会让你有更高的胜率得到一个直接的答案，这样在销售中就可以使你在陷得更深之前，知道在哪里停止。

18

决策过程

在你决策的那一刻，你的命运就注定了。

——托尼·罗宾斯

“看，你们都是一样的。为什么你就不能给我最好的价格？”

在长达15年、有着三家销售公司工作的经历中，杰西卡曾听到利益相关者说过数百次这句话。她知道，这种措辞是谈判策略的一部分，也是部分真相。

对买家来说，她和她的竞争对手看起来没有什么区别。坦率地说，她明白为什么。在她的行业里，有四个国家级别的竞争对手，还有几十个地区级别的参与者，当地还有数不清的夫妻店分散在各处，所有的人都在争夺这一块蛋糕。

产品和服务本质上是一样的。不过，每个竞争对手都声称拥有一些独家的优势。这些宣传大部分是用于营销目的的烟幕弹。

如果说她的行业是有竞争力的，这只是一种轻描淡写的说法。这绝对是一个高度竞争的行业。在这四个国家级别的竞争对手中，有超过3 000名销售人员在对潜在的客户资源进行挖掘。加上地区级别的竞争对手和当地的竞争对手，一个利益相关者每周要接五次以上的销售电话。

“先生，我只需要你5分钟的时间，向你展示一下我们是如何替贵公司省钱的。”客户开发的咒语在不断地重复着。疲惫的买家对一成不变的、陈旧的推销麻木了，销售对话很快就变成了“你最低的价格是多少”。

在她所在的行业里，销售代表的压力很大，因为销售额很高，在某些情况下甚至超过了100%。为了成功，销售人员必须坚持不懈。为了在这个行业生存下去，他们必须每天打 50~100 个客户开发的电话，这是最基本的工作。只要尽可能多地接触你的潜在客户，提出足够好的建议，你就有可能成功。

作为一个超高业绩者，杰西卡却拒绝那么做。她曾连续 11 年荣膺公司的年度“总裁俱乐部”奖杯。在她之前的雇主那儿，她也取得了类似的成功。随着新代表的到来，杰西卡依然是少数几个懂得区分差异化的关键人物之一。

她向前倾身，把做展示用的平板电脑放在利益相关者的桌子上。“肖恩，我想要的就是了解你和你公司的一个机会。我想知道在这里你是如何做事情的，你遇到的挑战有哪些，以及是什么让你的公司与众不同的。一旦我有了这些信息，我就会据此提供一个蓝图，帮助你和你的团队实现商业目标。”

杰西卡接着说：“我们都知道，如果我除了价格，别的什么也不能提供的话，那么我们一起合作是没有意义的。另外，我们也会找到一些方法来帮助你提高效率，从根源上做到节省，最终让你的生活更轻松。”

而杰西卡的竞争对手离开肖恩办公室的时候，都被要求带着最低的价格回来。他们回到自己的办公室，与各自的销售经理会面，把各种通用的 PPT 演示文稿堆砌在一起，然后发给肖恩并附上最优惠的条件，之后转向下一个潜在客户。这一切看起来都一样。

杰西卡把这个过程放缓，拒绝当场就把价格定下来。她保持着自己的影响力，管理着她的情绪，并保持耐心和镇静。在这样做的过程中，她打乱了肖恩的节奏，翻转了买方脚本。最终肖恩参与进来，同意向前迈进一步（微小承诺）。

在接下来的四次会面中，杰西卡观察了肖恩的购买过程，采访了一些重要的经理，建立了信任和关系。她发现了帮助肖恩的公司变得更有效率的机会。她赢得了经理们的信任，并利用他们对肖恩的影响力，扩大了公司对变革的需求。通过有效的调研，她为变革建立了一个框架。她赢得了挑战现状的权利，并为问题提供解决方案，有些问题甚至肖恩的团队都没有发现。

当她向肖恩和他的团队做陈述时，她的建议是有分量的。她用肖恩的语言表达了自己的观点，把与他有关的东西连接起来。价格很重要，但那不是肖恩拍板的决定性因素。他签订合同是因为杰西卡确实与众不同。

对决策过程的影响

和杰西卡的竞争对手相比，杰西卡使用同样的工具、信息、产品和速率结构。每个与肖恩会面的销售人员都可以以同样的方式接近他。然而，只有杰西卡创造了真正的、有形的区别。

从杰西卡的竞争对手方面来说，那些普通销售人员对肖恩的动机、目标和问题一无所知。他们并没有真正尝试去建立情感联系，也没有努力为肖恩的公司提供有积极影响的解决方案。杰西卡则正好相反，她既提供了价值，又带来了更好的情感购买体验。

不可低估且不能忽略的是，销售人员在推进销售和购买的过程中，他们与利益相关者的情感共鸣在对方购买和继续购买的倾向中扮演着最重要的角色，这是不可否认的事实。

换句话说，与购买过程中所产生的情感相比，产品或解决方案的有形属性，已经不那么重要了。

协调销售的三个过程

顶尖销售人员明白，决策过程是销售过程和购买过程的轴心点。销售过程和购买过程是线性的，合理的步骤是在公司层面上展开的。另外，对于利益相关者自己来说，决策过程又是个人的、情感的、非线性的，而且通常是不合理的。可以说，决策过程是个体利益相关者向供应商、产品、服务、下一个步骤，最重要的是，向销售人员践行承诺的过程。

普通销售人员都忘记了，在企业对企业的销售中，他们是在和那些用别人的钱来解决自己的问题和减轻自己痛苦的人一起工作。正因为如此，他们没有触及表面之下，了解购买过程中涉及的每个利益相关者的动机、欲望、需求、渴望、恐惧、志向和问题。他们没能站到对方个人情感的角度去推进这一切。

顶尖销售人员是协调销售过程、购买过程和决策过程的高手。他们永远不会忘记，他们正在面对的是情绪化、易犯错、不理性的一类人。他们还知道，通过建立情感联系，他们把获胜的可能性推进至公司决策层，并创造出不可置疑的竞争优势。

销售中最重要的五个问题

在每次销售对话和整个销售过程中，利益相关者都可能问以下五个关于你的问题。

（1）我喜欢你吗?

（2）你在认真听我说话吗?

（3）你让我觉得我自己重要吗?

（4）你能了解我和我的问题吗?

（5）我能相信你吗?

这是销售中最重要的五个问题。顶尖销售人员深谙此道。从他们与利益相关者进行接触的第一刻起，直到交易完成，他们一直非常专注于回答这五个问题，而且都能交上满意的答卷!

这五个问题都是在意识和潜意识层面提出来的，也应该从意识和潜意识层面来回答。它们都是关于情感的问题。它们源自情感，也应该以情感来回应。

你如何回答每个利益相关者的问题，将决定你的销售对话的结果——积极的或消极的，增加或减少赢的可能性。当你对这五个问题的回答令利益相关者满意时，他们才更愿意满足你的微小承诺的请求。

将决策与社会口碑结合起来

随着销售的复杂性、销售周期的长度，以及更重要的是随着对公司和个人利益相关者风险的增加，利益相关者的数量也增加了。有了更多的利益相关者，对利益相关者个人的风险就会被稀释，而对你的风险则会增加。

由于有大量的利益相关者群体扮演不同的角色（BASIC），导致利益相关者更容易采取集体思维，而不是站在一种可能是正确的，但被认为是不受欢迎的观点上。当利益相关者群体犹豫不决或无法达成一致时，单一利益相关者也更容易毁掉整个交易。所以对团队来说，谨慎比冒险和犯错的风险要小。

我们知道人类行为的特点是从众，我们会被迫去做别人正在做的事情。当某件事很受欢迎，并且我们看到其他人在做这件事的时候，我们会觉得做同样的事情是安全的。

这就是启发式的社会口碑。做一件事的人越多，对某件事相信的人越多，或分享一种观点的人越多，我们就越有可能被吸引，想要去做同样的事或相信同样的道理。我们有效地利用群体的判断来代替我们自己，这就减少了认知负荷，使我们在复杂的环境中更容易做出决定。

在涉及众多利益相关者的复杂交易中，顶尖销售人员利用社会口碑来提高胜率，并降低交易停滞的风险，其关键是协调利益相关者的决策制定和让唱反调的人中立。

让利益相关者协调一致是困难和富有挑战的，需要做艰苦卓绝的工作。

- 有纪律，努力去识别并联系所有的利益相关者。
- 从所有利益相关者处获得微小承诺并得到他们的认可。
- 努力与最具敌意的利益相关者建立关系（当他们喜欢你的时候，他们很难把你“扔到车外去”）。
- 与利益相关者群体反复沟通，达成协议和共识。

你绝不能抱有侥幸心理。你甚至需要具备一种偏执的情绪，那就是肯定有一个利益相关者没有被发现，他正在某个角落里伺机破坏你的交易。你千万别想当然地认为利益相关者会及时彼此沟通信息。

在涉及众多利益相关者群体的复杂交易中，顶尖销售人员成为连接利益相关者的通信中心。这就提供了一种社会口碑，可以帮助利益相关者感到舒服，做出有利于顶尖销售人员提案的决定。

顶尖销售人员所做的一切，从发展销售战略到管理销售过程，再到打造购买过程，这一切都是为了影响决策过程。

想要走捷径，你就会被碾压。然而，当销售和购买过程与利益相关者的决策过程相一致时，你获胜的可能性就接近100%，不从你这里买东西几乎是不可能的。这就是你的能力。

19

我喜欢你吗

不管你处于什么行业，当这个问题出现时，你都是在跟人打交道。毕竟，人们更喜欢与他们喜欢的人和公司做生意。

——凯伦·莎尔曼森

在上周末的一次晚餐中，我的好朋友米歇尔讲述了一个她购买床垫的经历。这可不是一张普通的床垫，而是一个高档床垫，花费了几千美元。在去商店之前，她在网上做了大量的研究，并把注意力集中在几种品牌和风格上。当参观第一家家具店时，她就找到了她想要的东西，价格也合适，但她并没有购买。

相反，她开车穿过城镇，来到另一家家具店。在那里，她见到了销售代表格温。之后她买了同一款床垫，和在之前那家家具店看到的一模一样。我一再追问她原因，她承认不但在第二家家具店买了，而且支付的钱比第一家家具店多（说这话时她尽量避免与丈夫进行目光接触）。

“你为什么要这么做？”我问。

她回答说：“第一家家具店的那个人，我记得他的名字叫雷，根本没给我留下好印象。我是说，从见他第一刻起，我就不喜欢他。所以，即使他有我想要的床垫，我还是决定再去别的地方逛逛。另一家家具店的代表格温则不同。即使我们刚刚认识，我也能感觉出来她很关心人，这让我感觉很好。”

第一印象不可能有两次机会

就像米歇尔一样，当我们第一次见到别人时，都会做出快速的判断。这些判断既不完美也很情绪化，却对我们如何看待别人、如何与他人互动有持久的影响。在米歇尔的案例中，就是因为第一印象，使她最终为同样的产品支付了更多的钱，因为她更喜欢格温，而不是雷。

你的潜在客户也会对你做出同样不完美的判断。

第一印象关系到对方喜不喜欢你。而喜欢是与利益相关者建立情感联系的途径。当利益相关者喜欢你时，他们就愿意回答你的问题，并且参与到销售对话中的可能性也会增加。

和信任不一样，感觉喜欢或感觉不喜欢仅仅发生在一瞬间。在利益相关者的意识层面上，在对你的感觉还没有形成之前，它就在他们的潜意识里发生了。那个叫雷的销售代表，没有留住米歇尔，正是应了那句老话："你永远不会有第二次机会来给人留下深刻的第一印象。"

《韦氏词典》将"讨人喜欢"这个词定义为一种良好的品质。在某种程度上，我们都有某些品质和特点，让我们天然地受到某类人的喜欢。同样的道理，我们也拥有让我们天然不受他人喜欢的品质和特点（参见下一章中的"风格角色转变"）。

在销售中我们面临的问题是，和谁互动并不总是我们能够选择的。我们遇到的许多人，也不会自然地就被我们吸引。让事情变得更加复杂的是，人们对所有人都有一种先入为主的看法。这些看法，包括文化、种族和社会经济方面，但是又不仅仅局限于这些。它们完全超出了我们的控制。

正是关于雷的"某些东西"米歇尔不喜欢。"某些东西"可能是雷让米歇尔想起了上小学时的恶霸，大学里的一次糟糕的约会，或者某个不遵守承诺的销售代表等。也许米歇尔不喜欢雷的面部表情、态度、口音、语调、领带、目光或者姿势。

关键是，利益相关者可能有无数的理由不喜欢你，许多理由完全超出你的控制范围。因此，当你遇到新的潜在客户时，你必须在你力所能及的范围内把握住你讨人喜欢的各个方面。

讨人喜欢：通往情感联系的大门

兰茨警官靠在卡车的窗户上。当他承认真相时，他的目光闪到了一旁。他承受着巨大的压力，因为他已经连续两个月没有完成招募任务。现在这个月又过去了1/4，看起来这个月又是“颗粒无收”了。

为了寻求帮助，他在培训会后找到我。他解释说，在过去11次招聘会上，他居然没有任何一点进展。“我只是不明白，”他说，几乎是在恳求，“我告诉他们所有关于国民警卫队的事，以及他们为什么要加入，然后什么也没有了，他们说，‘谢谢你的信息’，谈话结束了。”

“兰茨警官，”我问，“当你回想那些会议时，谁一直在会上讲话——你、那些父母，还是他们的孩子？”

他往后退了一步，低头看着他的靴子。“我想是我在说。”他轻声回答。

情感联系

就像许多销售人员一样，兰茨也遇到这样一个问题。这个问题很容易解决，但仍然是个问题。当兰茨在极力游说时，父母和孩子也在问自己：“我喜欢你吗？”答案是“不”。

不过，大家别误会我的意思。兰茨其实是一个非常可爱的人。他彬彬有礼、和蔼可亲、风趣幽默，他非常在乎他的使命——招募年轻男女进入国民警卫队。让他不讨人喜欢的是他的方法而已。

销售过程中连接步骤的设计，就是为了让别人觉得他们是你注意力的中心——让他们觉得自己很重要。你的目标是尽快熟悉彼此，然后随着时间的推移，培养一种深层次的情感联系。通往情感联系的大门是讨人喜欢。

情感联系对于影响利益相关者的决策和行为至关重要。当这些联系变得更强时，它们就会将利益相关者拴在你身上，更加相信你的信息。这是因为当他们越来越喜欢你、越来越熟悉你时，他们自然会把你带入他们的核心群体。

群体偏好，有时被称为相似偏差，它会使你的利益相关者相信，那些越熟悉的人或与他们越相像的人越值得信任，反之则不可信。你知道这绝对是真的，因为你每天在生活中都需要面对这种偏见，就像每天早晨抬头就能看见太阳一样，并且，你还要和这种偏见做斗争。

我们每个人都生活和工作在一个彼此熟悉的空间中。在这个空间中，我们与周围的人、地方和事物相处得更加自在，而对我们熟悉的空间之外的事物却没有那么舒服的感觉。在销售过程中，你的最终目标是通过情感联系进入你的利益相关者熟悉的空间和核心团队中。

当然，我们知道，只有讨人喜欢的能力，并不能保证利益相关者就一定支持你，一定从你那里买东西，还需要很多别的因素一起来促成。人们从他们喜欢、信任的人那里买东西，是因为相信他们会解决自己的问题。因此，销售过程的执行和销售、购买、决策过程的一致性对于积极的销售结果至关重要。

不过，讨人喜欢还是第一位的。讨人喜欢是建立情感连接、增加熟悉程度和进入你的利益相关者核心群体的入口。如果不讨人喜欢，你就没有机会了。利益相关者不会从他们不喜欢的销售人员那里买东西。

思考一下，是什么让一个人变得讨人喜欢的？讨人喜欢的人友善、谦恭、有礼貌、尊重别人、考虑周到、有自信心。他们有积极的性格、吸引人的外表、迷人的微笑（会面的时候）、积极乐观的声音（电话里面）、灵活的风格和善于倾听的特点。

他们通过给予我们真诚的关注和倾听，来证明他们喜欢我们。我们都会倾向于喜欢那些喜欢我们的人。

现在，让我们看看如今的大多数销售人员。这些人大都友善、礼貌、尊重他人并且相对自信。他们是积极的，看起来很友好，懂得微笑，电话里听上去很不错。一般来说，大多数销售人员很容易就能做出这些讨人喜欢的行为，除了一条——他们不会倾听，只会夸夸其谈。

把握节奏

没有人喜欢夸夸其谈。你不喜欢，我也不喜欢，你的潜在客户更不会喜欢。如果可以选择，你是愿意和那些一直谈论自己的人出去玩呢，还是愿意和那些倾听你说话的人出去玩呢？对大多数人来说，选择是简单且显而易见的。

兰茨所面临的困境是成千上万的销售人员所面临的相同问题。他们出现后，喋喋不休，一旦看到潜在客户根本不买他们的账，就又变得目瞪口呆。他们没有建立情感联系，只是一味地向利益相关者推销，结果却让他们失去兴趣。

大多数利益相关者很不情愿牺牲他们的时间与你会面。因为他们都忙得要命，不愿意跟夸夸其谈的销售人员会面，在他们的经验中，这些会面是对时间的一种浪费，让人倍感痛苦。

在最初的会面中，利益相关者不但在情感上跟你保持疏远，在物理距离上也保持一定的距离。而你为了提高胜率，需要打破隔阂，把距离拉近。

然而，当你的利益相关者不愿意参与时，这种情况就会让你感到不安和尴尬。你精心设计的问题，得到的只是含混不清的答案。这就像老詹姆斯·泰勒歌曲 *Mexico* 中唱到的那样："你发了一封长信，然后收到一张明信片。时间变得很难熬。"

在这种心情不愉快的情况下，普通销售人员会屈服于破坏性情绪，不耐烦地从问题阶段转向推销阶段，结果反倒阻碍了对方的参与并破坏了调研结果。并不能说这些销售人员是毫无头绪的。他们知道该怎么做，只是被负面的情绪压倒了。这些情绪具体如下。

- 对未知的恐惧：因为销售人员不知道潜在客户会说些什么，所以他们在谈话中占据了主导地位，以求得安全感。
- 对控制的依赖：销售人员错误地认为要控制局面，他们必须不停地说话。
- 担心沉默：当沉默时，销售人员只好用言语填补空白。
- 没有耐心：销售人员被利益相关者简短的回答或缓慢的节奏弄得很沮丧，不得已接管了对话的主导权。
- 对被重视的渴望：当潜在客户讲话时，销售人员觉得没有突出自己的重要性来，所以打断他们，以证明自己有多么聪明。

与此同时，在这种破坏性情绪中，利益相关者的消极偏见开始起作用。他们的潜意识引导着自己，放大了对你的不喜欢，放大了你与他们的不同。他们不知道确切的原因，但是你有一些“他们就是不喜欢”的东西。

在意识层面上，听着一个销售人员对于他们的公司和产品的特点没完没了地讲述，对于利益相关者来说在情感上是极度痛苦的，所以他们开始有意识地寻求逃避。人们不会从他们不喜欢的人那里买东西，同样他们也不喜欢那些强行推销东西的人。

顶尖销售人员也会感受到同样的破坏性情绪，其实我们大家都有。不同的是，顶尖销售人员能意识到，这些情绪所引发的行为对于利益相关者关系的破坏是多么严重。即使当利益相关者用“好的，告诉我你有什么”来提示他们时，他们也能抵挡住公开邀请的诱惑，继续提出问题，让所有的利益相关者能开口说话。

十个让自己更讨人喜欢的关键因素

能够给你的利益相关者的“我喜欢你吗”这个问题提供满意的答案，比大多数销售人员想象得更深入、更复杂、更重要。要讨人喜欢，就需要努力、有策略和有意识的专注。

（1）微笑。一个愉快的、真诚的微笑是给人留下深刻印象最好的方式。人类天生就会被他人的微笑所吸引。因此，要注意你的面部表情，并适时在脸上绽放笑容。

（2）语音和语调。就像微笑一样，你的语音和语调会让你的利益相关者立刻喜欢你或立刻不喜欢你。你的声音应尽量不带有口音，要展示友好和乐观。说话的时候你的脸上应该绽放笑容，它会为你的声音锦上添花。

（3）要有礼貌。我看到过一个保险杠贴纸，上面写着：“刻薄的人很差劲。”粗鲁的、不礼貌的、过于随便的人都是不讨人喜欢的。除非你是在谷仓里和动物一起长大的，否则总会有人教你一些基本的礼仪。在与利益相关者的互动中，时刻注意把这些礼貌贯穿在你的工作中。他们肯定会注意到。

（4）穿衣打扮。尽管大家都知道“不要根据封面来判断一本书”这个道理，但是人们还是会根据你的穿着、你的座驾等外在因素来判断你。在你的利益相关者有意识地去感受你之前，他们的潜意识里已经根据你的穿衣打扮对你做出了喜欢或不喜欢的判断。

（5）仪表整洁。把自己的优点发挥出来。确保你闻起来很香，但你的古龙水不要过于浓烈。确保你的头发梳理整齐，面部毛发修剪齐整，指甲干净整洁。如果你有文身，就把它们遮盖起来。虽然今天文身比以往任何时候都更能让人接受，然而它们可能会令某些利益相关者对你失去兴趣。没人说过："我没买，因为我的推销员脖子上没有文身。"

（6）注意力的焦点。在当今苛刻的工作环境下，很容易分神。吉姆·罗思说："无论你在哪里，全心全意在那里就好。"对于第一印象这个问题，这是必不可少的建议。你必须学会自律，把所有无关的事情都置之度外，并把注意力集中在你的利益相关者身上。

（7）风格。对于跟自己相像的人，人们更易于被吸引，也更愿意信任他们（相似偏差）。如果你能改变你喜欢的或占主导地位的沟通方式，去迎合对方，你们就会变得更相似，因此你也会更讨人喜欢。

（8）语言。当你能用别人的语言表达时，他们很乐意把你拉入他们的核心团队中。因此，把你的词汇、术语和表达方法稍微调整一下，以便更好地与利益相关者的语言相匹配，这对是否讨人喜欢有很大的影响。

（9）热情。这里说的热情，是指你对你的产品、服务和公司的热情。热情是可以转移和传染的。你的热情由你的态度和信念所驱动，因此，塑造并保持一个成功的态度是至关重要的。不过，有一点要注意：没有什么比虚假的热情更让人讨厌的了，所以要小心，不要得意忘形。

（10）信心。懦弱的人让人讨厌，傲慢的人让人扫兴，自信的人最吸引人。

建立情感联系是消除情感隔阂和开始调研的大门

当人们觉得与你有情感联系时，在你面前暴露自己的真实问题就不会觉得尴尬。情感上的联系能够超越群体差异和个人无法控制的潜意识偏见。销售过程中连接步骤的目标具体如下。

- 控制销售对话。
- 打造购买过程。

- 建立信誉，并激发足够的兴趣，以便进入下一个步骤。
- 让买方或利益相关者感到重要。
- 消除情感隔阂，让利益相关者更愿意分享信息。
- 打开调研之门。

商业销售关系一开始不是建立在信任的基础上的。利益相关者自然会对销售人员保持警惕，并专注于保护自己的利益。他们常常把以前和别的销售人员打交道时产生的，如潜意识的认知偏差、情绪，以及所有先入为主的观点——不管好的还是坏的，都一股脑地带进新的销售关系中来。

你的利益相关者会很自然地相信（消极偏见），你的意图就是最大限度地从他们身上榨取尽可能多的钱，销售人员所说的任何事情都会对他们不利。因此，他们总是把自己的真实想法深埋心底。

建立情感联系是为了尽量消除情感隔阂，这些情感隔阂阻碍了透明、诚实的交流和理解。在所有的人际关系中——商业的和个人的，你感觉跟另一个人的情感联系越紧密，你就越愿意透露你的真实感受、挑战、争端、恐惧、欲望、需求和问题。

对于大多数利益相关者来说，没有情感联系，他们就会把自己的内心包裹得很严实，想要探听他们的真实想法几乎是不可能的。除非他们与你有某种联系，否则他们不会透露他们真正的问题和动机。那些在最初的谈话中表现出不真诚和控制欲强的销售人员，往往和买家的关系定格在这个阶段，永远不会进入利益相关者的核心团体。

我采访过的一位超高业绩专业人士有一条经过实践总结出来的法则：如果她不能与她的利益相关者建立情感上的联系，她就会放弃并继续寻找下一个目标。

她说，经验告诉她，如果她所接触的人不愿意跟她有任何关系，那么她的胜率就会直线下降，她完成销售过程的可能性几乎为零，而无论她的一揽子解决方案如何能快速解决问题或满足他们的需求。

20

对四种主要的利益相关者的迎合

如果不是咖啡，我就没有可识别的个性了。

——大卫·莱特曼

在你与买家和利益相关者进行互动的过程中，你会与他们建立更深层的情感联系，这是基于他们是谁而不是你是谁的基础上的。顶尖销售人员是这方面的大师。他们非常清楚自己的行为风格、价值观和信仰，而且他们有足够的自信来调整自己的风格，以应对不同沟通类型的人。

利益相关者倾向于喜欢、接近和信任那些像他们一样的人。因此，当你改变喜欢的或占主导地位的沟通方式去迎合其他人的时候，那个人就会打开情感联系的大门，并且一五一十地回答你的问题。当你用一种他们所理解的语言风格交流时，其他人更容易听进去和理解你。

我们每个人都有一种独特的方式来面对我们周围的世界。有些人直接，而有些人喜欢旁敲侧击。有些人说话很慢，情绪也极少外露，而有些人更外向、有活力。也有的人可能是直接的、有动机的、善于分析的、小心谨慎的、专注于建立共识的，或善于交往且外向的。

改变你的风格，本质上是指针对不同的人调整你的为人处世的方法，这样他们就更愿意和你一起合作，也能因此减轻他们的焦虑，打开情感联系的大门。

四种主要的利益相关者的角色

有四种不同的沟通风格，如图 20.1 所示。这些风格标签的转变从心理测试到心理测试，从训练计划到训练计划。然而，不管这些标签是什么，人类行为的多种理论和天生的交流偏好都趋于集中在这四种主流风格上。

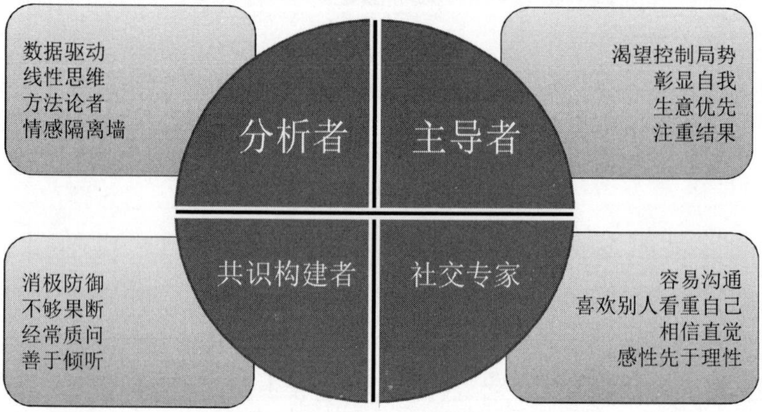

图 20.1　四种不同的沟通风格

我们用图 20.1 来表示主导者、分析者、社交专家和共识构建者这四种主要的利益相关者的不同的沟通风格，因为我们发现这样做更容易被记忆和应用。

主导者

主导者能够迅速做出决定。他们非常倾向于用行动来说话，并且对那些知道如何做事的销售人员最满意。

他们渴望控制局势。如果你想让他们喜欢你，就不要和他们竞争。甚至当主导者把决策权交给另一个人时，他们也会在最后一刻猛扑过去，巧妙地利用“必须以他们盖戳为准”等手段实施自己的控制权。

在某些情况下，销售人员没有做成生意，是因为受到了主导者的诘难，而销售人员应对的策略是直接对抗。主导者的诘难，有时并不是因为不同意某个决定，而是想要确保销售代表知道谁说了算。

主导者非常看重信心。对于那些没有把握的销售人员，他们会毫不犹豫地将其拒之门外。所以对于某个问题，如果你没有确切的答案，就不要假装有，不要结结巴巴地说话，也不要表现得软弱或害怕。如果你这样做了，主导者首先会失去对你的尊重，之后可能就会瞧不起你。相反，你应该自信地说你不知道，但是你会找到答案，并且给出一个具体的找到答案的时间。

主导者对冗长的演说没有耐心。当你与他们交流时，要有的放矢，用简洁明了的信息来表达。给他们一些信息，暂停，再给多一点，然后再暂停。

对于销售人员来说，这可能比较难，一是因为他们往往是社交型的，二是可能因为主导者也是令人生畏的。销售人员对于语速的追求，目的是让主导者尽快做出某种回应，从而导致他们不停地说，让人觉得厌烦。

主导者有时会故意刁难，难以商谈，他们就是想看你能不能承受。当你坚定自己的立场、表现出自信时，当你表现出尊重并且不挑战他们的权威时，他们会尊重你。

但是如果你浪费他们的时间，你就会失去他们。如果你所说的与他们的情况无关，你也会失去他们。他们只关心自己的问题和困扰，以及你解决这些问题和困扰的方法。

你可以与主导者建立深厚的关系，不过一定要分清楚主次：生意优先，社交其次。但是，当他们了解到你很在行，并且可以指望你把事情搞定的时候，他们会从你那里买东西，以后可能还会持续从你那里买东西。

分析者

作为买家，分析者往往是利益相关者中的交易出资人，是对社交专家和主导者的一种制衡。而且他们经常是协议的签署者。作为有影响力的人，他们通常是唱反调的，会把你的商业计划打乱。

分析者有自己的一套系统和方法。他们拒绝炒作、推销，看重数据和事实。他们对直接沟通和有公论的案例研究的响应最佳。

对于分析者而言，信任是慢慢建立起来的。在每次与分析者面谈之前，你都要做好准备。考虑到他们可能会问的每一个问题，确保你能以一种令人信服的方式回答问题，并以事实来支撑你的答案。

检查所有书面文档、图表和电子表格，重点是文章结构和错误。分析者是鸡蛋里面挑骨头的人。他们对不准确的信息、输入错误或含混不清的数据尤为关注，其他任何信息写得再多也没用。对于分析者来说，如果你无法回答问题，无法用事实来支持观点，或者第一次就出现某些失误，这表明你是不值得信任的，于是你作为一个不可行的供应商就被排除了。

分析者常常表现得很冷漠。贾马尔是亚拉巴马州伯明翰的一名销售代表，就像许多销售人员一样，他发现在情感上很难对付分析者。

他说："当这些利益相关者想把我逼走时，通常情况下是这样的：我问一个问题，他们给我一个非常简短的答案。而且不会表现出任何情感，也不会敞开心扉。这让我很沮丧，我通常就只能选择不停地说下去。"

用贾马尔的话来说，对"被逼走"的情绪反应是破坏性的。你感到没有被接受、没有被喜欢或受到了轻视。你也没有得到情感上的认可。所以，为了保护你脆弱的自我，你开始武断地发表自己的意见——对分析者来说，这是一个非常糟糕的举动，因为在允许销售人员说服自己退出交易方面，他们是大师。

打开话题，可以通过询问分析者在决策过程中什么是最重要的。专注于业务，远离私人问题，除非他们提出来。询问他们使用什么样的流程来判断像你这样的供应商。询问他们的价值观是什么。

分析者是带着他们的情感隔阂之墙进入销售对话的，并保持与销售人员的距离。打破这道墙的关键是有条理、有耐心、控制你的破坏性情绪、了解你的产品，以及一系列旨在系统地建立情感联系的简短会议。

社交专家

社交专家很容易与人交往。他们愿意建立情感联系，并且对此很重视。与主导者和分析者相比，社交专家首先关注的是关系，然后才是业务。他们愿意在长期接触中沟通了解，富有情感和活力，精力充沛，并且对别人的赞赏有着很强的渴求。他们喜欢成为关注的焦点。

这种需要被赞赏的感觉是不可忽视的。社交专家喜欢被赞美和奉承（只要你不是特别明显的不真诚）。当他们在说话的时候，特别专注地倾听，这是对社交专家极高的赞赏。而且他们很喜欢说，滔滔不绝地说。

关于社交专家的好消息是，他们很容易与你达成交易。你表现得越愿意倾听他们，他们就越会从你那里买东西。事实上，他们甚至会通过给你更多的生意来让你倾听他们。他们对赞赏的需求永不满足，往往压倒了客观、理性的决策。

坏消息是，社交专家必须主导双方对话，这对销售人员来说是一种挑战，因为销售人员也喜欢主导对话的风格。所以在与社交专家的对话中，你会有非常强烈的插话的欲望，因为你也想成为关注的焦点。

如果销售人员试图在对话中与社交专家争夺控制权，双方的关系无疑会遭到破坏。当你和一位社交专家一起合作时，至关重要的是对最终结果的关注，而不是一门心思去思考如何获得关注。

社交专家与分析者正好相反。分析者是线性而有条理的，社交专家是非线性的，条理性不强，比较随性。描述社交专家的最好的用词是：开火！预备！目标！他们很容易偏离预定的轨道，销售会议上可能把大量的时间消耗在无谓的事情上。

社交专家之所以能成为伟大的教练，是因为他们喜欢建立情感联系并分享信息，销售人员可以利用这些信息影响其他利益相关者，从而让他们来支持你。

在跟社交专家交流时，关键是要用问题来控制对话的内容和节奏。既要让他们不停地说话，又能引导对话，别让他们感到被你打断。对于社交专家来说，还要保证他们别跑题。所以重要的是，你要准备条理清晰的议程，最好能用文字材料确定下一步怎么走。

共识构建者

共识构建者看重的是取悦他人、把事情安排得井井有条并保证安全。他们往往是可预测的、友好的，并且有时间倾听。

共识构建者更喜欢公事公办，避免风险和突变。他们憎恶冲突，倾向于消极防御，而不是直接与他人发生冲突。如果你冒犯了一个共识构建者，他们不会当面告诉你，但是会怀恨在心，并变得对你很仇视。你会输掉这笔交易，而且也不知道为什么。

共识构建者喜欢以稳定而缓慢的步伐前进。因为他们想要确保每个人都有参与决策的感觉，他们会煞费苦心地与他人进行联系并不断核对。他们想要亲眼看到很多东西——更多的演示、更多的数据、更多的案例研究等。这为他们赢得了一个昵称——“多看看”。

因为共识构建者也是风险规避者，在采取行动之前，他们往往需要把所有的事情安排得井井有条，这让销售人员很沮丧。当你认为你即将完成销售过程的时候，他们会要求过段时间再说，或者需要更多的信息。没有耐心的销售人员会把他们逼得太紧，但是往往最终不得不放弃。由于共识构建者不愿意与人正面发生冲突，所以他们一旦灰心丧气，想让他们重新参与进来就非常难了。

在与共识构建者打交道时，你必须非常小心，放慢速度，力争赢得他们的信任。可以多问问题，了解他们的影响范围，以及他们想要参与到这个过程中的每个人。这会让你很好地认识这些人并使他们跟你保持一致。

提前花些时间与共识构建者达成一致，明确在决策之前，他们需要看到什么、知道什么、感觉到什么，以便做出有利于你的决定，从而在时间节点和你需要采取的步骤上达成一致。不管达成了什么协议，在采取行动的时候，共识构建者可能仍然会感到缺乏安全感。这时候，可以委婉地提醒他们早前的协议，证明你已经跳过了所有的障碍，这才足以让他们前进。

共识构建者是伟大的倾听者，也是让你说话的大师。他们会问你一些问题，让你把心里话说出来。他们会让你感到自己很重要，有被欣赏的感觉。

当你走出会议室的时候，你会觉得心满意足。因为你花了很多时间侃侃而谈，感觉与共识构建者达成了一致。但是，你如果占用了那么多时间却没有什么实实在在的东西，那些鼓励你说话的共识构建者就会感到不满，因为你控制了对话的主导权。

为了避免这个陷阱，你必须敏锐地意识到，当一个共识构建者问你一个问题时，千万别在你的破坏性情绪驱使下喋喋不休地说下去。要学会利用问题来重新定位问题：

共识构建者：告诉我，你们怎么才能做到？

销售人员：可以，但是能不能告诉我，你们为什么觉得这些很重要呢？

你需要严格要求自己，在回答他们的问题时，答案要简明扼要，并且还要在结尾附上一个宽泛的问题，鼓励他们进行交谈。

风格角色转变

人们很少用单一的主导风格来接近世界和周围的环境。相反，在处于压力或负面情绪的情况下，或需要做出重要的决定的前提下，我们会以一种风格为主导、多种风格组合的方式来处理问题。

每种风格都需要不同的方法。但这里有个好消息：你是什么风格并不重要，只要你学会善于倾听和掌握说话的时机即可。

你的任务是通过管理你自己的风格来减少阻力。对自己人际交往风格的自我认知，对快速有效建立人际关系更加重要。

大多数销售培训课程都会教你如何掌握这些不同的风格，但很少有人教你如何诠释你自己的风格。对我来说，这才是关键。如果你想要展示自己的风格，那么你就必须对自己的主导风格有清醒的认识。这才是你应该开始着手的地方。

风格工具

要想适应以上提到的四种利益相关者，并能与之进行有效的互动是很复杂的，但是期望本书能提供一个完整的“什么该做和什么不该做”的指导，又超出了本书的范围。但是在我们的网站（http://www.salesgravy.com/saleseq）上，提供了一些附加的培训资源，除了讲解一些不同的沟通方式之外，还有一套完整的风格评估测试，相信将帮助你更好地了解你是一个怎样的人。

21 电话销售计划框架

你成功的秘诀是由你的日程表决定的。

——约翰·C. 麦克斯韦

顶尖销售人员能够意识到他们的破坏性情绪对与利益相关者建立情感联系的危险性。在利益相关者面前，很容易：

- 卖力推销。
- 变得不耐烦，想要极力说服对方，没有结果后又干脆放弃他们。
- 无意中说了一些话，引发了利益相关者潜意识的消极偏见，并印证他们潜意识中的观点，即销售人员是善于操控、以自我为中心的骗子。

电话销售计划框架可以减少犯这些错误的机会，特别是在建立情感联系的早期阶段。它能帮助你控制对话，避免苍白的推销，并控制破坏性情绪。具体有以下四个步骤：

（1）问候。

（2）设定打电话的目标。

（3）核对你的利益相关者的日程安排。

（4）构建对话。

电话销售计划框架，如果能正确地执行，就能解除利益相关者的武装，并降低最初的情感隔阂之墙，因为你看起来是专业的、有备而来的，并且是没有威胁的。

问候

问候的目的是奠定正确的基调，表现出尊重，并确保你和你的利益相关者就会面的时间达成共识。如下是一个例子：

“谢谢你和我见面。我知道你的时间有多宝贵，也感谢你给我的这个机会，让我多了解你们。确认一下，接下来的 30 分钟可能会被我占用，对你来说有问题吗？”

如果你们是面对面的谈话，在你坐下之前，以及在利益相关者的桌子上放置任何东西之前，都要经过他们的许可。在电话或视频通话中，当你准备开始的时候也要经过他们的许可。当你表现出真诚的礼貌和尊重的时候，人们会以友好的方式回应你，你也会获得尊重。

有时你的利益相关者会很忙，可能做出的回应是看着她的手表说：“对不起，我今天只有 5 分钟的时间。快点，告诉我你有什么。”

当这种情况发生时，要小心！如果你无法控制破坏性情绪，它们会使对话偏离轨道。

利益相关者一旦告诉你他们只有一会儿的时间，你需要加快速度，相信你的压力和焦虑水平就会飙升。你的急性应激反应症状就开始了，你觉得天旋地转。时间被剥夺了，你开始患得患失。你可能会感到失望、绝望或愤怒，尤其是：

- 你对会面抱着很高的期望时。
- 潜在客户对你来说是一个巨大的机遇，且有着潜在的巨大回报时。
- 投入了大量的时间和精力才换来会面时。
- 利益相关者对你的交易结果有影响力，你觉得他们压根不在乎你时。
- 你距离完成销售任务还有很远的距离，销售渠道也是空的，你真的需要完成一个销售任务时。

在这种情况下，你的反应可能会变得轻率。你可能会诉诸武力，变得愤怒，表现出情感上的软弱，或者用绝望的抱怨和乞求吓跑利益相关者。这些行为会让你立刻变得不讨人喜欢。

然而，更有可能的后果是，将会面变成一场急不可耐的推销活动。

当你的急性应激反应症状开始出现的时候，你的思考就会变得困难，然后你就会依仗利益相关者的某些默许，让被重视的渴求控制住自己，最后将会面演变成你一个人的舞台。

“告诉我你有什么。”利益相关者说。

“哇！”你的大脑在肾上腺素的作用下产生的回应是：“我要站在舞台上，我要让别人觉得我很重要。”这时你的大脑皮质会关闭，所以你可能连想都没想，开口就说。

在时间紧迫的情况下，快速推销几乎无一例外的失败了。你的也没有成功，因为它：

- 依旧是老生常谈，无聊。
- 与你的利益相关者的独特处境无关。
- 使你的行为不理性、快速、分散、难以跟随。
- 使你以自我为中心，给人很傲慢的感觉。

你要明白，利益相关者有意识地好心好意给你 5 分钟的时间，是由一种潜意识的义务感驱使的。这次会面是他们曾经同意了的，后来却违背了这一承诺。现在他们欠你，虽然他们的初衷是好的。

当你开始推销时，利益相关者的潜意识正在受到考验。因为：

- 你说得很无聊。
- 你说的他们觉得不重要。
- 他们的消极偏见开始放大一切他们不喜欢的关于你的东西。
- 当你说话很快的时候，你听起来很有操控性，不值得信任，并且让人觉得有威胁，利益相关者的急性应激反应被激发出来。

所有的利益相关者想到的都是，他们能不能尽快地把你从他们眼前打发走或挂断你的电话。在这种无意的、5 分钟的情感碰撞过程中，你破坏了这种关系，而且几乎再也不会有下一步。

因为你一直在说话，这让你情绪高涨。你感觉自己很重要，而你的确认偏误让你看不到某些迹象，那就是你的利益相关者正在跑向另一个方向。会议以“再给我打电话”这样的承诺结束，但可能永远没有下文了。利益相关者不会对你的确认电话和电子邮件做出回应。

当你被一个忙碌的利益相关者限制在一个有限的时间范围内时，你可以反其道而行之：别紧张，深呼吸，放松，然后暂停下来。你可以用一种关心的语气平静地回答："5 分钟的时间还不足以让我了解你和你的公司。在不理解你们的问题的情况下推销我的产品，我觉得会对你造成伤害，浪费你的时间。这不是你们应该得到的。我们为什么不把时间重新安排在星期三下午 2 点呢？"（请注意，假设的问题里，一定要提供一个时间点。）

这种反其道而行之的行为和你欲擒故纵的表现往往会翻转买方脚本，并将利益相关者拉向你，因为这会出乎他们的预料。你会发现，很大一部分利益相关者会在这时改变立场，并为你创造时间的便利。

如果利益相关者真的没有时间给你，那么提出自信而又带有假设的要求，以及新的时间安排的提议，会让他们很容易答应下来并重新安排时间。避免陷入苍白的推销，这种严格的纪律性会为你赢得另一次机会。

设定打电话的目标

接下来，你要定义打电话的目标，并让你的利益相关者为下一步的工作做好准备。

"我今天想要做的是更多地了解你和你的公司——特别是你现在如何管理合规报告。虽然我不知道这是否会让我们的公司合作，但我认为这可能是最好的开始。如果我们找到共同点，我们就可以安排一个会议，与你的 IT 团队一起，仔细查看你当前的数据管理系统。"

人的心灵厌恶未知的事物。告诉你的利益相关者你想要的是什么，让他们放松，并继续降低情感隔阂之墙。此外，为会议制定一个紧凑的议题范围，可以减少利益相关者的认知负荷，这使他们更容易集中精力，并参与到对话中。

在设定电话目标的同时，你也可以使用一个巧妙的欲擒故纵的小把戏："不知道这样做对我们双方是否有意义。"这是为了吸引利益相关者对你的关注，以两种重要的方式让他们参与进来。

首先，这出乎了他们的预料。他们预料的是你会向他们推销产品，因为销售人员就是这么做的。他们也没有想到你会说这可能不合适——这种欲擒故纵的小把戏。这会立即把他们的注意力吸引过来。

通过表明你的立场——你并不依附于结果，如果一起合作不合适，你情愿放弃——你在你的利益相关者心中激活了一个核心的人类行为：想要得到他们所不能拥有的。你可以当着他们的面，以一种微妙的、轻松的方式，表达自己不会刻意追求某些结果。

每个人都想拥有被别人追求的感觉，它让我们感觉很舒服。你把它从你的利益相关者身上拿走，导致他们更想得到它。在潜意识层面，这可以翻转脚本，然后他们就开始试图再把你争取回来。

最后，把下一步摆在双方面前，让他们做好改变的准备，并让他们在你的电话结束时做出积极承诺。

启动效应是一种强大的技术，用来训练一个利益相关者的潜意识记忆。启动效应提高了利益相关者遵从未来请求的可能性。有多种方式来启动人类大脑，从重复到图像再到经验。

举例来说，首先让他们联想一种水果，然后你展示一个红色的物体，这就增加了他们想到苹果而不是香蕉的可能性。启动与红色的联系，制造了一种人工启发，使大脑更容易想出苹果而不是其他水果。当你给人们一个参照点时，他们就会倾向于朝那个方向思考。

在有关利益相关者的例子中，我们在早期的销售对话中把他们的想法和对下一步的预期注入他们的记忆，从而启发他们倾向于对下一个步骤表示同意。

核对你的利益相关者的日程安排

核对你的利益相关者的日程安排是一种尊重和礼貌的行为，这会让他们感到自己的重要性并对此感激，并且还会让他们产生一种主人翁的意识。当人们感到自己被考虑进来，并且觉得自己的观点也很重要时，他们会更加投入。

“在开始之前，还有什么你想确认的吗？”当你问这个问题的时候，90%

的利益相关者都会说："我没什么问题了。"他们同意沿着你所定义的下一个步骤走下去。一旦达成一致，他们就会心甘情愿地与协议保持一致，并朝着下一步的方向迈进，因为他们已经被启发得很充分了。

不过，在极少数情况下，他们也会提出异议。例如，他们可能在议程中加入一个表面合理的事情，以此来转移注意力或提出直接的挑战。

随着他们新问题的出现，以及提出新的挑战，你的下一步行动，要么会决定你是否能吸引利益相关者并推进到下一步，要么会使你失去对局势的控制。

在这个时刻，你必须控制你的破坏性情绪，耐心地承认这个问题或困扰的存在，把它添加到议程中，并继续推进。不要在此时此刻再花时间去谈论或参与到这个问题或困扰的对话中。

屈服于破坏性情绪的销售人员，会抓住任何利益相关者的谈话内容，开始推销，捍卫自己的立场，捍卫谈判的权利或保住解决问题的机会，就好像对方明确拒绝了自己一样。这样做会使对话偏离轨道。

普通销售人员："在我们开始之前，还有什么你想确认的吗？"

利益相关者："上次我们与贵公司合作的时候，我们经历了一段可怕的客户体验。如果你不能做得更好，我们就没有办法再从你那里买东西了！"

普通销售人员："我不知道上次发生了什么，但我们的客户满意度是96%，是我们行业中最高的。我们的五星级客户服务流程可以保证这些，也能确保你的满意度。"

利益相关者："是的，这和你的销售人员上次说的一样。但这都是谎言。你们的司机没有准时出现，产品质量也很低劣。当我们给客服打电话的时候，没有人给我们一个明确的答复。这就是为什么我们选择了你们的竞争对手。我让你回到这里的唯一原因，是因为你告诉我你可以提供比他们优惠的价格。"

普通销售人员："我所有的顾客都很满意我们给他们的服务。我向你保证，你也会的。我们的产品在我们的行业中被评为质量最佳，所以你的体验并不能代表其他客户。"

利益相关者："好吧，我不会坐在这儿跟你争论的。你的产品质量很差，你的服务甚至更差。你为什么不直接告诉我你的价格，如果价格足够低，可能我们会继续谈下去。”

会议结束了，赢的概率为零。你不能说服利益相关者，让他们相信自己是错的。

心理抗拒

当人们被告知某些事情是被禁止的，某些自由被剥夺，或者他们的观点错误的时候，人们就会有一种反抗的倾向，这种行为被称为“心理抗拒”，它会释放你内心的顽劣。当有人禁止你做什么或告诉你什么错了的时候，你的回答是快速而情绪化的：“哦，是吗？我马上给你再做一遍！”

这就是为什么你不能说服别人相信他们是错的。不管你的论点、数据或支持事实的逻辑是什么，另一个人都会据理力争，绝不妥协。

心理抗拒可以用来帮助利益相关者，让他们看到你的竞争对手正在“束缚他们”或“剥夺他们的选择”。或者你可以证明一个特定的行动是如何“限制他们的选择”或“剥夺他们内心的平静”的。

注意你的措辞，信息的传达很重要。你给利益相关者描绘的一幅潜在的限制或损失的画面越清晰，他们的抗拒心理被激活的程度就越高。可以用讲故事的形式来说明这一限制的后果，尤其是那些“挣脱了束缚”“重获自由和选择”的客户的故事。

然而，你不能忽视的是，错误的言辞会让利益相关者对你产生敌意。对于必须把销售工程师和论题专家拉进销售电话和产品演示的销售人员来说，这可能是一个棘手的问题。这些人喜欢使用“必须”和“需要”这样的词。他们使用的语言和警告语非常直白，不会提供不偏不倚的客观的信息，让利益相关者得出自己的结论。

人们不喜欢被告知他们不能做什么。当你说出的话给人以控制或教条主义印象的时候，它会引发抗拒，把你的利益相关者从你的身边赶走。

在会议前花些时间，跟指导人员就提前准备计划方面进行沟通，让你的团队和你自己做好准备，避免那些可能会引发抗拒的词汇和短语。预估一下如何回答利益相关者提出的难题，且不会让利益相关者感到难堪。可以提前演练一下。避免说“不”，用“选择取决于你”或“我们可以探讨”这样的短语来暗示对方有不同的选择以及选择的自由。

取得控制

我们不能一开始就告诉对方结果。在销售电话的核对议程阶段，有很多销售人员直接进入价格谈判，仅仅因为桌子另一边的人说：“我需要你理解的一件事是，我们需要的是你最适合的价格。”这无异于一次火车事故，我见过的太多了。

顶尖销售人员会看重他们的买家或利益相关者所说的任何东西。如果这是一个合理的问题，他们会把它写下来，并把它添加到议程中。“那是一个很好的问题，我可以保证在我们以后的会谈中给出一个满意的答复。”

顶尖销售人员都很有耐心。他们知道，一旦他们的利益相关者开始参与讨论，情感联系就会随之建立，那些早期看似反对的意见就会消失，再也不会回来了。顶尖销售人员还认识到，这些早期的挑战和反对只是买方脚本的一部分，而且往往是利益相关者用来保护自己的机制，以避免被他们认为的操纵性强的销售人员所控制。

当顶尖销售人员受到了潜在客户的直接挑战，由此引发了他们的急性应激反应时，他们也会约束好自己，管理好自己的情绪和反应。因为利益相关者以友好的方式回应，而不是有防御性的、争论的或愤怒的，顶尖销售人员可以利用非互补的行为来翻转脚本。他们以一种轻松、平静的语气回应，承认这个问题，并控制对话。

顶尖销售人员：“在我们开始之前，还有什么你想确认的吗？”

利益相关者：“上次我们与贵公司合作的时候，我们经历了一段可怕的客户体验。如果你不能做得更好，我们就没有办法再从你那里买东西了！”

顶尖销售人员：“天啊，听到这个消息我很难过。这么说吧，如果你不介意，我们可不可以从几个问题开始，让我更多地了解你们和你们独特的需要和要求？然后我可以向你们展示自从上次我们合作以来，我们所做的一些积极的改进。然后，我们再来决定，采取下一步行动对我们双方是否有意义。”

利益相关者：“好的。”

顶尖销售人员：“我很好奇，我听说你们和麦肯齐签了一份新合同。这对其他业务有什么影响？”

我对早期反对意见的第一守则就是忽略它，除非我的利益相关者又把它旧事重提，否则不要再谈论它。普通销售人员像收集硬币一样收集这些幽灵式的反对意见，在产生不安全感的时候，反倒又去提醒利益相关者，其实他们早已忘记那码事了。

构建对话

当你进入销售对话的时候，推销的诱惑是强烈的，即使利益相关者排斥推销，有时他们也会允许你，甚至会鼓励你，例如说“告诉我你有什么”，来让你把你们所有产品的特色和好处都说出来。

通过构建对话结构，你会向你的情绪大脑发出一个直接信号，让其停止活动，并命令你的理性大脑（大脑皮质）控制你干扰对话的欲望。

构建对话很简单，听起来像这样：

“如果你不介意，我们可不可以从几个问题开始，以便帮助我了解你们和你们独特的情况？我们可以谈谈我们的服务。然后，我们可以一起决定下一步行动是否有意义。”

在构建问题上一定要理论联系实际，活学活用（the rubber meet the road，美国轮胎广告词，指轮胎性能好，可引申为“发挥实际作用、派上用场”，或者有理论联系实际的意思。——译者注）。这是一个关键的转折点。处理好，你将获得对电话对话的控制，让利益相关者开口讲话，然后顺理成章地进入下一个步骤。如果处理得不好，你就会开始推销，你的电话对话和情感联系也不会有任何进展。销售对话框架有以下三个步骤。

（1）利益相关者开口说话。你的利益相关者谈论他们自己越多，他们与你的情感联系就越多，你收集需要的信息也就越容易，从而能顺利评估胜率，并为下一步的行动做准备。

（2）搭桥铺路。在倾听并了解了利益相关者的独特处境、问题、困扰、需求或机会之后，你将有机会表达自己的看法。不过，你应该把你的故事塑造得更好，这样你就可以把你的产品或服务与利益相关者的处境桥接起来，从而建立起你的信誉，并为下一步的行动做准备。

（3）请求进入下一步。自信地要求进入下一步（微小承诺），是谈话的一部分内容。“根据我们今天讨论的所有内容，我的建议是与你们的 IT 团队会面，为我们的新仪表板制作一个演示。”你的潜在客户已经受到了充分的启发，已经准备好了下一步，所以你得到肯定答复的概率是很高的。

不过，如果你一开始就推销的话，这一切就不会发生。一旦你开始说话，你就会失去他们。

让利益相关者开口说话的关键，是用一个宽泛的、开放式的问题来打开话题，这些问题很容易回答，而且他们也乐于回答。这样做，你就会慢慢地打破情绪障碍，建立起一种情感联系。正是在这个环节，你开始触发了利益相关者的自我表露的循环过程。

每次当你在销售会议上使用这个框架或类似的一套措辞时，你就等于训练了你的理性大脑，让它适时关闭你的嘴巴。如果练习得足够多，这将成为一种根深蒂固的习惯。

情绪感染：让人们以某种方式回应

关于人类行为的一个真理是人们往往会以某种方式做出回应。“人们对于别人情绪上的表现，无论是消极的，还是积极的，都表现得非常敏感。”王雪莉在她的文章《传染性行为》中写道。

伊莱恩·哈特菲尔德博士发现，情绪感染是一种对他人情绪的下意识的回应，它让人很容易感受到他人的感受，并将情感传递给利益相关者。

情绪感染主要是一种自发的下意识的反应，它会使人模仿周围人的行为和情绪。知道如何利用情绪感染是影响人类行为的一种强大的元技能。

让我们从同理心开始说起。哈特菲尔德在工作中令人惊讶的发现之一是，我们天生就能感知他人的感受，并将我们的行为与这些新感觉协调一致。例如，当你感到放松和自信时，你就可以把这种情绪传递给你的利益相关者。

如果你想让利益相关者热情地与你会面，那么就热情地去见他们吧！

放松、自信、积极的态度为会面定下了正确的基调。因为人们会以友好的方式回应，这有助于你控制对话。然而，值得注意的是，情绪传染（以善良的方式回应）是双向的。

我有很多时间是与马一起度过的。马有一种天生的感知恐惧的能力。它们能测试新骑手，并能敏锐地察觉到骑手害怕或缺乏自信的那一刻，进而加以利用。马的体重和尺寸与普通人的比例是 10：1。如果马不相信你能控制它，那它就会把你甩下马鞍。

利益相关者也同此理。如果他们感到你恐惧、软弱、进行防御或缺乏自信，他们就会把你拒之门外，或者把你逼走。因此，不管是马或人挑战你的时候，无论你的情绪如何，你都必须以一种不互补的行为来回应。这是一种反击和扰乱他们侵犯的行为，这需要放松和自信。

自信和热情

自信和热情（激情）是两种最具说服力的非语言类信息。破坏性情绪会扼杀自信和热情。当讨人喜欢的素质没有起到作用时，如果不能再控制破坏性情绪，你就会把负面情绪转移到你的利益相关者那里。当你对自己缺乏自信时，他们往往也会缺乏自信，因此对你缺乏信任。也许你：

- 对你的产品或行业知识产生不安全感。
- 有一条枯竭的渠道，为做成一笔交易承受着巨大的压力，并且感到绝望。
- 与 C 级高管会面时，感到害怕。
- 曾经将一场销售会议变成了一场灾难，担心这种情况会再次发生。

出于这个原因，你必须培养和练习一些技巧，例如，培养和展现自信以及志在必得的热情，即使你的感觉正好相反。这要从管理你的非语言沟通开始，以控制利益相关者在与你打交道时看到或听到的东西，包括：

- 语音语调、音调变化、音高和语度。
- 肢体语言和面部表情。

- 句子结构、语法、标点符号，以及在电子邮件、短信和社交消息中使用的措辞。
- 你的衣着打扮和外表。

对于销售人员来说，克服那些破坏自信和热情的情绪是最艰巨的挑战之一。我这一生一直在推销东西，并且在这方面取得了相当傲人的成绩，但直到今天，在与公司高管会面时我还是会感到害怕，在经历挫折或失败后还是缺乏自信，或者当我疲惫不堪、感觉不佳时，我的热情也会消失殆尽。

我必须提醒自己，我的情绪会影响我的利益相关者的情绪。我经常重复埃莉诺·罗斯福的告诫："没有你的同意，没有人能让你感到自卑。"然后我会刻意去采取一些方式，确保表面上，即使只是假装这样，我也会让我看起来很放松、泰然自若、自信和保有热情。

这让我们回到了自我意识这个情商特征。即使在情绪释放的情况下，你也必须保持自律，了解你的情绪，以及这些情绪是如何影响他人的。

正如我们之前学到的，自我意识和自我控制就像肌肉一样，你锻炼得越多，它们就越强壮。

22

你在认真听我说吗

一旦你开始推销，你的耳朵就听不到你在说什么了，你的买家也是这样。

——杰布·布朗特

回想一下，当你试图向另一个人解释某件事，正当你讲到兴头上的时候，有人举起一只手说："打住！你能直奔主题吗？"想想你当时的感觉，除了感到对方并不了解你，是否还感到非常受伤、不被赏识、生气、愤怒呢？

当你试图与朋友或家人交谈的时候，他们却不时低头看手机信息或社交媒体提醒。这种情形是否让你想要把手机从他们手中夺过来，然后摔在地上？记住这种感觉吧！

你是否曾经兴奋地向你的另一半诉说你这一天过得如何？你在兴奋地说，但是那个人没有注意听，因为他或她在看电视、玩电子游戏，或者在电脑上打字。有过这种情况吗？

"你根本没听我说！"你厌恶地抱怨，"我真不知道为什么我还要跟你说！"你的另一半虽然回答说："嗯？"但是注意力却几乎没有从屏幕上离开，请问，在那一刻，你是什么感觉呢？

你知道真相，我也知道。当人们不认真听你讲话的时候，你就会感到渺小、不被赏识、不重要。这严重损害了情感联系。不去倾听是破坏关系的直接方式。

为什么人们不去倾听

没有什么比倾听能更快、更持久地建立情感联系的了。每本关于销售的书，都以这样或那样的形式告诫读者：倾听是真正成功的关键。你或许也知道这一点，因为每个销售培训中都包含一个学习倾听的模块。

你知道这一点，因为你是人类。你知道这一点，因为如果人们不去倾听你讲话，那会很伤人。

如果一定要找到值得宽慰的地方，那就是你不是唯一一个有此遭遇的人。事实证明，有这种感觉才是人类的特性。似乎没有人在认真地倾听别人，每个人都很沮丧，我们都想被倾听。我们会尖叫着说："有人在听我说吗？"

利益相关者对卖家最主要的抱怨是卖家不认真倾听。利益相关者是对的，销售人员确实不认真倾听，这是行业内的通病。

尽管我们都受过教育，知道和了解的知识很多，但是倾听仍然是人际交往中最薄弱的环节。我们不倾听的原因是倾听需要共鸣、认知专注，需要努力管理我们以自我为中心的破坏性情绪。这是一个挑战：

- 排除你周围世界中的干扰。
- 耐心点，等轮到你时再说话。
- 避免低头看手机。
- 停止你的思维，把注意力集中到另一个人身上。
- 当你发现另一个人很无聊时，努力保持对他的兴趣。
- 当你想要打断别人的时候，紧咬你的舌头，这样你才能按部就班地讲述你的故事，或者证明你知道了多少。

事实上，你花了95%的时间来思考和谈论你自己的产品或服务。另外5%的时间你在处理别的事情，包括那些爱说话的利益相关者，就是他们有意无意地阻碍了你进行自我反省。

无论是出于无聊，还是因为无法消除干扰，你都更容易将注意力转移到你自己的需求和欲望上。

你觉得讲自己的故事很重要，而听另一个人讲故事就不重要。对被认可的需求是一种破坏性情绪，它是销售人员夸夸其谈和不去倾听的主要原因。

有效销售对话的四项原则

安妮·莫罗·安德伯格写道:“良好的沟通就像咖啡一样令人兴奋，一样让人难以入睡。”伟大的销售对话应该是引人入胜的、令人深思的、令人难忘的。

有效和吸引人的销售对话应遵循四条原则。这四条原则可以让你拥有对话的控制权，并使对话朝着你想要的结果发展，同时与利益相关者建立更深层的情感联系。

(1)人们好心的回应。

(2)用故事沟通彼此。

(3)用问题引导对话的走向。

(4)倾听能建立深厚的情感联系。

人们好心的回应

看看你的周围。你是否注意到几乎没有人在微笑吗？现在做一个小小的实验：当别人抬头看着你时，对他们报以微笑。我发现，10 个人中有 9 人，会马上报以微笑。那一刻你就有了一个即时的联系。

正如你所了解到的，当你放松、自信和有耐心的时候，你会把这些情绪转移到你的利益相关者身上，他们会以友善的方式回应你，你就会获得对话的控制权。

用故事沟通彼此

在对话中，人们不会直接“吐槽”一些尖锐的事实。相反，他们会使用讲故事的方式。你讲故事，我讲故事，你的利益相关者也讲故事。这就是人类，这就是我们沟通的方式，我们讲故事是为了被理解，我们想要被理解，我们渴望被理解。当我们在舞台上讲述我们的故事时，我们感到自己很重要。

当你认真倾听的时候，你就会鼓励利益相关者不断扩展讲话内容并讲述更多的故事。引发他们真正的问题的诱因和情感的线索就被藏在这些故事里。

但是当另一个人向你诉说他们的故事时，考虑一下你的情绪状态，你的思想是否正在偏离正题。你有一种想要插话的冲动，你想发表自己的意见，因为你觉得受到了冷落，没有显示出自己的重要性来。

利益相关者喜欢通过讲故事来沟通，在这样的沟通中被理解，但实际是，你更喜欢他们用事实来进行沟通。你想要他们加快速度，有的放矢，直接把话说到点儿上。这样你就可以回过头来讲述自己的故事了。

一定要抵制这种破坏性情绪。利益相关者想要与你交谈，有时就是针对你的谈话，不要阻止他们。在利益相关者的故事里，你可以得到很多有用的信息，让你能建立一个方案来解决问题，且这个问题只有你能解决。

用问题引导对话的走向

大多数销售人员认为，为了控制对话，他们必须从头说到尾。我向你保证，这只是退而求其次的一种方式。首选的应该是一种提问的人控制对话的方式。

当你在提问时，你可以控制对话的走向，引导它向任何你想要的方向转变。这可以帮助你保持对话切题，并且专注于你的对话目标，同时让你的利益相关者感觉到有人在倾听，让他们觉得自己很重要。

记住这一点：利益相关者喜欢在故事中进行沟通，但他们并不在意讲述的是什么故事，只要能让他们讲故事就行。

倾听能建立深厚的情感联系

你倾听得越多，你的利益相关者就感觉你们的联系越紧密。随着这种联系的加深，他们对你的信任就会增加，情绪也会高涨。随着隔阂之墙的倒塌，你将能突破表象，越挖越深，一直到能够接触到你的利益相关者的真正问题。

正是在这个环节上，顶尖销售人员获得了他们的竞争优势，并开始逐渐把普通销售人员甩在后面。利益相关者对认真倾听的销售人员从来不抱怨。

倾听的艺术

控制你的破坏性情绪和学会倾听是有一定原则的，这个原则要求你对以下问题有信心：一是当你在倾听的时候，对话的控制权在你手中；二是通过倾听，你可以和对方建立情感联系，并赢得他们的信任。产生影响的关键不是你说的是什么，而是你听到的是什么。

在销售过程中，没有什么比倾听更重要的了。倾听是众多销售环节的关键，它能让利益相关者感到被重视，促进调研与情感联系，促进交易往下一步推进直至完成。超高的销售业绩几乎完全取决于它，遗憾的是，大多数销售人员却很讨厌它。

你在生活中已经养成了专注于自我的习惯，这应该是你最难改掉的习惯。把大脑中所有考虑的事情都暂停，表现出对另一个人真正感兴趣，把你最专注的注意力奉献出来，认真倾听，即使不会也要慢慢去学。这需要一个基本的思维模式的转变。

以同理心开始。想想当人们不去倾听你的时候，你的感受如何。记住那种痛苦吧！站在你的利益相关者的角度考虑一下，当你主导对话时，或者你的行动证明你没有倾听时，他们的感受又是如何。

聚焦在你真正想要的东西上。一个已完成的交易，可以带来更高收益的利益相关者，更深层次的关系，更好的表现，更深层次的信息，下一步如何推进，一个支持者或指导人员，一个朋友，等等——关注和利用你真正想要的，并将其作为动机来调节你诸如无聊、注意力涣散、渴求被重视等之类的破坏性情绪。当你倾听别人的时候，你会与他们建立更强大的情感联系，从而得到你所追求的结果。

练习注意力控制。注意力完全集中在你面前的人身上，表现出真正的兴趣，这是一种行为策略。做一个深思熟虑的选择，排除所有其他的干扰，包括以自我为中心的思想和打断别人的冲动，给你的利益相关者你的全部注意力。

有意为之。每次开会前，都要做好心理准备：你是去倾听的。在会议期间，告诉自己闭嘴，认真去倾听。这应该是一个自觉的、有意识的选择。当你有想要表明自己想法的冲动时，要意识到自己的冲动，并抑制这种冲动。在每次对话之后，评估你的注意力是否集中，找出自己的缺点，进行改进。

积极倾听

积极倾听本质上是一系列的行为，借助它们可以提供你正在倾听的切实证据。这些行为包括眼神交流，用话语和肢体语言来表达反馈，总结观点和重述你所听到的，在说话前进行停顿和沉默。

积极倾听会鼓励你的利益相关者说话，甚至让他们不停地说下去。这一点很重要，因为他们谈得越多，你就会越了解他们的处境。

总结观点、重述和询问那些在谈话中建立起来的后续问题，以此证明你的注意力没有转移。适时地点头，用微笑表示赞同，当你发现他们说到特别有趣的事情时，身子向前倾，以表示你被深深吸引住了。一些表示同意的措辞，如“是的，我明白”“这是有意义的”“这是令人激动的”都会鼓励他们敞开心扉，揭示更多问题。

一个确定的能扼杀对话的方式，就是你脱口而出下一个问题或观点。或者更糟的是，在利益相关者说完之前，你打断并企图说服他们。很明显，你并没有在认真地倾听，而是急于表达你计划中的下一件事。

当你感觉对方已经说完时，停下来，数到三。在做出回应之前，这可以让你有时间充分消化你所听到的。更重要的是，这种做法也给其他人留了余地，让他们完成自己想要表达的东西。这也避免了他们没有讲完时你就插话的可能性。你经常会发现，这段沉默的时间还会促使利益相关者披露更多他们掌握的重要信息。

积极倾听要求你在对话中表现得全神贯注，把各种设备的声音都关掉，这样你的注意力就不会被电话或短信的声音分散。

当受到干扰，错误地把目光转向另一边的时候，你不仅会失去专注力，而且会得罪他人。这在视频通话中尤为突出，因为另一端的利益相关者根本看不到你周围的环境，导致他们认为你对他们不感兴趣。

当面对面交谈时，请保持眼神的交流。当你在电话中交谈时，把眼睛从报纸和电脑屏幕上挪开，这样就避免了一心多用。控制你的目光，至少能让你表现出在倾听。即便打电话的时候，也要坚持这样的习惯。目光转动，你的注意力同样也会转移。

深度倾听

人们沟通的方式远远不止语言沟通这一种。要做到真正地倾听别人，你必须动用自己所有的感官系统——眼睛、耳朵等。打开你所有的感官，绝不漏掉对方传递过来的任何信息，这让你有机会分析对话中情感的细微差别。

当你倾听时，注意观察你的利益相关者的肢体语言和面部表情。你不需要成为肢体语言方面的专家，就能看到明显的线索。你只需要敏锐的观察力，并能准确接收情感上的细微差别。

注意利益相关者的音调、音质和表达的节奏，关注他们话语背后的含义。要警惕情绪暗示，不管是语言方式的，还是非语言方式的。既然人们倾向于用故事来交流，所以要仔细倾听，去获取没有表达出来的感觉和情感。

当利益相关者通过面部表情、肢体语言、语音语调或话语表达情感时，你就能洞察到什么对他们来说才是重要的。当你感知到这些情绪的重要性时，可以问一些后续问题来测试你的直觉是否正确，如“那个听起来很重要，你是怎么处理的”。

这为某些相关的后续问题打开了一扇门，而这些后续问题一定是鼓励你的利益相关者深入阐述他们认为最重要的问题的。这是触发自我信息披露的关键，也是深入他们的情绪表象之下一探究竟的时机。

激活自我表露循环

哈佛大学的研究人员杰森・米歇尔和戴安娜・塔米尔发现，人类可以从自我表露中获得一种神经化学的兴奋感。

这项令人瞩目的成果发表在美国国家科学院院刊上。在此次实验中，实验对象被给予了交谈或吹嘘自己的机会，同时他们的大脑活动被高强度的磁共振成像扫描并观察变化。

当被测试者开始谈论他们自己，甚至一些无关紧要的信息时，大脑中与愉快感觉和奖励（如美味的食物）有关的区域，都被激活了。每当被测试者自我表露的时候，大脑中的这个区域就会像圣诞树一样亮起来。

被测试者被注射了一组多巴胺，以此刺激他们披露一些关于自己的信息，这就形成了一个循环。每披露一次个人信息，每吹嘘一次，都可以得到再注射一组多巴胺的奖励，从而再反过来刺激更多的自我表露。这使得对话迅速地从闲聊升级到信息量巨大的会谈。

你应该目睹过这种在派对或家庭聚会上由多巴胺触发的自我表露的循环，甚至与陌生人交谈时也会发生这种情况。有的人会告诉你一些关于他们自己的事，你认真倾听。然后他们会再多说一点，逐渐越说越多，直到将一次闲聊转变为一场大型的会谈。你就会想，天呐！为什么他们会告诉你一些如此私人或真情流露的东西。

对他们来说，自我表露的感觉很棒。即使他们知道，在意识层面上，他们不应该说那些过于隐私的事情，但是他们还是情不自禁。

经验证，对于销售人员来说，理解和利用这个奖励循环，是他们进行调研的一个福音。千万别去阻拦，就让你的利益相关者畅所欲言吧，这样才能触发自我表露的开关，翻转买方脚本，并使他们把真实情况和想法说出来。

尽管一位利益相关者对他的高价格提出了明确的反对意见，但是克里斯·凯利最终还是完成了这笔大交易。

“我没有对她的反击做出任何答复，而是问了她关于供应商的一些情况。她继续讲了半小时，说到了他们之间所遇到的问题，以及他们糟糕的服务。要是在过去，我可能还试图插几句话或试图扭转反对的意见，但现在我明白了，这时候就应该让她开口。当她谈到为什么要和我们做生意时，她就问我，为什么她的公司要花更多的钱与我们合作。我只是回应说，我们绝对不会那样对待我们的客户。她很快就签署了这份合同，没有再说什么。”

这个简单的神经化学奖励系统可以允许你在后面提出比较直接的问题。你只需要问几个问题，而不是几十个问题，就能得到大量的信息。Fair Warning 的首席执行官库尔特·朗表示，他的目标是“看看我能不能以最少的问题得到尽可能多的信息”。

激活自我表露循环的步骤如下：

- 以一个简单的开场问题开始，你的利益相关者会乐于回答这个问题。
- 通过积极的倾听和真诚的兴趣来奖励利益相关者。

- 避免打断、催促，或者企图说服利益相关者。
- 说话前先停顿三到五秒钟，让利益相关者来填补这一沉默。
- 一旦循环开始运行，利益相关者开始自我表露，请将你后续的问题集中在那些自我表露的信息上，你就可以完全控制对话，越过买方脚本，发现利益相关者真正的困扰、需求和问题。

激活自我表露循环，依赖于双重过程调研方法。你的问题必须是切合实际的、对话性的、与主题相关的、建立在对话之上的，并且是以情感为中心的。

23 调研：销售就是如何组织问题的语言

调研的最大障碍不是无知，而是对知识的幻觉。

——丹尼尔·J. 鲍斯汀

一到达目的地就没戏了。为了这个销售会议，我一口气开了 4 小时的汽车，但是会议只持续了 15 分钟就停止了。“我们对现在合作的供应商很满意，但是如果你提供更低的价格，我们还是会考虑的。”这个叫查克的决策者，就这样很快结束了我们的对话。

这可是一个大客户。有多大呢？这么说吧，要是能签下来，去毛伊岛的总统俱乐部之旅的机票就有了。在这个行业里，你一年也只能遇到两到三次这样的大交易，因为确实没有那么多的机会。这就是为什么我的竞争对手都在向查克献殷勤，以求合作的原因。

然而，签下这笔交易的最大障碍，并不是围绕在查克周围的诸多竞争对手，而是一家当地的公司，这家公司已经为查克他们服务了 20 多年。他们绝对不会让任何人从他们那里偷走这一笔利润丰厚的合作项目。到目前为止，他们已经成功地击退了诸多竞争对手，并在每个合同快到期时成功获得了续约。

在我们的行业中，客户签订的独家合同，通常都是 5 年。失去一笔交易意味着在这一段时间内都会被拒之门外。这也意味着就这笔交易而言，我只有一次机会，不会再有第二次机会，时间太紧迫了。

查克是位于北卡罗来纳州西部的阿巴拉契亚山脚下的一家大型面包店的副总裁。出于健康和安全考虑，他要求给每位员工配备一身制服。但是对他而言，这所谓的制服也不过是一种商品，就像厕纸那样的普通用品而已。

他很清楚制服租赁合同的各种细节，而且作为买家他也有自己的买方脚本。他很快把所有的事实都告诉了我：

- 这是我们有多少人需要穿制服。
- 这是我们部门的服装规格。
- 这是我们直接购买的东西。
- 这是我们的租金。
- 这里是垫子和毛巾的数目。
- 目前我们的供应商做得很好，并且对我们能够有求必应。所以我们现在没有任何问题。
- 期待看到你们的报价。我很乐意考虑这个问题，但一定要给我们最优惠的价格。

调研完毕。在 4 小时回家的车程中，一边开车一边缓解自己的伤痛吧。胜率绝对为零。

我对他提供的信息和他花费的时间表示感谢，并承诺“把某些东西再完善和补充一下”。然后我使用了一种策略，一种在其他类似情况下都奏效的策略。

我说：“查克，我一直想看看面包店是怎么运作的。既然我驱车 4 小时到达这里，我很想问问，你愿意带我去见识一下吗？”

查克说：“当然没问题，来吧。”

参观之旅

当我们走出办公室的时候，查克的整个举止都发生了变化。当挡在双方之间的办公桌被挪开并离开作为权力中心的办公室后，你开始与一个利益相关者并肩行走时，常常会发生情绪的转变。

在潜意识层面，这个策略会让你的利益相关者的大脑把你从对手角度（必须警惕）转换到学生角度（相对安全）。与此同时，利益相关者开始感受到情感上的重视，因为他们有机会讲述自己的故事和炫耀自己，这恰恰激活了自我表露循环。

坐在潜在客户的桌子对面，你是一维的，而走在一间厂房中的你是三维的。你可以亲眼看到事物，可以直接感觉事物，并且还可以讨论一些事物，这都是那些隔着桌子的面对面谈话中不可能涉及的。这种策略对于内部销售代表来说是不可用的，但是对于现场销售人员来说，只要它能发挥作用，那对于建立情感联系和完成360º调研而言，它绝对是一个强大的工具。

查克在装货码头开启了我们的参观旅行。他向我展示了刚烤好的面包是如何装上卡车的，他对他们新的“绿色”车队表示很自豪。然后，我们走到码头的另一边。在那里，原材料被卸下。他解释说，这个厂房24小时不关闭，他们能在一天内收到数千斤的面粉。

从那里我们继续前行，来到了面团制作的混合车间。我了解了酵母和面包是如何发起来的。然后我们走到烤炉边，看着面包加热后又冷却，然后又走到包装车间。包装机是我此次参观的最喜欢的部分，因为我觉得包装机的发明者简直就是个天才。

最后，我们走进了质量控制室。在那里，面包要接受一群严肃认真的员工的检查，他们紧盯着眼前的每一块面包。之后，面包要经过一个看起来很奇怪的拱门，最后装车运走。

“查克，那是做什么用的？我指着那个奇怪的拱门和嵌在里面的红灯。”

“这是金属探测器，”查克的声音里带着一种忧郁的语调，“每块面包都必须经过金属探测器。你想象一下，如果有人在当地的杂货店买了我们的面包，做了一个三明治，然后被一块无意中掉到面团里的金属硌下一颗牙，这对我们来说是多么糟糕的一件事。这家店会被起诉，我们也会被起诉，而社会舆论会对生意非常不利。”

我点头表示认同。“要是那样的话，确实很糟糕。”

参观完之后，我们打算回到查克的办公室。在回去的路上，我问查克我们是否可以再回到混合车间，因为还有一件事我想再看一看。查克说：“当然可以。”于是，我们又返了回去。

刚才在参观混合车间的时候，查克把我介绍给了贝蒂，这是一位在面包店工作了40年的女士。当我们回到混合车间时，我成功吸引了她的注意。“嘿，贝蒂，能耽误你一会儿吗？”贝蒂微笑着走到查克和我的身边。

“贝蒂，我知道这是个奇怪的问题，但我只是好奇而已。你衬衫的纽扣是什么材质的？”

贝蒂低头看了看她的衬衫，想了一会儿。然后她回过头来说：“好吧，如果我没弄错的话，那应该是塑料纽扣。”

我什么也没说，给了贝蒂回答的时间。最后，我注意到了查克脸上的表情：塑料纽扣不会被金属探测器捕捉到。

美国农业部要求金属探测器进入食品加工工厂。除了金属探测器外，还有一些规定，如要求在食品加工工厂里员工穿的衣服要用金属纽扣，而不是塑料纽扣，尤其是隐藏在衣服里面不易发现的扣子。这是为了安全而采取的一个额外措施。

查克工厂里的员工穿着不符合规定的制服，这让他和他的公司处于危险的境地。他现在的供应商——就是他认为做得很好的那家，就是危险的根源。虽然我没必要说出来，但我觉得我问的问题是正确的。然后他以自己的方式意识到了这一点。这是挑战潜在客户现状的一种有效手段，比试图说服他相信自己是错的要有效得多。

在销售方面，你问对了问题，远比你说的任何东西都要强大。

开始和结束

多项选择题测试：如果我要撰写和发表一篇文章，你预测哪个文章题目会得到最多的评论——a还是b？

a．调研与发问

b．签署合同与消除异议

如果你选择了“签署合同与消除异议”这个题目，那么你就是正确的。我们已经做了足够多的实验来衡量销售行业的读者喜欢阅读的内容。“签署合同与消除异议”这个题目非常吸引人。而对有关提问的文章，销售人员却不怎么感兴趣。

但事实上销售行业的读者是错的。因为销售的魔力不会在签署阶段发生，它发生在调研阶段。

现在是转变心态的时候了。调研是销售的核心和灵魂，那么多销售人员在签署合同和消除异议中痛苦挣扎，原因就是在调研中他们跳过了某些步骤或走了所谓的捷径。

顶尖销售人员在调研期间就能完成许多交易。并不是因为在那个时候正好遇到了商家有购买的需求，相反，正是一个恰到好处的问题引起了利益相关者对当前供应商、购买过程或信仰的怀疑，或者推动了利益相关者考虑不采取行动的风险。

普通销售人员会认为，挑战现状无异于告诉利益相关者他们正在犯错，指手画脚地告诉他们应该做什么，或者把自己的想法强行灌输给他们。这都会被视为傲慢和自以为是。

顶尖销售人员利用问题作为沟通的语言，来揭示需求、问题、困扰和机遇，引发自我意识，以及挑战现状。因为利益相关者的行为总是出于他们自身的考虑，而不是出于对你的考虑，所以任何关于他们的企业或问题的事情，只要你以问题的形式提出来，它们的力量就会放大十倍。

可以说在销售中，交易以问题开始，以问题结束。如果销售是一种语言，那它就是一种以问题形式出现的语言。

询问者乔

如果你曾经有机会近距离观察冰山，你就会发现它们如此巨大。然而，让人想不到的是，你所看到的冰山只是它整个体积的一小部分而已，而大部分都隐藏在水面之下。

正是这个隐藏的部分构成了最大的危险。对于那些在冰山漂浮的海面上航行的船只来说，没有注意到隐藏在水面以下的冰山带来的危险，会带来灾难性的和致命的后果。

从某个角度来说，利益相关者和冰山很相似，他们只流露出表面信息，同时又将他们的真实问题和真实情感隐藏起来。除非你深入表面之下，否则你无法知道你探求的是否是他们最重要和最情绪化的问题。

以乔为例。作为一位客户主管，他走进了一个新潜在客户的办公室，自我介绍之后，开始推介他的公司和产品。在他最初的开场白之后（就像在公司的销售培训中被教导的那样），他转而开始询问买家琳达：

- 你对目前的供应商满意吗？
- 你需要什么规格的产品？
- 你在交货方面遇到问题了吗？
- 当货物质量低劣时，你该怎么办？
- 你多久订一次货？
- 你订多少货？
- 你每件货物支付多少钱？
- 你是购买这个产品的决策者吗？

面对乔的询问，情感隔阂之墙立刻在琳达心里升了起来，她不但坚持她的买方脚本，还用事实进行了回应。

- 是的，他们做得很好，但是我们并不排斥其他公司的报价。
- 这是我们现在正在使用的产品的规格说明。
- 并没有太大的问题，就像我说的，他们做得很好。
- 货物质量没有问题，但如果真的有了问题，我们会要求他们更换有缺陷的部件。
- 每月。
- 需要 20 000~75 000 件，具体由需求定。
- 我们不分享这些信息，但我很高兴看到有竞争力的报价。
- 是的，我做最后的决定。

当对话陷入尴尬的停顿时，乔又开始推销他的“质量更好”的产品。琳达感到很无聊，催促他加快速度。她看了一下手表，说：“乔，我还有一个会议要参加。要不这样，你把你的价格和规格告诉我，我们几周后再谈？”

乔兴奋地冲回他的办公室，抓住他的销售经理说：“我在 XTech 公司得到一个很好的机会。我正在和决策者沟通，她非常感兴趣！但我需要在定价优惠力度上再大一些，才能赢得这笔交易。”

乔和他的销售经理协商，同意了最低的价格，并在当天下午向琳达报价。他把这笔交易纳入自己的预测里面。

三天后，乔给琳达打电话，满心期待着能把交易迅速完成。不过并没有打通，乔做了语音留言，然后他又发了一封电子邮件。日子过得很快，又过了几周。乔再次打电话，但没有人接。他的销售经理非常着急，乔安慰说很快就有结果，他的预测是没有问题的。

最后，他终于打通了琳达的电话。在简短的交谈之后，琳达解释说，她决定把生意交给乔的竞争对手。乔顿时感到脑袋都炸了，惊呆了的乔虚弱而又结结巴巴地说：“为什么？”

琳达解释说，另一个供应商针对她们最紧迫的问题，提供了一个更好的解决方案——而这个问题是乔不知道的。乔结结巴巴地说：“你没有对这个问题说什么呀，我要是知道就好了。对于这个问题，我们有最好的解决办法。请你重新考虑一下好吗？我可以在一个小时内到你那里详谈！”

但现在已经太晚了，这个决定已经做出了。为什么乔不知道这个问题？

想象一下电影中的场景：一个空荡荡的房间，中间有一把椅子，一个恶棍被绑在椅子上，一道亮光直接照射在他的脸上。询问者的问题充满了指责、诱导和指向性。询问者计划把这个恶棍弄得尽可能难受，打破他的心灵平衡，只要能把他击垮，他就能在最脆弱的时候说出隐藏最深的秘密。

许多销售人员，包括乔在内，在不知不觉中让利益相关者陷入了类似尴尬的境地。他们抛出一大批指向性强的、诱导性的问题。而这些问题可能给人的印象是强加于人的、自私自利的和有操纵嫌疑的。作为回应，利益相关者会刻意躲避、有意混淆并建立情感障碍。

以前遭遇过这些询问的利益相关者都备有现成的答案和一套机械的买方脚本。在海湾地区，像乔这样的询问者只知其一不知其二，对利益相关者的真实问题知之甚少，结果在推进过程中，破坏了双方的情感联系。

相反，在节奏流畅的对话中，结构巧妙的开放式问题会让利益相关者参与进来。销售是一种对话，而不是审问。当你将调研视为一种流畅的对话时，你会让你的利益相关者解除武装，把他们吸引进来，并降低情感隔阂之墙。

在这一点上，结合了战略战术和巧妙问题的双重过程就显得尤为强大。利益相关者的天性是不愿意让卖家深入他们的内心深处了解他们的想法，所以你不能强迫。你必须以同理心为突破口，择机站在他们的立场上，然后根据对话的方向，以及你的对话目标和计划中的下一步，适时、有机地建立起你的问题。

以简单问题开始

想象一下，你远远地看到一个陌生人朝你走来。当他在你面前停下来的时候，你的警惕性立刻提高。然后，那个人毫不犹豫开始问你一些非常私人的问题：

- 你住在哪里？
- 你妈妈的名字是什么？
- 你有几个孩子？
- 他们的名字是什么？
- 他们在哪里上学？
- 你开什么颜色的车？
- 它停在哪里？

这一连串的质问让你感觉如何？你会如何回答？你会给他提供他想要的答案吗？你会撒谎吗？在你高声尖叫企图吓跑他或转身逃跑之前，你会站在那里多久？

这是一个利益相关者第一次遇到一个询问者，以及被那些难以回答的问题质问的情形。他知道销售人员的动机首先是要卖给他一些东西。但是他认为，销售人员只是借问问题之机，然后去发现一个弱点，再利用这个弱点去操纵利益相关者。他不想被人操纵，也不愿意被人操纵。

当陌生人开始问一些棘手的、具有侵犯性的问题时，在其面前树起一道情感隔阂之墙是人的本性。作为一名销售人员，你就是一个陌生人。当你提出的问题让你的利益相关者感到不舒服时，他们的情感隔阂之墙就会立刻升起，这时你甚至还没来得及建立起情感联系和彼此的信任。最后只能是你被拒之门外。

打破利益相关者的情感隔阂之墙、激活自我表露循环的关键，是开始销售对话。开始销售对话的关键是用很容易回答且他们乐于回答的问题开场。

困难的问题，要么需要复杂的答案，要么使利益相关者感到不舒服，要么让人有受到操纵的感觉。简单的问题不会这样，它们不会太私人化或太有刺探性，可以让利益相关者很舒服地讲述他们的故事。

避免在一些无聊的事情上提问题，如办公桌上的小物件、天气等，这会浪费利益相关者的时间，也会让你看起来和其他业绩平庸的销售人员一样。如若不然，你就会触发反射式的买方脚本，让你的对话只停留在表面上，尤其是在你与主导者和分析者打交道的时候。

当我与潜在客户第一次会面时，我经常问："你在这里工作多久了？"如果他们说 20 年，我就有机会去赞美他们的成就（这让人感觉他们很重要）。然后我还会继续说："我敢打赌，你在这里见证了很多变化！"只要说到这一点，话题的闸门通常就会打开。

另外，如果他们说只有六个月，我就会问："是什么让你决定在这里工作的？"这样，我就可以了解他们的动机、职业抱负和背景。这就为一系列后续问题提供了机会，也会让我的利益相关者感觉被重视，让他们保持开口说话，并把他们的情感隔阂之墙降下来。

共同点是设计简单问题的另一个来源。如果你俩都在同一所学校上学，住在同一个小区，认识相同的人，有相同的爱好，热爱同一个运动队，等等，那么对你们来说轻松话题就有了很好的起点。你也能轻松触发他们的相似偏好，然后进入他们的核心团队。

有了共同点之后常见的问题是，你在那里滔滔不绝地说，而不是让你的利益相关者说话。你在这个话题上武断地发表看法，一厢情愿地以为你的利益相关者会认为你是个知识渊博的人。

当讨论一个与利益相关者有共同点的话题时，要提一些与该主题相关的聪明的问题，这样对方就愿意开口说话了。请相信我，人们不想听你说话，他们想让别人听自己说话。

你越是对你的利益相关者说的东西感兴趣，他们就越觉得自己有价值。他们感觉越好，想说的也就越多。他们说得越多，与你的情感联系就越紧密。一旦情感联系建立起来，你就有机会去问那些更深入、更有战略意义的问题。这些问题会突破表面，并对利益相关者的现状提出挑战。

开放式问题的力量

事实是这样的：你问的问题越多，完成的销售业绩就会越好。当然，正如我们从询问者乔的案例中了解到的，调研不仅仅是问问题，而是关于如何提出正确的问题的，而正确的问题就是开放式问题。

开放式问题，如“这对你有什么影响”或“当你的员工的补偿成本增加时，会发生什么”，可以鼓励利益相关者不断说话和详细阐述，以达到让他们讲故事的目的。

相反，封闭式问题，如“你用了多少个”或“你满意吗”，只能引出简短的、有限的回答。封闭式问题是自私的和质疑的，因为它们主要关注的是你自己想要得到的信息，从而可以加速你的推销进程。

大多数销售人员对开放式和封闭式问题的类型至少都有一个初步的了解。如果你采访100位销售人员，他们中的99位会告诉你，开放式问题在销售对话中是最有效的。然而，如果你观察这些销售人员与利益相关者的互动，你依然会听到一些质疑的封闭式问题。

封闭式问题容易变成习惯，因为它们很容易给你一种掌控局面的错觉，且它们几乎不需要智力投入，更不用说情感投入。销售人员很难提出开放式问题是因为：

- 无法摆脱对破坏性情绪的依赖，总是处于被控制的状态。
- 总是不愿意放手，一厢情愿地认为只要对话发生，利益相关者就会在讲故事的背景下揭示关键信息。
- 缺乏自律，很难把注意力集中在对方身上。
- 感觉问那些能引出要点的封闭式问题，比倾听利益相关者的故事更容易。

在销售中，99%的问题，以及诸如“告诉我更多”这样的疑问都应该是开放式的。我特别喜欢“陈述和暂停”的提问方式，它可以让潜在客户开口说话。我会说：“哇，听起来真的很有挑战性。”然后我会停顿一下，让沉默来完成剩下的工作。

这个技巧有两方面的作用。首先，它表明我在倾听（积极的倾听）；其次（也是最重要的），它促使对方必须用自己的故事来填补沉默。

开放式问题的目标就是引出故事。在这些故事中，你可以获取你所需要的信息，以便构建你的案例，并了解对你的利益相关者来说最重要的是什么。正是通过这些故事，利益相关者才会教给你他们的语言。

避免见缝插针式推销

普通销售人员认为，要想控制销售对话，他们必须从头说到尾。他们有一种惹人烦的倾向，那就是以质疑和封闭式的问题从买家和利益相关者那里获取信息，然后只要抓到一个插话的机会就开始推销。

在调研过程中，最具破坏性的销售行为是见缝插针式推销。由于缺乏耐心和冲动控制，这一习惯会导致你错过重要的线索，破坏关系，失去销售机会。

它的工作原理是这样的。在调研过程中，为了回答一个问题，你的利益相关者会说：“我们一直苦于解决（填空）这个问题。”

- 如果你是一个普通销售人员，你就会把这当作一个可以抓住的机会，并开始推销解决方案。
- 如果你是一个顶尖销售人员，你会把这视为一个潜在的机会，根据你的电话目标，要么顺着这条路线，问更深入的后续问题，以获得完整的故事，要么在未来的会议中充分利用这个问题。

当你发现问题和机会的时候，你就会面对诱惑，想要去抓住机会并提出解决方案。所以你必须控制这种破坏性情绪，因为一旦你开始推销，你就会听不进去别人的话，因此也会导致你的利益相关者不愿意听你的话。

顶尖销售人员利用调研来构建他们的案例。他们耐心地问问题，鼓励利益相关者说话，并在制定任何建议或提供解决方案之前，把所有的信息都集中起来通盘考虑。在周期较长的销售过程中，调研环节可能会涉及多次会议和众多利益相关者，最终产品演示或解决方案才能出台。

顶尖销售人员都明白，问问题的人掌握着对话的控制权。

流畅的双重调研环节

调研的关键是在正确的时间提出正确的问题，并有正确的意图。在销售对话中，你问的问题应该和你为了保持情感联系、构建案例、往下一步推进的努力相一致。这是一个双重的过程：既要有共鸣还要有结果。

好几代销售人员都曾经接受过关于调研的 SPIN 方法的培训。SPIN 销售法是由尼尔·雷克汉姆开发的，并在他的著作中有详细论述。这个方法是有史以来最受欢迎的调研框架。SPIN 销售法的发现基于一份详细记录的研究报告。该报告指出，只有当销售人员会问问题、利益相关者会回答时，这才是最成功的销售电话。

雷克汉姆从他的发现中总结出来的理论是，最成功的销售人员以特定的顺序提出了特定类型的问题。SPIN 这个缩写词代表了四种类型的问题，以及它们在提问中的顺序：

（1）情景问题（Situation），有助于收集和评估事实和数据，有助于了解潜在客户当前的状态。

（2）发现问题的问题（Problem），有助于揭示潜在客户的问题和机遇。

（3）暗示问题（Implication），有助于揭示问题所造成的困扰。

（4）收益需求的问题（Nead-payoff），跟利益相关者确定解决问题的好处，激发自我意识，由此产生对变革的需求。

最近，作家德布·卡尔佛特经过广泛研究，证实了雷克汉姆的研究结论：那些在会谈中少说话、会问问题、认真倾听的人，比他们的竞争对手更有可能获得好的结果。从研究中，卡尔佛特开发出了名为“DISCOVER”的问题框架。

这个缩写代表的含义是：

- 数据问题（Data），用来收集事实。
- 事件问题（Issue），用来刺探问题和困扰。

- 解决方案问题（Solution），可以提供方案和新的观点。
- 后果问题（Consequence），用来引起人们对不采取行动的风险、担心和挑战的关注。
- 结果问题（Outcome），用来揭示利益相关者的期望。
- 价值问题（Value)，用来组织利益相关者。
- 案例问题（Example)，用来催生利益相关者的自我意识，即通过对比展示问题的存在。
- 原理问题（Rationale），用来揭示决策是如何产生的。

熟知 SPIN 销售法和 DISCOVER 框架，能帮助你提出更有效的问题。SPIN 销售法和 DISCOVER 框架的价值在于，它们可以指导更有效问题的策划过程。

但这些方法也有缺点，那就是在普通销售人员的手中，这些问题框架可以迅速演变成线性的质疑，而不是流畅的对话。

销售人员应该把注意力集中在他们应该问的问题上，这样他们就不会与对话脱节，也不会让他们的问题变得不连贯和有操控的嫌疑。普通销售人员的习惯是在对话时考虑下一个问题而不是倾听。

顶尖销售人员却在一个不同的层面上。他们利用一个更高级的双重过程发现框架。这个框架在很大程度上依赖于你和利益相关者对话时，在引导对话朝向既定目标前进的时候，产生的共鸣、情感和注意力。

它从宽泛的开放式问题开始，然后提出探究性问题，从而慢慢引出一个自然衔接点，利用这个衔接点，你可以完成桥接并要求向下一步推进。双重过程发现框架（见图 23.1）是平等对话式的，而不是质疑式的。

普通销售人员更愿意接受一个线性的提问过程，因为比起真正的倾听和在对话中进行情感投入，整理问题清单对他们来说更容易一些。从他们的利益相关者身上“挤出”足够的信息，并抓住这个机会来推销，这也就顺理成章了。

在对话的初始阶段，有效的问题能够激活利益相关者的自我表露循环。关键是顺其自然，不要人为地制造障碍。对话是系统的，是建立在自己的基础之上的，而不是按照预先确定的列表，一个接一个地问问题，而且问的还都是质疑性的。用最少的问题，挖掘最多的信息，这才是王道。

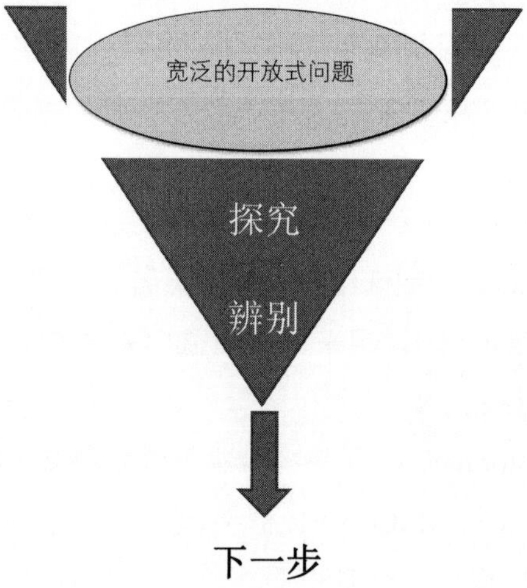

图 23.1　双重过程发现框架

顶尖销售人员愿意使用双重过程发现框架，因为它给了他们最大的灵活性，可以在对话展开时，从战略角度来调整他们的问题。这个非线性框架可以打开多个提问问题的途径，让顶尖销售人员可以直观感觉到利益相关者的情感，翻转买方的脚本，对隐藏在表面之下的问题、陷阱和事件会有一个更加清晰的认识。

设计一些靠得住的问题

在与利益相关者保持联系的同时，顶尖销售人员似乎清楚地知道在正确的时刻应该问些什么。对于提出下一个问题，或者让对话继续进行等，他们从来没有表现出来急不可耐的感觉。

顶尖销售人员可以让销售对话保持流畅，并且能适时提出一些靠得住的问题。所谓靠得住的问题，是指在双方对话的背景下，这种问题是深深植根于内心的，在对话中随时都可以派上用场。这些问题可以根据对话的情况和方向进行重新定位、重新组织和重新设计。

销售过程是情境性的：不同的行业、不同的产品和服务、不同的周期、不同程度的复杂性、不同的利益相关者和不同的销售人员。因此，问题必须要根据不同情况而做弹性改变。

提出伟大的问题是颇具有技巧的。有时候，它们只是简单的陈述，然后伴有一个停顿，就能引起人们对沉默的反应。有技巧的问题还是一种刺激物，它们促使利益相关者思考并自己意识到改变的需要。有技巧的问题自然而然地建立在对话的基础上，而不是与之分离。它们必须与此时此刻的对话内容和氛围相匹配，绝不能生搬硬套。

策略性问题应该很好地设计在对话中，并与最重要的销售策略保持一致，以推动走向下一步。顶尖销售人员应该具备战略眼光，聚焦长远，就像高明的棋手那样在棋盘上总能思考三到五步。

培养自己能够提出策略性和有技巧的问题的能力，需要很高的销售情商。你必须利用同理心、情境意识、注意力控制、情绪控制和自信才能达到。

培养这种能力的第一步，就是要有意识地将靠得住的问题内化于心。刚开始的时候，我的销售经理给了我两页的问题。这些问题组织方式对我来说不太有用，而且也不符合我的讲话风格。要是根据那些问题来跟潜在客户通电话，我肯定听起来就像一个机器人，机械地、一个接一个地重复问题。但由于缺乏经验，这个问题清单就是我所拥有的全部。

但至少这是一个起点。我阅读和研究了 SPIN 销售法理论，经过一段时间以后，我将问题清单组织成一种更好的格式，并把语言进行了改动，以便与我的演讲风格相匹配。这是很重要的，因为要进行对话，你的问题和疑问必须听起来像你由内而外发自内心而出的。我由此也成为一个问题的收藏家：

- 当你听到一个与利益相关者产生共鸣的问题时，把它写下来，并记住对话产生的背景。
- 拜访并观察你公司的顶尖销售人员，收集他们最好的问题。注意他们是如何询问这些问题的——语音语调、肢体语言、语气、风格和背景。
- 多阅读一些诸如 SPIN 销售法和 DISCOVER 框架的书籍，激发你的灵感，并练习构建有效的问题。
- 试着用不同的搭配方式来表述相同的问题，找出更有效的、更适合你的风格的组合，并能够灵活地与利益相关者的沟通方式相配合。
- 关注情境感知，学习什么时候该问或不该问什么问题。

- 问题一定要有策略性。对某些问题的潜在答案要深思熟虑。然后针对每个可能的答案，提出后续问题。这能帮助你根据当时的情况发问，而永远不需要思考接下来会问什么。
- 如果销售产品是足球，问题一定要和比赛有关。在销售对话之后，回顾一下问的问题，以及它们的效果，就像回顾游戏、电影一样。保留那些有效的问题，修改或调整那些效果不佳的问题。

当你固定遵循这一过程后，随着时间的推移，你会开发出自己的一系列靠得住的问题，即那些对你有用的、听起来符合你的风格的、能让你适时灵活应变的问题。

永远不要忘记，在销售中，你问的问题比想说的任何事情都重要。

作者注

我经常被问到这样一个问题：为什么在我的书里，甚至我的训练计划中都没有列出问题的清单。

销售过程是动态的。你所问的问题必定与你的产品、行业、客户和利益相关者有关。这并不意味着你不会用一些比较通用的问题，你肯定会的。不过，我不可能设计出足够多的问题来覆盖所有的市场和行业，哪怕是一小部分也不可能。相反，我会留给你们一些一般性的问题，但这些问题也不会给你们带来多大的好处。

在我的销售情商培训会和研讨会上，我和我们的培训师与参与者一起开发、设计和构建靠得住的问题，这些问题都是针对他们独特的情况的。我发现，当你积极参与开发针对自己的问题时，它们会成为你的一部分，在你需要它们的时候随时就可以调用出来。这就是双重过程的关键所在。

我在 https://www.salesgravy.com/saleseq 上免费提供资源，帮助你构建自己的靠得住问题清单，同时，这也是一个“问题”论坛，在那里《销售情商》的读者可以针对重大问题交换思路。

24

你让我觉得自己重要了吗

许多人宁愿让你听他的故事，也不愿听从他的请求。

——菲利普·斯坦霍普

最近，在与潜在客户进行首次调研会议时，该公司的销售主管希德问我是否有几分钟的时间与他谈谈。我走进他的办公室，他给我拉来一把椅子，但在他自己还没坐下之前，他就急不可耐地问了我一个有力的问题："你是怎么做到的？"

"做什么？"我反问道（我知道他要说什么，却故意不点透）。

"你刚才在那个房间里做了什么，"他指了指身后的房间，"以前从来没有人来过这儿，也没有人像你那样吸引我们管理团队的注意。通常，当供应商进来的时候，雅各布（公司的首席执行官）会在最初的几分钟内跟供应商聊几句，然后就一直在打电话。然而这次却非常例外，他甚至都没把目光从你身上移开。你到底从哪里得到那些信息的？"

对他来说，我刚才的所作所为似乎是某种绝地武士的把戏，尽管我之前从未见过管理团队中的任何一个人，但当他们走进会议室时，我跟他们打招呼的时候可以叫出每个人的名字。

在会议中，我提出的一些问题，不但包括针对每个部门所面临的独有的情况，而且还对部门主管所取得的具体成就进行了表扬。虽然这是我第一次访问这家公司，但我很容易就把公司的独特语言、行业用语和首字母缩写融入我的问题里，就好像我已经在那里工作多年了。

希德言语中透露着敬畏，但我还是有点不想透露我的秘密，我想让他相信我就是绝地武士。

我把手伸进包里拿出一个文件。里面是每个利益相关者的档案，还包括他们的领英个人资料、Facebook 页面资料、他们部门所面临的问题和曾经取得的成功的概要，以及要问他们的问题等。

我解释说，在会议开始前一个月，我的一位初级销售代表为我做了这项研究，从网上获取相关信息，并打电话向公司询问了相关问题。我们还回顾了公司的新闻、剪报、博客和新闻稿等。

我们预先对会议进行了路演，我练习了如何问问题。我努力准备所有相关资料，这样我就能认识每个利益相关者，就好像他们是我的朋友一样。这样在会议期间，我就能基于自己的研究，把重要的事实、赞美和问题娓娓道来，而且简明扼要。

我和房间里的每个人用他们的沟通方式交谈，并表示出来我对他们和他们问题的理解。这让他们感觉自己很重要，我也很关心他们。

人类最贪得无厌的需求

根据对人类社会行为的研究，在与他人的交谈中，人类花费了 60%的时间谈论自己。把这些对话转移到 Facebook 等社交媒体上，这个数字达到 80%或更高。

为什么？似乎谈论和吹嘘自己让我们觉得自己很重要。

人类最贪得无厌的需求，是那种让别人觉得自己重要的感觉。这是人类行为世界里最奇葩的特点。我们所做的每件事、每种行为，无论好坏，都根植于我们永不满足的追求自我重要的需求中。

正如我们在前面的章节中所了解到的，谈论你自己的故事会触发多巴胺的释放，让你感到愉悦。曾经在一项研究中，研究对象甚至愿意为了获取谈论自己的机会而放弃金钱。这就是为什么我们感觉到与倾听我们的人有情感上的联系，而与那些对着我们侃侃而谈的人感情疏远。当别人站在舞台上的时候，我们就会觉得自己是无足轻重的看客。

另外，这也是销售人员不能登台唱主角的主要理由。对销售人员来说，对彰显自我重要感觉的追求是一种极具破坏性的情绪。或者说，当你控制了这种破坏性情绪，专注于让别人觉得他们自己重要的时候，它会给你一个很大的优势，帮助你来影响他们的行为。

如何让他人觉得自己重要

让他人觉得自己重要，只需要你从你的以自我为中心的世界中走出来，把注意力集中在别人身上。

- 能叫出他们的名字（世界上最甜美的声音）。
- 记住一些关于他们的事情、他们孩子的成就或一个特殊的假期，并在谈话中提及。
- 给他们面子，让他们在别人面前看起来很好，有助于塑造他们的形象。
- 说“谢谢”，并表示真诚的感谢。
- 征求意见，并表明这个人是有价值的、被需要的。
- 真正地对他们感兴趣，对他们感到好奇；通过研究潜在客户和他们的公司，你可以证明你对他们有价值。
- 通过站在他们的立场上表示你的理解和共鸣，然后表现出你可以看到并重视他们的观点。
- 倾听，我们一定要时不时强调倾听。倾听你的利益相关者的故事，是让他们感到重要的最简单、最快的方法。当你闭上嘴，竖起耳朵，把你的注意力集中在对方身上时，就能给人留下深刻的印象。
- 给予真诚的赞美。

亚伯拉罕·林肯曾经说过：“每个人都喜欢赞美。”

我曾经为这样的一位老板工作过，他习惯于赞美他遇到的每个人。他经营着一家年收入 20 亿美元的大企业。他周游全国，巡访自己各个子公司的办公环境和生产工厂。无论他去哪里，人们都期待他的来访。

他所到之处，遇到的公司的每个人——从在停车场捡垃圾的临时工到高级经理，只要他遇到了，都会奉上一份真诚的赞美。这些人愿意为这个人做任何事。

通过赞美来影响他人的关键是培养他人的意识。把你的以自我为中心的思想放在一边，真正地对别人感兴趣，并且让他们感受到你的关注。

针对利益相关者的一个特点、一份拥有、一个成就，奉献出你真正的、真诚的赞美时，你就给予了他们宝贵的礼物。你让他们感到被重视、被认可和有价值。

当你把赞美直接呈现在别人面前时，赞美才会更有意义。当你在他们老板面前为他们拔高形象时，他们会记住你的。所有的人都有对自己行动和成就认可的需求。这种需求永远都会有，而且永远不会满足。

当我对他人报以微笑的时候，别人也会以同样的方式回应我，我喜欢称赞他们："你的笑容很有感染力。"每次我这样说后，他们就会笑得更开心。可以赞美的东西有很多，如衣服、孩子、奖品、儿童的艺术作品或个人特征等。如果你对别人很了解，或者在会面前提前做了研究，那就赞美他们的成就，称赞他们做出的决定。

畅销书作家兼演说家布莱恩·特雷西说："那些不断寻求机会来表达赞美的人，无论走到哪里都是受欢迎的。你会被真诚的赞美所引发的效应所震惊。当人们感到被认可和被重视时，他们的自尊心就会因此而得到提升。他们更喜欢自己，正因为这样，他们觉得你很受人欢迎。"

当然，让他人感到自己重要的最简单、最快的方法，就是给予他们全部的注意力和倾听。当你的利益相关者在讲述他们故事的时候，如果他们觉得自己是关注的焦点，那么他们就会有被人欣赏的感觉，也容易和你在情感上产生联系。

互惠法则

今年夏天，我和儿子在日本京都的一辆公交车上，与一位年轻的日本商人进行了对话。说是对话可能有点夸张，因为我们不会说日语，对方不会说英语，所以可以称得上是一次艰难的交流。

我们发现唯一可以流畅交流的是音乐。我们轮流说出我们最喜欢的乐队，竖起大拇指，表示喜欢。倒立大拇指，表示不喜欢。我们大笑着，嘲讽着，唱着串烧歌，在这辆拥挤的公交车上，人生有了短暂的交集。

当公交车接近他的目的站时，这位年轻的商人准备下车。公交车慢了下来，车门开了。当我们鞠躬道别时，他把手伸到他的背包里，拿出一个小的、包装着的长方形盒子，示意是给我的。一开始我礼貌地拒绝了，但他坚持要我接受这个礼物，我只好微笑着，鞠躬，从他的手中接过了礼物。

30 分钟后，我和儿子回到了我们所住酒店的房间。我把盒子拿出来，好奇地想看看里面是什么。打开盖子以后，跟我想象的不一样。里面有五条生鱼片，包裹在叶子里。我盯着盒子看了一会儿，然后伸手拿起一条叶子包裹的生鱼片。

当我准备把生鱼片塞进嘴里时，我儿子皱了皱眉头。“你不能吃！”他恳求道。他说：“这只是公交车上一位陌生人给的，谁知道你放到嘴里的是什么。”

“但人家把它作为礼物送给了我，”我不服气地回答，“我不能浪费它，那是不对的，这可能是他的晚餐！”虽然我儿子的观点是合理的，但我还是觉得把生鱼片吃掉是一种情感上的回报。

其实我强烈的责任感还远不止这些。那个年轻人下车的那一刻，我感到一阵内疚。他没有给我时间，让我在自己包里找东西来报答他的恩情。甚至几个月后这件事还困扰着我。这就是互惠法则的力量。

罗伯特·B. 西奥迪尼是《影响力》一书的作者，他说：“我们身边影响力最强大的武器之一是互惠法则。”这条法则说，我们应该试着用善良的方式来回报别人给予我们的东西。

用外行人的话说，互惠法则可以简单地解释为，当某人给你某物时，你就有义务回报给对方同等的价值。但正如西奥迪尼所解释的那样，互惠法则比这更深入。这种有责任的感觉，或者说需要回报的感觉，深深融入了人类的心里。

想象一下，如果我们没有义务去回报他人，我们的世界将会是什么样子。社会会崩溃，因为没有人再会为其他任何人做任何事。为什么一定要有这样的义务呢？如果没有，你为他人所做的任何事情都不会再有回报，也不会因为没有付出而受到惩罚。互惠法则是把人类社会团结在一起的黏合剂。

爱普·威尔逊对互惠法则对人类行为的影响有深刻的理解和把握。他巧妙地把这个法则运用到了和客户打交道上。他的公司，名为福克斯博罗，主要业务是为客户建造高端的围栏。他的员工都受过良好的训练，并且以素质良好而著称。

但是，爱普坦言道："有时我们也会犯错，不小心砍下了客户最喜欢的灌木或树枝，或者我们的围栏产品有瑕疵，遗憾的是，我们的客户比我们还早发现。"

当一个客户刚刚花了 50 000 美元或更多的钱来请你建造围栏时，这就是个大问题。

"在最初的调研阶段，我的销售人员与潜在客户进行洽谈，就以他们家的房子为参照，试图找到一个可以合作的项目。这个项目要满足两个条件：一是对他们来说这个项目很重要，二是他们没有预算。例如，可以是移栽一棵树，也可以是填上一个洞、清理一个排水池，或者修一条沟渠等。一旦合同签订，项目由我们来做，客户不需要花费任何费用，我们特别说明了这一点。当然，我们的客户非常兴奋。"

事实上我们做的比承诺的多，这就是互惠法则。它能帮助我们产生良好的信誉和口碑。即便有问题出现时，它也会有所帮助。爱普解释说："客户往往都希望能投桃报李。当问题出现时，他们都很理性，对问题的解决方案也很包容。所以不会有争执，因为客户给予了我们足够的尊重和解决问题的空间。"

关于互惠法则的结束语：尽管你给予别人后，他们会有回馈的义务，但有些人可能永远不会回报你的好意。这就是为什么刻意追求互惠但并不起作用的原因。换句话说，将互惠作为一种交换条件——我给你某些价值，你就要给予我相等或更大的价值——抱着这样的心态去做事，会让你感到厌倦和沮丧，因为对回报的期待得到的很可能只是怨恨而已。

义务和胜率

重视带来的好处，以及互惠法则产生的义务感是提高你交易成功概率的关键之一。

你可能还记得，通过渠道推进乃至加速交易，是通过一系列的微小承诺完成的。每次你的利益相关者同意做出一个微小承诺时，胜率就会随之提高。

渴望受到重视的需求是很不容易满足的。但是当你让他人觉得自己重要的时候，你就给了他一份别人无法给予的最好的礼物，这份礼物是施展影响力的基石之一。通过让一个人感觉自己很重要，你就在他的大脑里创造了一种有义务回报的潜意识，通过这种方式你获得了塑造他们行为的权利和影响力。

因为你的这份礼物触发了一种潜意识的责任感。当利益相关者的责任感增加以后，你再要求往下一步推进或做出微小承诺时，利益相关者将通过真实参与和同意承诺来回报你。

玫琳凯·艾施是玫琳凯化妆品公司的创始人，她说："对于你遇到的每一个人，你都要假装他们的脖子上戴有一个标志，上面写着：'让我感到自己很重要。'这样，你不仅会在销售行业大获成功，你还会成为人生赢家。"就这么简单。

25

你了解我和我的问题吗

在销售中，还有比让你的听众厌烦更大的罪过吗?

——迈克·温伯格

我的新客户坚持认为我是错的，这使我们的合作陷入了艰难的境地。我们的关系还处在刚刚起步的阶段，这让我如履薄冰。我一直试图告诉我的客户，在营销过程中关注差异化竞争是注定要失败的。这场争论的焦点是，他们的市场营销团队想要开发一堆营销材料，以此作为营销人员的通用语言。

就在我们的争论之前，营销团队已经提供了一场关于营销手册、展示平台和数字销售媒体的盛大展示。

那些拿着高薪水、受过良好教育的专业营销人员，骄傲而自负，一边说着流行语和复杂的行话，一边分发着印有漂亮图片的宣传册。然而这些人中，又有几个能真正懂得在竞争激烈的行业中，如何才能吸引潜在客户并完成交易呢?

营销团队非常担心销售人员掌握的信息前后不一致，用他们的营销副总裁的话来说就是："不知道如何清楚地表达公司的差异化竞争优势。"

我的阻力很明显。该公司没有信息表达方面的问题，但有一个参与程度的问题。客户经理们都没能成功，不是因为他们无法清晰地表达信息，而是因为他们把信息表达得过多。客户经理们过于夸夸其谈，使利益相关者感到非常厌烦。更糟糕的是，这些客户经理们说的话都没有任何新意，因为他们的说辞与公司主要竞争对手的说辞完全相同。

“杰布，我听到你说什么了，但我们的产品比我们竞争对手的产品好，”产品经理回应道，“我们的问题是，销售人员不知道如何向潜在客户展示我们产品的不同。我们还需要销售人员让潜在客户明白，是什么让我们的软件更出色。”

这是一个严重的脱节。上周我花了一周的时间观察他们的销售人员。客户经理们手里拿着 iPad，iPad 里装有互动小册子。他们就拿着这些 iPad 开始了推销，并发表非常武断的看法。他们机械地背诵事实和数字，演示案例研究，并对他们的潜在客户提出质疑。

但所有的挑战、讲解和洞察都没有发挥作用。新的销售业绩没有突破，公司面临着失去市场份额的危险。领导层很恐慌，品牌和产品经理都难辞其咎。于是他们开始寻找救命稻草。

我就是在这个时候出现的。他们雇用我来帮助他们打磨产品信息，并教授他们的销售人员如何正确表达出来。他们认为，这个问题一旦解决，那么解决方案本身就是一个更好的推销方案，会让利益相关者屈服。然而，营销团队已经做出了决定，没有心情去倾听。

当我意识到如果我逼迫得再紧一些，我可能就会失去这个新客户时，我问道，下周我来的时候能否就信息传达方面提出一些建议。

当所有东西看起来一样的时候你是无法区分的

一个星期后，在一个下雨的星期五早晨，这个团队聚集在高管会议室。在桌子上，我放了一些销售材料，以及他们的三个最大竞争对手的网站页面和登录页面的打印材料。甚至我还在平板电脑里预装了每个竞争对手的视频并准备播放。在这些东西的旁边，我还摆放了客户的营销材料和相关信息的复印件。

起初，项目团队的成员就像走进糖果店的孩子一样。他们被自己的竞争对手的营销材料深深吸引住了。我很好奇，难道他们就没有花时间去做这件事吗？

在开始讲之前，我刻意给他们几分钟时间，然后说："请各位从桌子旁边后退一步，然后看着桌子上所有的材料，告诉我你们看到的是什么图案。"听到我这句话，偌大的一个会议室立刻变得安静下来，然后没有人说一句话。然后一位营销经理低声说："它们都是一样的。"

这引发了一场激烈的讨论，成了急需深刻反思的起点。一直以来他们如此专注于新闻剪报，并且是剪报的忠实信徒，以致他们对真相一无所知。他们不会去考虑所有的事实，而只是特意挑选那些能证明他们观点的数据。

这是一个典型的例子，证明了人们在工作中的确认偏误。市场营销人员找到的数据，都是可以支持他们结论的。他们的结论就是销售人员没有能力去区分，从而忽略了指向不同解释的证据。

这是对一个令人不安和难以忽视的真相的幡然悔悟。对利益相关者来说，我们的客户和他们所在行业的每个竞争者都是难以区分的。

当我们的客户感觉他们面前的销售人员、传递的信息、宣传材料、广告、网站，甚至图像和视频看起来都是一样的时，你让他们如何区别你和你的竞争对手呢?

毫无疑问，大多数的销售对话很快就会变成价格谈判。说再多也不能解决他们对分化认识的问题。

信息透明的时代

我们生活在一个信息透明的时代，任何人只要点击几下鼠标就能获得有关任何东西的信息。信息无处不在，但同时它们也让人感到困惑。例如，前文提到的我的一位客户，一个正在研究潜在供应商的人。通过他的故事能得出什么结论?

- 四家公司提供的产品看上去是相同的产品。
- 有四家公司做出同样的承诺。
- 四个非常相似的网站。
- 四个带有相同文章和主题的博客。
- 在四个不同的登录页面上的四个免费指南。

- 四个类似的产品讲解员的视频。

通常情况下，研究过程比研究结果更容易让人困惑。利益相关者即便做了大量研究，跟每个公司的客户经理座谈了很多次，但是也和他们进行研究之前没有什么变化。

客户经理们机械地背诵着传递产品信息的内容，并反复复述由市场营销部门的 MBA 开发的陈旧的演示文稿。每一个客户经理都用令人信服的语调来证明他们的软件是远远超越其他公司的。

- 与客户经理的四次会议基本上都是一样的。

利益相关者是如何选择的?

许多公司和销售人员自欺欺人地认为，他们的产品或服务是如此独特，如此与众不同，以至于产品或服务自己就能“推销”自己。如果你也持有相同的看法，那么是时候面对现实了。对于利益相关者而言，你和所有的竞争对手都是一样的，看上去、听上去，以及动作行为都是一样的。如果你的产品很好卖，我建议你好好准备一下你的简历，因为公司很快就会得出这个结论：既然产品那么好卖，公司还需要你干什么。

事实很残酷：要想与众不同，你必须做到与众不同。如果把所有的复杂性都从销售中剥离出来，你就会发现，从本质上来说，销售只是一个人在解决另一个人的问题。

如果销售人员能够证明他们对利益相关者以及他们具体的问题非常了解，而且还能拿出量身打造的解决方案帮助他们解决问题，那么利益相关者就会对销售人员产生情感上的依赖和高度的忠诚。

解决问题的人是商业世界的王者。

你有没有了解我

闭上你的眼睛，想象一下你生活中的一个人，一个真正了解你的人：他知道你是谁，了解你的一切。想想这种关系，它是什么样子的？你的感觉如何？它是：

- 没有偏见的吗?

- 让人舒服的吗?
- 可以接受的吗?
- 开放和透明的吗?
- 以上所有都是吗?

当你和一个懂你的人在一起时，你们二人会分享一种独特的语言。你们因为某个笑话一起大笑，而旁人却未必明白。你们用一句话就能表达彼此的想法和主意，你们双方都知道对方在想什么，就像你们有超感能力一样。你们甚至会在同一时间产生相同的想法，说出对方想说的话。

当别人了解我们的时候，会有一些特别的事情发生。在所有的关系中，别人能够懂你是最珍贵的。

很明显，在与利益相关者的商业关系中，几乎不可能复制你与姐妹、父母、爱人或最好的朋友那样的关系。不过，同样的情绪和影响力也在发挥作用。所有的人，在他们的内心深处，都想要被理解。

在 B2B 销售中，利益相关者使用别人的钱来解决他们的问题，这些问题都是私人的和真实的。每个利益相关者都认为他们的处境是独一无二的。即使你以前也遇见过很多同样的问题，如果他们觉察到自己的与众不同，而在你这里却受到非常冷淡的礼遇，他们就会在情感上与你疏远。

在商业关系中，你向你的利益相关者展示你了解他们的方式是通过个性化的建议来帮助他们解决问题、消除痛苦，或者抓住机会。这些建议必须使用他们的语言来传达，并且与他们最重要的东西相关。

当你说他们的语言时，你看上去、听上去，以及给人的感觉都和你的竞争对手不同，于是你获得了对购买行为产生影响的机会。

人们基于自己的理由而非你的理由进行购买

在与一位潜在客户的高管团队进行的一次高层会议上，彭斯克公司的首席运营官阿特·威利和负责该交易的企业客户经理获得了一次访问潜在客户工厂的机会。阿特和他的企业客户经理人团队花了 4 小时与潜在客户的利益相关者一起参观了他们巨大的厂房和设备，问了一些问题，了解了他们的运作，对该公司的历史和价值观也有了初步的认识。

“这真是太棒了，”阿特说，“我们对他们的企业文化，他们如何对待客户，他们公司的目标，以及阻碍他们实现目标的障碍，都有了更好的理解。”

彭斯克公司的销售团队利用这次参观中收集的信息草拟了一项计划，帮助潜在客户实现他们的目标。彭斯克公司的团队主要是帮助他们的潜在客户改善客户服务质量，这将对留住客户和增加利润产生重大影响。

6 个月后，彭斯克公司赢得了这笔交易。在庆祝活动结束后，阿特给这位新客户的执行副总裁打电话，表示了感谢。在电话中，阿特问他是什么让他和他的团队选择了彭斯克公司。这位副总裁的解释再次印证了为什么销售情商很重要。

“我们还邀请了你们的竞争对手参观我们的厂房。他们和我们在一起的时间还不到 30 分钟，也没有问任何问题。在参观的大部分时间里，他们的高管都在看手机、查电子邮件。给我们的印象就是他们对了解我们并不感兴趣，他们更愿意向我们讲述他们的规模多么大，产品和服务多么好，以及如果我们不跟他们做生意多么愚蠢。”

“你和你的团队花了半天的时间来参观我们的厂房。你们问的问题都非常到位。我们团队的每个人都觉得你和你的人对我们真的很感兴趣。我们能感觉到你们是认真的。你们提出的建议基本上都是为我们好。谈到你们的竞争对手，你们也能做到客观公正。这就是我们和你们做生意的原因。”

仅这笔交易就有数百万美元之巨。当潜在客户公司里的利益相关者在彭斯克公司和竞争对手之间权衡并做出决定时，他们选择了彭斯克公司，因为彭斯克公司的销售团队的人表现出了兴趣，投入了时间来学习和理解，使利益相关者感到了自己的重要性，而且他们还能基于潜在客户的独特情况，提出个性化的建议，并更加关心他们。

彭斯克公司的竞争对手在跟利益相关者的交谈中说到了卡车。在他们看来，利益相关者提出的购买理由应该与特色产品、购买后的好处、卡车规格、竞争优势有关。所有这些可能的理由都是理性的、合乎逻辑的，但唯独不是利益相关者的真正理由。

这与卡车无关，潜在客户公司里的利益相关者并不关心卡车。他们关心的是，什么问题会影响他们提供一流的客户服务的能力。

人们基于自己的理由而非你的理由进行购买。要想在这个信息透明的时代中脱颖而出，你必须站在你的利益相关者的立场上考虑问题。你必须投入时间和足够的好奇心去了解他们的业务和问题。你必须学习和使用他们的语言去交流和解决问题。

语言的力量

从人类文明的萌芽开始，语言就已经是连接人类的纽带了。它定义了界限，确定了亲疏远近。今天，全球有超过 7 000 种语言正在被使用。

社区、公司、家庭、宗教、俱乐部、运动队、学校，各行各业的人群，以及每种组织架构，都会使用一种共同的语言，而这种语言则会把它们联系在一起并使它们产生共性。

进化生物学家马克·帕格尔称语言为社交技术。他认为，人类语言进化的主要原因之一就是使销售变得更容易，从而加速商业活动的发展，最终创造了如今的销售行业。

帕格尔断言："语言是一种强大的、神经系统的音频技术，可以让其他人的大脑重新连接，因为它可以让你把你的想法直接植入别人的大脑中。"

我认为语言是强大的终极销售技术。在世界各地旅行时，尝试着说另一种文化的语言，人们会把你拉入怀抱，拥抱你。不信你就尝试一下。你会注意到，说另一种文化的语言其实根本就不用付出什么。只要能恰到好处地说一两个词语，你可能就会从一个陌生人变成自己人。

在销售对话的背景下，利益相关者的语言是公司术语、缩写、过程、系统和行业术语。它包括了他们情感上的敏感话题、挑战、事件、关注点、独特的问题、状况和机会。这是他们表达和表现这些事情的方式。当你学会说他们的语言时，也有同样的效果、利益相关者会把你当作自己人。

我们在前文中已经探讨了各种偏见如何左右我们的观点，我们相信跟我们越相似的人就越好，越值得信任。语言超越了差异，创造了相似。

就像电视遥控器一样，你可以利用语言来"改变别人大脑里的设置"。会说你的利益相关者的语言，可以让你的信息和建议听起来很熟悉、安全、舒适、令人难忘。这在追求差异化的战争中给了你一个突出的竞争优势。

在销售培训期间，培训师会重置你的大脑，以便让你学会使用你公司的语言。你可以学到推销用语，如何提出有价值的建议，以及如何讲述公司的故事。你不断学习、吸收并熟悉销售材料，学习如何从你公司（和你自己）的角度来谈论产品、服务、规格和特征，这完全是沉浸式学习。随着时间的推移，你开始自然而然地用这种语言思考和说话。

这就是为什么跳出自己的头脑，学会去说你的利益相关者的语言非常困难。在我们“信息为重”的研讨会和销售情商的培训课程中，我们会让参与者进行一个简单的练习，在练习中要求他们从利益相关者的角度列出利益相关者共同关心的问题和困扰。

当参与者发现他们几乎不可能站到利益相关者的立场上，也无法以他们的立场靠直觉去审视问题的时候，这是一种难以忍受的痛苦。在大多数情况下，参与者所构建的列表仅仅是关于产品和服务特性的再存储，而不是影响利益相关者的真正问题。

当你站在他们的立场上时，学习并使用你的利益相关者的语言是很容易的。这需要一种有意识的努力，让你对你的利益相关者的动机、关注点、兴趣、愿望和经验产生共鸣。

巧妙的问题可以引出利益相关者的故事。当你深入倾听、沉浸在你的利益相关者的故事中的时候，你就会获得不同的视角，去体验他们的情感，并用他们的语言表达出来。

信息为重

一旦你了解了你的利益相关者的语言，下一步就是通过你的销售信息来组织它，以证明你了解了你的利益相关者。

无论是在最初的演讲、销售对话、演示中，还是在建议中，你的信息必须具备相关性，且是引人注目和令人难忘的。它必须能够表明你了解了利益相关者的独特情况。

相关性是关键因素。否则，这些信息就只是一种噪声、一种无聊的过场，利益相关者的大脑会忽略它，也不可能记住它。

信息非常重要。一种重要的认知捷径叫作可得性启发法。大脑认为，重要的信息都是那些容易被记住的信息。不仅如此，大脑还认为容易记住的信息比难以记忆的信息更重要。

当你完善信息并与利益相关者进行沟通时，不能忽略可得性启发法。难以忘记就是差异化。当你会说你的利益相关者的语言时，你的信息更容易被记住，因此在决策过程中也会得到更多的权重，从而增加了获胜的可能性。

遗憾的是，普通销售人员会犯严重的信息传达方面的错误。就像机器人一样，他们不假思索地将产品的特点倾倒而出，就像在销售培训中学习到的那样，但恰恰抛弃了相关性。

他们的演示很无聊。普通销售人员没能激活利益相关者的大脑，吸引他们的注意力，因为这种做法无非就是一本会走路、会说话的营销手册而已。毋庸置疑的是，你做产品演示和介绍的时间，通常也是利益相关者评估和审视你的时间。

使用你的利益相关者的语言，好处就是可以减少认知负荷，让他们更容易理解、吸收和记住你所提供的信息。不过这需要一个复杂的倾听过程。

有了销售信息，复杂性就是你的敌人。复杂而陌生的语言，充斥着行话和商业用语，很难让人记住。当你的信息难以理解时，你的利益相关者的大脑就会停止关注，转而运用启发法和偏误来解读你所说的内容。

“那又怎样”嗅诊法

我早期的一位销售导师，曾用一种强硬但令人难忘的方式教会了我“那又怎样”这个嗅诊法。在做大型演讲之前，我会和他一起扮演不同的角色。在看完每张幻灯片、听完相关信息之后，他都会面无表情地问道：“那又怎样？”

“我们的产品将为你节省30%的开支。”

“那又怎样？”

“我们的客户满意度是96.7%。”

“那又怎样？”

“我们的安装过程是无缝的，没有任何麻烦。”

“那又怎样？”

他强迫我解释，基于他们的特殊情况，为什么每个点对特定的利益相关者或利益相关者群体都是如此重要。如果我不能从潜在的公司或个人利益相关者的角度出发来讲解，那么幻灯片、要点，有时甚至整个演示都是一纸空谈。

过去这个方法总是让我很愤怒。我会怼回去，会争辩，试图证明我的观点，但如果我的演示没有通过“那又怎样”嗅诊法，我想传达的信息也就被忽略了。

然而，这个方法在让我感到愤怒和沮丧的同时，也让我变得更好，并把我变成了一个信息传递的机器。我学会了倾听并理解我的利益相关者，然后用他们的语言来完善与他们相关的信息，因为我知道我必须要经过利益相关者的“那又怎样”的严峻考验。

桥接的艺术

当你在解释、讲解、演示、挑战、提供见解或展示时，你必须很清楚地知道，在你的利益相关者的大脑中会有以下两个最紧迫的问题：

（1）那又怎样？

（2）这对我有什么用？

回想一下之前我们说到过，你的利益相关者的注意力是由杏仁核管理和控制的。杏仁核会对有威胁和明亮、发光的东西做出反应。为了让你的利益相关者存活下去，杏仁核会忽略那些枯燥乏味的东西，如脚本化的演示，因为它要优先对环境破坏做出反应。

杏仁核是你的利益相关者的守门人。每个销售信息首先都要经过杏仁核，就像我的销售导师起到的作用那样，它会用“那又怎样”嗅诊法严厉地对待每条销售信息。

杏仁核非常自私。当你的嘴在动、PPT 幻灯片在闪烁时，它只想知道：“这对我有什么用？”如果你的信息不是新的、与众不同的，或者不具有破坏性，并且它不能解决任何独特的问题、消除疼痛，或者对抗未来的威胁，那么杏仁核就不会浪费宝贵的认知资源在这上面。

相反，如果杏仁核无法快速有效地做出反应，它会回过头来扫描主人的大脑环境，以找到破坏因素。要是这样的话你的信息就永远不会到达利益相关者的大脑皮层。换句话说，如果你的信息不具备相关性，利益相关者的大脑自然就不会有任何兴趣。

解决问题，消除痛苦，帮助利益相关者抓住机会，做到这些，你就获得了向下一步推进的权利，并能最终完成交易。你可能有完美的解决方案，但是因为你没有说他们的语言，或者你的模式很无聊，那么你的利益相关者就听不进去你的话，你就会失败。

顶尖销售人员是图案画家。他们用信息和故事来引起杏仁核的注意，这些信息和故事紧紧地聚焦一个主题，那就是了解自己的利益相关者，并且用一种易于理解的语言表达出来。

对于利益相关者而言，什么最重要？桥接！就是把你的解决方案与你的利益相关者的问题联系起来。这是你做生意的必经之路，也是其巧妙之处。而且一定要用他们的语言，而不是你的。

桥接可以把信息与情感联系起来。使用适当的词语、短语和故事来激发和激活你的利益相关者的情绪，通常是与痛苦有关的情绪，如压力、担忧、不安全感、不信任、焦虑、恐惧、沮丧或愤怒，以此来给他们带来内心的平静、安全感、选择、希望、更少的压力或更少的忧虑。

在商店播放法国音乐，受试者就会更倾向于购买法国葡萄酒，这种反应被称为影响启发法。简单地说，你的情绪以及由此产生的行为往往会受到另一种情绪刺激的影响。基于这个原因，用情感语言和故事搭建的桥梁会带来更多的情感影响，因此更具说服力。

三步法桥接框架

以你的利益相关者的语言进行桥接，找到问题、提出建议和解决方案，利用三个步骤（见图 25.1）把当前状态、个性化推荐与未来、期望的状态或其中有利的内容联系起来。

图 25.1　三步法桥接框架

当你把建议、价值主张和你在调研过程中发现的情感敏感话题捆绑在一起的时候，你的利益相关者将会感到你对他们的价值肯定和重视，他们就会觉得你真的懂他们。

永远不要忘记，每个人（每个公司）都认为自己的问题是独一无二的，不管实际上这个问题多么普遍。因此，桥接必须是个性化的。

顶尖销售人员用事实证明了，他们真正懂得利益相关者，并且可以用自信、简洁、个性化的桥接来解决利益相关者的问题。顶尖销售人员将寻常的特质和优势，转化为专门针对某个利益相关者的独特情形，从而制订个性化的解决方案。他们修改了产品的通用特性，有针对性地重新设计，从而使利益相关者认为这些产品是为他们专门设计的。

下面是一个成功桥接的例子，这个例子是用非正式的语言写成的，就像你在演讲中口头表达的那样。

问题：“阿尔瓦，当我们与你们的应付账款团队会面时，他们对管理多个供应商的发票所需要的手工审计过程表示失望。鲁本说他们每个月要花上 40 个小时来跟上工作进度，这导致了其他更重要的项目的推迟。就在上周，他们错过了一项退款的最后期限，导致你们损失了 900 美元。”

个性化建议：“出于这个原因，我推荐你们安装我们的快速结账模块。这是一个基于云计算的支付平台，能够使发票和支付管理变得非常容易。这也给了鲁本一个易于使用的指示板，这样他就可以只专注于一些异常情况即可，不用再每个月进行一次完整的审计了。

计划中的结果：“至少，快速结账模块可以节省 3.7 万多美元的直接工资成本。更重要的是，它将让你和所有部门的主管更清楚地了解影响你们的损益表的应付款。鲁本可以重新专注于为公司节约成本，这样你的心态就会平和很多。在这个月底，不会再有更多令人尴尬的突发事件了，因为有些步骤直接就省略了。”

注意这个桥接是如何讲述一个故事的。它把当前无法维持的局面放缓，为取得突破提供了希望，并描绘了未来更加美好的生动画面。

让我们逐步解释。

问题

问题（也可以是挑战、需求、困扰、机会等，你可以随便取一个名字）决定了利益相关者语言的当前状态。实际上，你是在把他们的故事回过头来再讲给他们听，并提醒他们自己的困扰或错失的机会。最有效的问题陈述方式是具体的、饱含感情的，并且能够提供以数据为驱动的证明。

桥接结构的设计是用来激活你的利益相关者的大脑的，并将他们的注意力吸引到你身上。要做到这一点，首先要吸引杏仁核的注意，因为杏仁核把守着通往认知大门的钥匙。如果杏仁核拒绝打开大门，不管你的信息设计得有多好都没用，你照样无法成功。

这就是我们以一个问题或困扰开始的原因。杏仁核天生就会对威胁、疼痛和问题做出反应。它也会对机会做出回应，但应对威胁还是排在前面的。当然，这样做并不总是有效的，但当你能做到的时候，你就会引发杏仁核更多的兴趣，因为你提供了机会，就意味着延缓了威胁的到来。

个性化建议

一旦杏仁核打开了认知的大门，你就可以顺利进入你的利益相关者的理性大脑——新大脑皮质。利用权威原则，你的建议就能与利益相关者的理性和客观的一面产生联系。

就像社会口碑一样，人类会根据他人的行为来决定自己如何行动，同样，我们也希望那些权威的指导人员在我们的决策和判断中起到帮助的作用。

我们尊重权威，服从权威。当专家提出建议时，接受和遵从建议就成了一种自然的人类行为。在罗伯特·B. 西奥迪尼的《影响力》一书中，西奥迪尼将这个现象描述为权威原则。

在权威的指导下，我们更容易在一个复杂的世界里驾驭不确定性。不确定性增加了我们的认知负荷，减慢了我们的速度。为了能更快地行动，我们往往会向专家寻求建议、指导和推荐，然后也会遵照这些意见去做。

顶尖销售人员会通过提出建议、为利益相关者描述理想的未来蓝图等方式，把权威原则充分利用起来。他们很自信地把自己塑造成主题专家，并以专家的权威来塑造和影响购买决策。

顶尖销售人员都会自信地这样说：在这件事情上他们绝对是权威的。普通销售人员常常用很被动的词语来减少和削弱他们自己的权威。

当不确定性和风险存在时，利益相关者会向你寻求帮助。你作为专家，就要提出建议，以便他们更容易、更安全地做出决策。

计划中的结果

计划中的结果应把情感和理性联系起来。它具有很好的启发性。销售人员应该通过生动的笔触为利益相关者描绘出一个更美好的未来。

作者注

草拟销售信息是我最喜欢的销售环节。我喜欢使用文字、利用创造性，来为每个利益相关者制定完美的信息。

销售的这一环节，可以赋予调研过程中收集到的信息以生命。尽管它远比科学更有艺术价值，但也有一些有用的框架使这个环节更加容易一些，如桥接。

如何深入研究并开发出有效的销售信息、销售故事和强大的价值主张，这个过程已经超出了本书的范围。不过，你可以在 https：//www.salesgravy. com/saleseq 上寻找资源、指导、创意、论坛和训练，以帮助你开发能赢得交易的信息。

我们还成立了一个受大家欢迎的、有趣的名为“信息事件”的销售信息工作坊。你可以在 https：//www.salesgravy.com/training 上了解更多相关信息。

26

提出要求：最重要的销售原则

被拒绝只不过是追求成功的必要步骤。

——博·班纳特

“嗯，呃，”所以，比尔结结巴巴地说，几乎没有和买家进行眼神交流，他看上去很害怕，“呃，你，呃，觉得怎么样？”

坐在他旁边，我就在想，真的，辛辛苦苦做了所有这些工作，你能想到的最好的办法难道就是“你觉得怎么样”？这家公司需要我们，你又跟他们不断协商找解决办法，你赢得了提出要求的权利，所以你想要什么一定要勇敢地提出来。

买家马拉回答道：“谢谢你的介绍，比尔。你给了我们很多需要思考的东西。这样吧，我打算先由我的团队来负责这项工作，一周左右我们会再跟你联系。”

对潜在客户进行了一年的维护，时刻等着他们的购买窗口打开，为了配合马拉的时间表，连续工作了六个星期，开了至少五次调研会议，经过不停地产品试验和试点，又接着用两周撰写演示报告和建议，构建了一个绝对可靠的商业案例，并提供了一个完美的演示，到最后居然是这个结果！比尔却用非常被动的、一点都不理直气壮的语气提问。

在最关键的时刻，他的破坏性情绪使他陷入困境。他付出了那么多，却仅仅要求对方“可能的话，给我打电话”。

在销售方面，你必须直接地、自信地、果断地提出你想要什么。不要期望利益相关者去帮你做你自己应该做的工作。当你不会提出要求的时候，你就失败了。

完成交易

有些人我躲都躲不开，例如，向我讨教成功完成交易技巧的销售人员，恳求我教会他们的销售人员如何成功完成交易的销售经理们。

从迷信（我承认有一段时间我一直戴着我认为能给自己带来好运的领带，去打销售电话）再到各种各样华丽的脚本，对于某些所谓的专家来说，经常把“每次都能成功完成交易”挂在嘴边，对外宣称知道某些秘诀。

可惜残酷的事实是那些所谓的专家是错误的。没有万能到能帮助完成交易的圣杯。

完成交易，需要在整个销售过程中展现你卓越的才能，而不是在某个时间点上，利用某些语言技巧或要一些手段，就会让潜在客户说“可以”。如果你已经把销售的三个过程协调一致，与你的利益相关者建立起了情感联系，问了一些关键性的问题，把相关的解决方案和潜在客户的问题联系起来，并回答了五个最重要的问题，那么，完成交易往往是水到渠成的事情。

这是我的建议：忘记交易的最终结果，专注于问题的设计。

- 要求会面。
- 要求进行下一个步骤。
- 要求参观工厂。
- 询问你需要的信息。
- 要求进行演示。
- 询问决策者。
- 要求开展销售。
- 提出你想要的结果。
- 要求……

不用我说得更清楚了吧？如果你很难把下一个约会的时间敲定，很难接触到决策者，很难从利益相关者那里获得有价值的信息，很难接近潜在客户公司里的高层人士，或者最终无法完成交易，十有八九是因为你没有提出要求。为什么？因为十次中有九次你都是在被动地旁敲侧击，而没有直接提出要求，因为你害怕听到“不”这个字。

害怕提出要求

在销售方面，没有什么比提出要求需要更高层次的情感控制了。对销售人员来说，最危险的破坏性情绪是恐惧。在销售中最大的恐惧是提出要求，因为只要提出要求就有可能被拒绝。

- 销售人员不敢要求给予时间。
- 不敢要求进行下一个步骤。
- 不敢要求与其他利益相关者对话。
- 不敢要求获得数据。
- 不敢要求利益相关者分享竞争对手的担保和建议。
- 不敢要求去参观工厂。
- 不敢要求进行演示。
- 不敢要求和公司里更高层次的人对话。
- 不敢要求进行交易。

害怕被拒绝是一种令人痛苦的消极情绪，也是深层次恐惧的起源，这种恐惧是如此强烈，以致让大多数人不敢去说出他们想要什么。

提出要求会让人联想起我们对脆弱的最深层次的恐惧。布琳·布朗博士，《脆弱的力量》一书的作者，他认为脆弱是在不确定性、风险和情感暴露的情况下产生的。焦虑、紧张、心跳加速、手心出汗、大脑迟钝，这些都是你在推测利益相关者可能会拒绝时的急性应激反应的症状。

克服对“不”的恐惧并不容易。我这辈子一直在销售行业，而且取得了令人难以置信的成功，但时至今日我仍然需要提醒自己，“不”不会杀了我，这就是关键所在。你必须首先意识到你的恐惧，然后才能教会你的理性大脑去处理这种破坏性情绪。

首先学会预测，即在你提出想要什么之前会出现什么样的焦虑。然后试着练习在心里自己跟自己对话，以及控制身体反应来应对这种恐惧。

这种意识可以帮助管理你的外在生理表现，尽管有可能在冷静的表面下你的情绪如火山般爆发。就像水里的鸭子一样，虽然在水面下拼命地扑腾，但至少表面上看起来很冷静、很平和，表现出一种放松、自信的态度。表 26.1 展示了两种状态下的表现。

表 26.1　两种状态下的表现

以下是缺乏自信、安全感和恐惧的表现	以下是放松、自信的表现
用高亢的嗓音说话	用正常的音调和低沉的音调说话
说话语速太快了。当你说得太快时，听起来不可信	说话时有适当的停顿
语气紧张或防御性的语气	友好的语调，将微笑融入你的声音里
说话声音太大或太轻	适当的语音语调，适当地强调正确的词语和短语
虚弱或紧张的语调，有太多的填充词、“哦”、“啊”和尴尬的停顿	直接的、适当的节奏和说话的语气，一语中的，不拖泥带水
缺乏目光接触——总是向别处看。没有什么能比糟糕的眼神接触更能说明“我不能信任”“我不自信”了	直接的、适当的目光接触
手在你的口袋里	当你说话的时候，双手放在你的身边或放在你面前（注意：这可能会让你感觉不舒服，但是会让你看起来很自信）
疯狂的动作或手势	以理性的、内敛的方式使用手势
触摸自己的脸，或者把自己的手指放在嘴里，这都是你紧张或没有安全感的明显迹象	你的手放在一个相对较低的位置，如放在你身边或放在你面前，以一种可控的、不具威胁性的方式摆放
弯腰，低头，双臂交叉	笔直的姿势，向上挺直，肩膀高耸，背部挺直。这种姿势也会让你更加自信

续表

以下是缺乏自信，安全感和恐惧的表现	以下是放松，自信的表现
你的脚上下来回晃动或摇动你的身体	站立的时候姿势自然，纹丝不动
僵硬的姿势，紧张的身体	放松的、自然的姿势
紧咬牙关，面部紧绷	轻松的微笑。微笑是一种通用的语言，它在说“我很友好，而且是值得信任的”
握手虚弱无力，且手心有汗	坚定有力地握手，同时进行直接的眼神交流

理直气壮地提出要求

还记得情绪感染吗？当你对自己的要求有信心，并且假定你会得到你想要的时，利益相关者会以某种方式回应你，甚至答应你的要求。

因为害怕而不敢理直气壮地直接提出自己的要求，导致你听上去、看上去，甚至浑身上下都散发着虚弱被动的感觉，最终这种恐惧又被转移到你的利益相关者身上，结果就造成了本不应该存在的阻碍。当你变得越被动时，越是担心过于“咄咄逼人”会让你的利益相关者离开，这反而会让他们对你的要求产生抵触。这是一个奇怪的悖论。

杰弗里·吉特默说：“理直气壮的态度是世界上最强大的销售策略。”顶尖销售人员擅长理直气壮地提出要求，也正是因为它增加了获胜的可能性。

为了减少阻力，得到你想要的东西，你必须自信、简洁、果断、毫不犹豫地提出要求。在提出要求时要注意以下三点（见图 26.1）。

图 26.1　提出要求时的注意事项

（1）自信地提出要求，你会得到你想要的。

（2）适时闭嘴！不要被沉默吓倒。

（3）准备好应对异议和谈判。

拥有高销售情商的顶尖销售人员相信他们会赢，而且应该会赢。这种积极期待的心态体现在他们外在的身体语言、音调、语调和语言上。普通销售人员则认为他们会被拒绝。因为顶尖销售人员假定他们会得到肯定的答复，所以他们的信心会增强。这种信心还会转移到利益相关者身上，迫使他们服从。

无论是在电话里，还是面对面，你使用的措辞，以及你如何设计这些措辞，都可以清晰表明：你事先已经假设了要么会得到一个肯定的答复，要么会得到一个否定的答复。表 26.2 展示了两种心态下的措辞。

表 26.2　两种心态下的措辞

不够理直气壮地、被动地、虚弱地提出要求	理直气壮、自信满满地提出要求
“我只是顺便问问”	“我打电话的原因是……”
“我想知道能不能……”	“告诉我是谁/如何/何时/在哪里/是什么”
“我一整天都有空”	“我今天接待新客户，非常忙，不过在上午 11:00 左右会有一些时间”
“那个听起来怎么样”	“为什么我们不现在开始，把下星期一的第一批订单落实一下呢”
“哪个时间段对你来说最合适”	“周一我要拜访一位客户，他距离你办公室不远，要不我们一起吃个午餐吧”
“我，嗯，有点想知道，你有没有一点时间回答一些问题，如果方便的话”	“我的很多客户告诉我他们在 XYZ 上有问题。你觉得在这方面自己最大的挑战是什么”
“这个时间点对你来说方便吗”	“下星期四下午 2:00 再见面怎么样”
“我想找出……”	“我们还需要把谁请进来吗”
“到目前为止，你对此有何感想”	“基于你已经告诉我的关于你当前的一切情况，我认为我们可以继续为下周三的演示做准备。我们还应该邀请你团队中的哪位呢”

续表

不够理直气壮地、被动地、虚弱地提出要求	理直气壮、自信满满地提出要求
“你认为如何”	“我只需要在协议上签名，就可以启动实现过程”
“你觉得准备多少席位合适呢”	“我建议一开始就准备 20 个座位即可。我需要你团队里每个人的电子邮件地址，以便把此事确认一下”

利益相关者可能在潜意识中评估你的措辞、语音语调和肢体语言是否一致。如果他们认为不一致，那么他们就不会相信你，从而就会提出反对的意见。

适时闭嘴

在提出要求这个问题上，最难的部分就是学会何时提出要求，何时知道闭嘴。当你提出你想要什么以后，你就等于把自己所有的底牌摊开放在对方面前，让自己在拒绝面前变得很脆弱。而当你感到脆弱的时候会发生什么？没错，急性应激反应开始出现——你开始准备保护自己了。

在你提出要求后的那段时间可能变得非常尴尬，你的大脑会飞速运转，因为被拒绝就像闪光灯一样随时会在你眼前闪现。沉默的那一刻是无法忍受的，感觉就像永恒一样漫长。

尽管这一刻肾上腺素已经淹没你的大脑，你的大脑警铃大作，但这个时候你必须学会闭嘴，给你的利益相关者一个思考和喘息的机会。千万不要在提出问题后，还坚持继续说服他们。因为他们可能已经准备好说“可以”了，但是恰恰因为你的没完没了，他们转而反倒会说“不行”！

是的，确实有一些“不行”和“再说”的概率出现，但是你自信的沉默所催生“可以”的概率，会让你惊喜不已的。

杜绝意外

我的父亲被他的许多同行认为是美国最顶尖的出庭律师之一。在我成长的很多个夏天，他经常带我去法院。当我在法庭上看着父亲时，我学到了一项技巧，而这项技巧日后成为我销售过程中必不可少的一个环节。

在法庭上，当向陪审团陈述或说明案件时，律师从不问他们不知道答案的问题。换句话说，当他们到达法庭的时候（不管你在电视上看到了什么），已经没有什么意外了。

他们充分利用证据和证人，向陪审团系统性地证实被辩护人一方的情况，这些证据和证人都经过了审前的调查和取证。

作为一名专业销售人士，这是我在孩提时代学到的最生动的一课。当我把审前调查过程应用到销售上时，我发现它帮助我完成了更多的交易，在谈判桌上又让我获得了更好的条款和条件，并建立了更牢固的关系。在我的销售过程中，我几乎从来没有遇到过令人惊讶的事情，因为我在销售过程中添加了一个小而有力的步骤。

确认环节

确认环节是在你调研之后、演示之前应该进行的。你可以通过电话或亲自与你的利益相关者安排一个简短的会议，来确认和核实你在调研过程中发现的优先处理的事项、问题、困扰和机会。

在确认这个步骤中，你应该允许你的利益相关者随时纠正任何错误的假设，填补所有空白，并优先考虑对他们来说最重要的问题。这种简短的会谈，通常不超过15分钟，可以这样安排：

“嘿，曼迪，谢谢你花了这么多时间来帮助我了解你和你的公司。我都有点等不及要在下周的会议上向你展示我的建议了。不过，在这么做之前，我想确保我不会把你的时间浪费在不重要的事情上。既然我已经发现了很多帮助你的机会，我想知道可不可以再和你一起回顾一下我的假设，主要是为了确保我能帮助你得到你想要的东西。”

曼迪确认了我的假设，把对她来说重要的事情做了优先级的安排，并告诉我需要做些什么来完成这笔交易。我的电话表明我对她的需要和她关心的事非常在意，也展示了我对追求卓越的一种姿态，并且在演示中又可以让我跟她面对面交流，这进一步加强了我们的关系。我心里很清楚，我所有的竞争对手都不会采取这个额外步骤的。

在这个确认步骤之后，我将毫无意外地进入演示和展示环节。我非常清楚要展示哪些解决方案，哪些问题急需得到解决，以及我应该将注意力放在哪些敏感话题上。最后在非常系统准备的基础上，我用我对他们独特的商业问题的知识和理解让所有听众都赞叹不已。

当我开始签合同的时候，完成交易似乎是一件水到渠成的事情，但这并不是因为我为了交易而完成交易，或者因为我要弄了一些手腕才完成交易。都不是。这仅仅是我对利益相关者理解的一个结果，我理解了什么对他们来说是重要的，并为此构建了一个量身打造的解决方案。并且我用他们的语言，向他们证明了我理解他们。

27

扭转反对意见

没有努力付出，绝不会有丰硕的成果。

——托马斯·克莱尔

现在你已经处在销售过程的最后阶段。在得到了一系列的微小承诺之后，你做了一场胜券在握的陈述，让买家对你的解决方案有了初步了解。他们也认可你提出的解决问题的建议将会奏效，你感觉一切都非常顺利。可当你自信地要求签署合同的时候，买家却说："好吧，我得好好想想。"

你要怎么做才能让这个人行动起来？你幻想着跃过桌子，抓住他的衣领，大喊："签了这该死的合同！"

现实中却正相反，你的反驳软弱无力，带着一丝希望和利益相关者给出的模糊承诺，如"在下周某个时候给你打电话"，你离开了。

反对意见断了你的美梦。

认真想想，每次到了该签合同的时候，买家一律微笑着说："你的建议听起来真不错，我在哪里签字？"要是都这样，那销售生涯是多么顺风顺水啊！

但这不会发生。相反，你会面对一些棘手的问题、拖延、谈判和反对，这些都会引发大量的破坏性情绪。

当你遇到反对意见的时候，这些情绪就像砖头一样砸向你。你感觉自己被打了一拳，正中要害，气血翻滚。你的大脑会暂时短路，说话也会变得结结巴巴。你感到尴尬、渺小和失控。你感觉自己像汽车前灯照耀下的鹿一样，一动不动，全身瘫痪，根本无法做出任何动作。

然而，就是在这里，在这个被拒绝和情绪爆发的转折点上，也是最后决战的时刻。这需要一种技巧和风度，能有效地扭转反对意见，让你进入下一步，让你的交易继续推进，并最终完成。

销售人员是如何引发反对意见的

没有什么神奇的药丸能让你轻松地对付反对意见。当你马上要达成一笔交易，特别是你前期已经做了大量投入的时候，在那个关键时刻，你的潜在客户还在“是”和“否”之间徘徊，这是最让人痛苦和煎熬的了。

不过，如果你一开始就避免造成抵触和反对意见，生活就会容易得多。销售人员自身会造成反对意见的产生和对变革的抵触，因为他们：

- 在提出要求时缺乏自信，以为自己不能得偿所愿。对你的要求，人们要做出某种回应，但是当你表现得软弱和消极的时候，你的利益相关者就会以“让我想想”这样的拒绝来回复你。这种可能性是很高的。
- 不能为变革构建个性化的案例。他们不做深入的调研，不会设计问题并提出问题，不会提供独特的个性化建议，而只是把一些推销的陈词滥调照搬出来，并交出价格单就以为万事大吉了。
- 假设自己知道利益相关者想要什么，但是在了解的过程中忽视了情感暗示，而将注意力集中在了别的问题上。人们是出于自身的原因而不是你的原因才购买的。
- 没有正确划定 BASIC 组合的范围，和一个不能做出购买决定的人纠缠不休。
- 不能正确地评估利益相关者的资质，合作的潜在客户没有明确的购买窗口。或者由于时间、预算或其他合同的限制，没有能力购买。
- 不能将销售过程与购买过程协调一致，提出交易要求的时间要么太早，要么太晚。
- 调研流于表面，寄希望于即兴发挥，有走捷径的思想。

消除阻力和反对意见的最有效方法是遵循销售过程，不要跳过关键步骤，直接和自信地提出你想要什么。一个理直气壮的、自信的提问会打消潜在的反对意见，从而杜绝任何意外的发生。

现状偏见及买家反对的原因

利益相关者对你提出异议，因为他们：

- 害怕从一个供应商到另一个供应商的转变，这可能是导致公司和个人痛苦的原因。
- 感觉和你做生意对他们自己或他们的公司来说太危险了。
- 讨厌冲突，为了和你做生意而解雇他们现在的供应商会让他们不舒服。
- 不相信你。
- 不相信你的建议。
- 对你的建议有疑问。
- 他们对变革感到害怕或不舒服，他们极其渴望维持现状，不管现状有多么不正常。

这是一个显而易见的事实，即人类不喜欢改变。我们积极地工作以避免变化，我们坚持自己的习惯和喜好。我们生活在认知启发法的模式当中："如果它没有坏，就不要修正它。"当有人甚至仅仅提出改变的建议时，我们就会变得焦虑、愤世嫉俗和叛逆，即使改变对我们有利。

总是有一种潜在的恐惧，让选择改变成为退而求其次的选择，或者会让事情变得更糟的选择。

这种现状偏见是利益相关者抛出反对意见的首要原因，导致在销售过程的后期阶段交易停滞不前，最终没有做出任何决定。

丹尼尔·卡尼曼（2002年诺贝尔经济学奖获奖者），启发法和认知偏差研究之父，在他的《思考，快与慢》一书中写道：

> 相比那些把机会最大化的生物而言，那些把规避危险当作头等大事的生物，更有可能传递它们的基因。因此，随着时间的推移，对于损失的警惕，

而不是收益的承诺，便慢慢转化为一种你为人处世的强大的动力。

这种安全偏见会让你的大脑在好（可能是正确的）与坏（可能是错误的）两者间，更加关注坏的一面。从进化论的角度来看，你可能会错过一个好的机会，如免费的午餐。但是，如果你不注意环境中的危险因素，你自己最终可能变成别人的午餐，这绝对是一件非常糟糕的事情。

作为人类，我们往往会被安全的选择和安全的环境所吸引。一般来说，销售人员被认为是不安全的。你，作为销售人员，已经构成某种威胁。现在，将安全偏见与现状偏见联系在一起，你会发现有一道强大的情感隔阂之墙，横亘在你和你试图影响的利益相关者之间。

这些有害的认知偏差联合在一起，就会使你的利益相关者在潜意识里放大关于你给他们带来的每个风险以及每个担忧。他们感到不确定、不保险、非常害怕。因此，他们选择待在原地，不做任何改变（维持现状）。即使在无法生存的情况下，人们也会维持现状。

对于那些想把口渴的马引到水源地的销售人员来说，水源地拥挤不堪，无论如何引诱，马儿们都不肯去喝水，这太令人抓狂了。对销售人员来说，尽管对竞争有各种各样的担忧，但维持现状永远是他们最强大的对手。

在一个由无情的破坏性的变革驱动的世界里，为了规避风险，维持现状就是王者之道。无论你是试图说服其他人接受新思想、影响某个潜在客户改变供应商、诱导客户购买一个新产品、吸引公司采用一个新系统，还是挑战利益相关者接受一个新进程或往下一步推进，更大的情感吸引力始终是偏向维持现状，不管这是多么不合乎逻辑的一件事。

普通销售人员会反击。他们为了迫使利益相关者接受改变，试图说服他们相信他们的恐惧是没有根据的。但是在这样做的过程中，普通销售人员反倒确认了利益相关者对销售人员的负面印象，从而引发了安全偏见。为了避免这种对抗的不适，利益相关者不再与销售人员联络。

顶尖销售人员却可以通过提前准备来帮助利益相关者慢慢克服现状偏见，适应变化。例如，在销售电话会议议程中引入利益相关者，而不是在电话会议结束时突然告知他们，让他们感到惊讶。在调研过程中，也可以通过一些问题来为变化做准备，例如，允许利益相关者谈论某种理想的未来状态的样子等。

一系列的微小承诺也为利益相关者做好了改变的准备。微小承诺就是小而容易实现的步骤。当利益相关者习惯于小的变化时，他们就会更容易接受重大的改变。

然而，信任是打破维持现状吸引力的一种情感。尽管很少有决策是完全无风险的，但信任在减少恐惧和降低利益相关者的风险方面发挥着关键作用。他们越信任你，就越有可能服从你的要求，越会接受你的想法，越会从你那里进行购买。

但是，如果你没有建立和培养信任，你就会撞上“现状的南墙”。如果你已经检查过每个细节了，那么你可能已经完美回答了你的利益相关者的五个最重要的问题当中的四个：

（1）我喜欢你吗？是的！

（2）你在认真听我说吗？是的！

（3）你让我觉得自己重要了吗？是的！

（4）你能了解我和我的问题吗？是的！

（5）我能相信你吗？不！（赢的概率为零）

但如果你拥有信任，就不会再有问题。最重要的是，信任可以胜过维持现状。

你无法说服利益相关者放弃反对意见

传统上，销售培训师会教授销售人员“克服反对意见”。我经常听到培训师用“对抗反对意见”这个短语。克服，就意味着打败或战胜对手。

普通销售人员试图说服利益相关者改变主意，顺便赢得辩论，这就是利益相关者经常模棱两可、设置烟幕弹和说谎的原因。因为在他们看来，一旦说不，就会面临一场战斗，就会不被尊重。

所谓的“克服”一说并不奏效，它也从未奏效过。即使用“克服”的方式，销售人员成功地让潜在客户说“是”了，那也不是因为他们赢得了辩论，这跟赢不赢得辩论没关系。因为你不能说服你的利益相关者相信他们是错的。你逼迫得越紧，他们就越会固守自己的立场，拒绝你。

克服（更糟的是对抗）反对意见的行为会给利益相关者带来敌意、恼怒和挫败感，他们会因为自己的错误而感到害怕。对销售人员来说也一样，这种方法会制造出更多的阻力和催生更严厉的拒绝。

顶尖销售人员从不把利益相关者视为对手。他们并不试图在争论中取胜，而是利用大脑的工作原理来制定模式，打破利益相关者的期望，扭转他们的观点，最终改变他们的意见。

扭转反对意见的五步法框架

其实你在本书中学到的一切都是为了降低你遭遇到反对的可能性。当你对销售的三个过程进行了协调，圈定并管理了利益相关者的范围，并在销售过程中一步步推进着你的交易，然后完美回答了五个最重要的问题，每个利益相关者都感到同意，达成交易就变得容易多了。

当你做了正确的事情时，大多数的反对意见都是需要回答的正当问题，或者需要真诚的谈判，来证明反对意见都是错误的。例如，我喜欢利益相关者这样说："杰布，我们真的想和你做生意，但是……"这话意味着交易已经是板上钉钉了，也是利益相关者对我做出了承诺，我们所需要做的就是协商"但是"里的内容。

重要的是要保持警惕，因为这些反对意见实际上是购买信号，这样你就不会让合作机会在你眼皮底下溜走。

顶尖销售人员善于利用扭转反对意见的五步法框架（见图 27.1）。在回答问题、面对反对和试图协商的时候，这个框架可以帮助他们管理破坏性情绪，隔离真正的问题，并与他们的利益相关者一起合作扫除障碍，而不会造成对彼此的伤害。

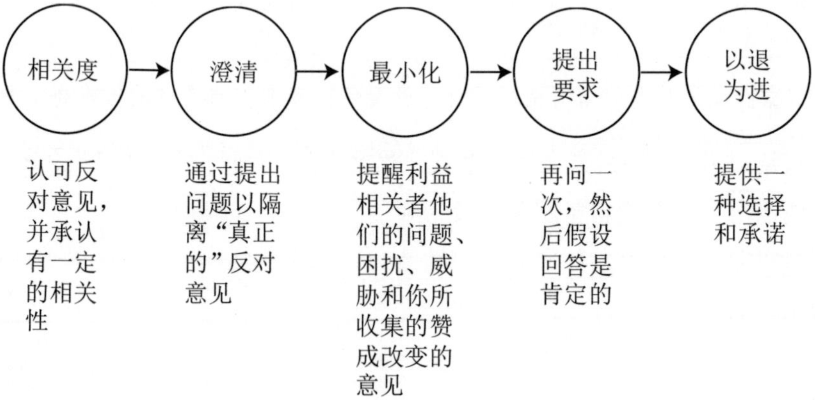

图 27.1　扭转反对意见的五步法框架

相关度

这一步的目的是给你的理性大脑一定时间去发现并控制因被拒绝所产生的破坏性情绪。

买家：你们的价格比你们的竞争对手的价格高。

你：我知道你会有这种想法。我们的价格有时确实比我们的竞争对手的价格略高一些，没有人愿意支付比真实价值更多的钱。

这一步的关键是，把利益相关者的反对意见和自身联系起来，就像站在他们的一边，证明你懂得他们那样，这是人类本能的反应。这就打破了他们的期望，他们原本以为你会和他们争论，从而把他们拉向你，而不是将他们推开。与此同时，你的理性大脑也有机会抓住并控制由被感知到的拒绝所引发的破坏性情绪。

澄清

为了有效地应对反对意见，你必须确保你正在处理的反对意见是正确的，并且你和你的利益相关者能够达成共识。如果你说的不是他们所能理解的话，或者面临的并不是正确的反对意见，你就会兜圈子，或者错误地把购买或谈判的信号当成一种反对意见。

你：我只是好奇而已。当你说我们的价格太高了，从你的观点来看这是什么意思？

买家：是从月息的角度来说的，你的要价比我们现在支付的价格高了10%。

利益相关者并不总是明确或直截了当地反对。有时，他们也会感到困惑。在某些情况下，他们希望避免冲突带来的痛苦，因此他们会抛出一个反对意见，希望能把你拒之门外，并迅速结束对话（这在共识构建者风格类型中是很常见的）。

永远不要假设你知道你利益相关者真正的用意。永远用澄清的方式，然后隔离异议。

普通销售人员都有一种坏习惯，那就是一遇到反对意见就立刻开始反击。他们没有意识到可能还有很多后续的反对意见在等着，他们刚刚应对第一个反对意见，另一个反对意见却可能又接踵而来，攻其不备。

在继续推进之前，顶尖销售人员总是停下来检查，确保没有其他东西隐藏在“杂草”中。

你：好的，明白了。除此之外，还有什么其他的事情让你对我们的建议感到困扰吗？

买家：别的没有了，但月息上涨一事我将很难对老板解释。

有时候，当你把反对意见隔离起来的时候，你会发现第一个反对的理由只是烟幕弹。隔离揭示了真实且紧迫的担忧。

你：好的，明白了。除此之外，还有什么其他的事情让你对我们的建议感到困扰吗？

买家：我刚从我们的供应商那里听说，我们正面临着一个巨大的成本变化。单单你的成本就已经超过了我们付给他们的价格，我真的不确定能否向我的老板证明改变供应商是值得的。

最小化

你不能说服别人相信他们自己是错的，但这正是许多销售人员所面临的。他们把买家视为一个必须击败或打倒的对手。这种策略很少奏效，就算能够奏效，一旦买家伺机找到可以发表反对意见的机会，他们会以此为借口违背他们的承诺。

扭转这种反对意见的真正关键是减少你的利益相关者的担忧或对变化的恐惧。人类讨厌改变，这就是为什么维持现状有如此强大引力作用的原因。

不过，你也有一个强大的被称为认知失调的影响力杠杆。在整个销售过程中，你已经提出了要求，你的利益相关者也做出了一系列的微小承诺。

如果你在调研过程中成效显著，例如，帮助你的利益相关者树立起需要改变的意识，并且清楚地阐明改变的理由。当你把你的解决方案与利益相关者的问题连接起来时，利益相关者就会同意你的建议和解决方案。这一路走过来，你已经收集了满满一口袋的“是的”。

每次你的利益相关者做出一个新的微小承诺，你都要问：“你觉得这对你有用吗？”他说：“是的。”在潜意识层面，他已经进入那个未来的状态。然而，在决定的时候，他却变得摇摆不定，在他渴望的未来状态和维持安全的现状之间左右为难。

对你来说，这个决定是理性和明显的，但是他在情感的迷雾中迷失了。如果你争辩，你就把他推向安于现状的那个方向，你就会输掉这笔交易。相反，你必须把他的恐惧最小化，强调改变带来的好处，并且允许不和谐的痛苦唤醒他，让他从安乐窝中走出来。

你：当我们讨论你与当前供应商有关服务的问题时，你说这些问题会消耗掉你每月大约 1 100 美元的工资成本，以及每月损失约 4 200 美元的销售额。我把这些数字弄明白了吗？

买家：是的，听起来没有问题。

你：我记得你说过，你觉得我的计划会让你的服务团队更容易处理客户问题，从而提高客户的留存率。（这时候暂停下来，让买家打破沉默。）

买家：我喜欢这个计划，我认为这对我们有帮助，我只是担心把它付诸实施的代价。

你：我记得你说过你的老板把销售额下降的难题抛给了你，这是她最棘手的问题，也是为什么你同意在一开始就和我见面的原因。那就简化这个烦琐的过程，消除不必要的障碍，因为这些都是顾客为了一次简单的购买而必须面对的，如此一来就能立刻解决这个问题。这也应该会让安吉拉开心，对吧？

买家：这就是为什么我们需要做出这种改变。如果我们解决销售问题，她会很兴奋。

你：如果我的计算没有错，你会因为坚持使用现在的供应商而导致每年损失 63 600 美元。当然，你说的也没错，和我们合作确实意味着你需要每月多做出一点预算。

然而，一旦我们实施了我们的计划，消除了销售额损失，降低了工资成本，你每年就能节省 34 800 美元。从本质上说，简简单单就把钱赚到手了。

即使你现在的供应商说做这个改变，你得花 10 000 美元的代价，但我相信我们可以通过协商再次降低这个代价，而且你在第一年就能得到将近 25 000 美元的投资回报。

我认为，随着客户留存的不断增长，销售额的不断增加，以及员工不断累积的工作经验，你有一个很好的理由来做出改变。

买家：啊，我确实没有从这个角度来看。

当你小心翼翼地提醒你的利益相关者他已经做出的承诺时，他会感到有一种潜意识的力量拽着他，让他与那些承诺保持一致，否则就会造成认知失调的痛苦。这反过来又使得打破现状的模式变得更加容易。

提出要求

一旦你把利益相关者的反对意见“大事化小，小事化了”，你就必须充满自信地再次提出要求。

你：基于这些数字，等待是没有意义的，那么我们为什么不着手开始呢？

买家：我同意。下一步是什么？

如果你等着你的利益相关者为你做这个工作，那么他们的现状偏见就又会慢慢地出现，最后你可能得到的是另一个版本的“我再考虑考虑”。一旦你把利益相关者的反对意见“化了”后，你就可以直接地、理直气壮地要求一个承诺。

以退为进

即使你已经完成了所有的前期准备，你得到的答复仍然可能是否定的。所以重要的是，首先你要避免一场正面冲突，其次一定要带着某种形式的承诺离开。只有通过保持不断推进的势头，你才可以避免交易停滞。

买家： 听起来不错，我想我们合作的机会很大，但是在我们做出这个承诺之前，我们还需要把一些数字问题核对清楚。给我一个星期左右的时间，我会给你一个答复的。

你： 下周四我再过来，那时候我们再碰碰头，是赞成还是反对，简单表决一下可以吗？

买家： 好，听上去不错。

如果你最后含混不清地说："我们得好好谈一下，你下个星期给我们打个电话好吗？"要是这样说，你的交易很有可能会停滞。

你必须得有所收获！准备好一个备用的请求。请求可能是：

- 预约会议。
- 开始实施的环节。
- 附加的演示。
- 试用。
- 小规模采购。
- 替代产品或一整套服务。

在你们最终交易之前，准备好后备计划是有帮助的。事实上，提前演练并把所有潜在的反对意见都考虑进来是一个好主意。

一定要把最坏的情况演练一下，这是"质疑委员会"最擅长的一项活动。把每个潜在的反对意见和负面反应都摆在台面上，然后通过扭转反对意见的五步法框架，一直到你把所有的事情都处理好。

我发现，提前演练有助于形成障碍免疫力，让你做好应对破坏性情绪的准备，并且让你更容易迅速做出判断。当你提前计划和演练后，你会发现在关键时刻遇到的实际反对意见比你最初预期的要容易对付得多。

28

我能相信你吗

当信任程度高的时候，沟通是容易的、即时的，也是有效的。

——史蒂芬·柯维

尽管有人认为销售人员为了能够达成交易会说任何话或会做任何事情，但我很少遇到那些怀有恶意的销售人员。大多数销售人员：

- 做正确的事。
- 信守承诺。
- 讲真话。
- 相信他们卖的东西。

普通销售人员经常掉入信念错误的陷阱，也就是说他们认为只要有良好的意愿就足够了。利益相关者不会根据你的意图来评判你是否值得信任。相反，他们会根据自己的意图来对你进行判断。

利益相关者会仔细观察你。他们依照你说的话、你的行为举止来判断你是否言行一致。所以，认真倾听、展示自信、信守承诺、准时出席会议、做好充分准备、按时完成任务、不断跟进、坚持到底、保持销售材料的更新、设计好你要传达的信息，等等，这些都和你说的话、你的意图和行为举止紧密联系。

在竞争激烈的全球市场中，颠覆性的变革占据主导地位，购买新产品或服务、更换供应商对利益相关者有着切切实实的风险。今天，公司对失败几乎没有任何容忍度，而且对犯错误的惩罚也相当严厉。

当利益相关者仰仗着你兑现承诺时，他们就会处于弱势地位。从你的公司购买可能意味着置他们的声誉或职业生涯于危险的境地。同样地，在高端的 B2C 销售中，客户也同样可能将他们的家庭财务和自己与配偶或其他家庭成员的声誉置于风险之中。如果你没有成功履行承诺，对他们的生意、公司、事业或家庭的影响可能是极其严重的。

在这种充满压力的氛围中，你会认为利益相关者在选择供应商时，会严格依赖经现实验证的证据和数据。他们会表现出浓厚的兴趣，把情绪放在一边，只做最符合逻辑的事情。但我们知道，这不是人们做决定的方式。

人类几乎总是基于情感来指导行动，然后再用逻辑来证明这些行为的合理性。这就是为什么人们不改变现状，也就是固守原有的状态的原因，因为这通常是情感上的安全选择，即使这不符合逻辑规律，甚至不正常，他们也依然会坚持。

情感包袱

根据最近美联社和 GfT 公司联合做的民意调查显示，当被问及“大多数人都能被信任吗”时，70%的美国人认为大多数人是不可信的。想象一下，如果问题变成“大多数销售人员都能被信任吗”时，答案是显而易见的。

利益相关者将他们一辈子积淀的情感包袱带到与销售人员的对话中。通过电影、电视、报纸和其他媒体对他们的反复灌输，销售人员的负面印象被放大了。所以，他们从一开始怀疑你的动机也就顺理成章了。

不过，有足够的证据证明，只要你认真倾听、真正关心、寻求理解、信守承诺、做事合理又恰当，大多数的利益相关者就会信任你。因为人性的脆弱在于它有非常矛盾的一面：我们不会轻易相信任何人，但是在内心深处又渴望相信别人，因为不信任会产生不和谐的痛苦，猜忌和怀疑这些感觉让人很不舒服。而信任则成了我们寻求快乐心情和内心平衡的良方。

史蒂芬·柯维是《高效能人士的七个习惯》一书的作者，他把建立信任的过程比喻成在情感银行账户中存款的过程。借用这个比喻，柯维解释说：“你与他人建立信任，其实就是在另一个人的情感银行账户中做定期存款（只要有证据表明你是值得信赖的）。"

如果你能认真倾听、认真准备会谈、信守承诺、兑现承诺，这就相当于你在存款，你的信用账户的余额就会逐渐增加。当你不能履行承诺或违背承诺、让对方觉得自己不重要或不受重视、行为举止不讨人喜欢或言行不一致的时候，就相当于你在提款，你的信用账户余额就会降低。

和任何银行账户一样，当你取款过多，账户余额过度透支时，处罚就会接踵而来。

而对销售人员来说，你的惩罚就是失去了对方的信任，把关系和交易都置于危险的境地。

你是舞台的焦点

想象一下，你站在一个礼堂的舞台上，观众是你的利益相关者、客户、你的老板和同事。你的一举一动大家都尽收眼底，人们都在观察你的行为是否与你的言语一致。

也许你对某些人是有礼貌的，而对其他人却没有做到；也许你会对一个小小的麻烦感到不安；也许你开会迟到了，没有提前打电话沟通；也许你没有及时回复电子邮件或语音留言。

在调研中，你可能错过了一个关键信息，因为你没给予足够的重视；也许你的演示资料或样品不是最新的，让你没有准备好演示；你的名片上有咖啡渍；你说了一个善意的谎言，结果被识破了。

人们由此会对要给予你多大的信任度做出判断。在销售行业中，你是舞台的焦点，首先你允许别人观察你的行为，其次你还必须控制自己的行为。在利益相关者面前，你必须发挥巨大的自控和自律能力来管理每个行为、承诺和行动。

没有及时回复电话，组织混乱、拼写和语法错误遍布书面资料，会议准备不充分，事实和数据不准确，不顾他人的行为，心不在焉地倾听和没能及时跟进等，虽然这些都显得微不足道，但是人类的大脑会因为这些倾向于消极思考。

消极的信息、思想和图像往往会吸引并抓住我们的注意力。因为我们习惯于挑错，而不是唱赞歌。随着时间的推移，这些小小的负面看法会累积起来，最终形成一个结论：不能相信你。

说到信任，切不可轻视细枝末节，千里之堤毁于蚁穴。虽然有时候也会有这样的情况：因为一个重大的误判而伤害到了信任，以致都没有回头路可走，但这些事件还是比较少见的。导致失去信任往往是许多小疏漏积累的最终结果，这些疏漏在一点一点地削弱或摧毁信任的基础。

信任需要点滴的积累

你不可能凭空就能得到他人的信任，你必须通过持续不断的、一致的证据来证明你是值得信赖的。于是我们兜兜转转又回到了以前谈到的销售的三个过程需要协调一致的观点上。

你不可能第一天刚见面就质疑利益相关者，告诉他们做什么或哪里做错了。你不能指望仅凭上门几次，甚至只是在电话中交谈，就能向利益相关者提供地道的见解和信息，并期望他们会相信你或把你视为专家。你必须得靠自己的辛苦努力才能做到那样。

如果你跳过建立情感联系、深入调研和建立牢固的信任基础等关键的环节，妄图直接就想让利益相关者改变现状、达成交易，这样的话你可能永远也无法进入最后的购买过程。因为这压根就不符合销售规律。

建立信任是一个循序渐进的过程。每个行动、决定和行为都与信任相关联，并对其产生直接的影响——正面或负面的。在销售、购买和决策过程中，这是销售人员和利益相关者的情感之旅的一部分。信任不能匆忙获得，你必须耐心地把基础打好，一点一滴地积累起来。

在销售中，信任就是一切。没有信任，人际关系和胜率就会崩溃。没有信任，利益相关者就会建立情感隔阂之墙，还会导致调研无法深入，往下推进的要求被拒绝，反对意见成为不可动摇的障碍，最终导致交易停滞不前。

没有信任，你什么都得不到。

29

少有人走的路

树林里分出两条路，我选择一条走的人比较少的路，结果可能就会大不相同。

——罗伯特·弗罗斯特

我的一位导师告诉我：当你处在一个十字路口，很难决定如何支配时间或选择哪条路时，你就去选择你会记住的道路。

这条建议——“选择你会记住的道路”，在很多方面造就了我的生活，也成为我的口头禅。

每个人都会面临困境。这是不可避免的，也常常是出乎意料的。你可以相信这个世界都在刁难你，你也可以把它当成一个学习和成长的机会而心存感激。这是你的选择。

心存感激的人都会感到幸运，因为他们看到的是机会，并且肩负着一份强烈的责任心，要从这些机会中获取所有可能的东西。

在满怀感激之情的土地上，怨恨、嘲讽和投机都无法成长。

在去往世界各地的旅行中，在与各行各业成功人士的接触中，我领悟到感恩就是成功和幸福的秘诀。

培养感恩很简单，但你必须勤加练习，并且心存感激。

我花了很多时间和顶尖销售人员在一起，这也是作为一名职业演讲者的好处之一。顶尖销售人员就像冲击波一样，充满乐趣，让人振奋，大把大把地挣钱，用无限可能的视角来看待他们周围的世界，并且毫无疑问地心怀感激。

感恩是成功心态的基石，也是点燃自我激励的火花。它是对你所拥有的、你被给予的机会、失败和逆境的教训以及别人给你的帮助等的一种欣赏。

感恩与饱满的精气神、乐观、动机、幸福和同理心紧密相连，而所有这些又都是开发高销售情商的关键。在《全新思维》中，作者丹尼尔·平克认为谁掌握了同理心和人际交往能力，谁就能在未来十年中获得竞争优势和经济优势。在机器人和人工智能的时代，高情商实属难能可贵。

那些投资并专注于发展销售情商的销售人员将主导这个行业。当你提高了自己的销售情商时，你就会突破那些困住普通销售人员的旧模式。

现在去照照镜子。你在镜子里看到的那个人也在盯着你看，那个人就是超高销售业绩的真正关键。你想要掌握你的命运，但有一个问题你必须回答：你有多么迫切地想掌握自己的命运?

反侵权盗版声明

举报电话：（010）88254396；（010）88258888
传　　真：（010）88254397
E-mail：　dbqq@phei.com.cn
通信地址：北京市万寿路 173 信箱
　　　　　电子工业出版社总编办公室
邮　　编：100036